경쟁이 꽃피는 **시장경제**

전윤철(田允喆)

서울대학교 법과대학 졸업
광운대학교 명예 법학박사
순천향대학교 명예 경영학박사
목포대학교 명예 경제학박사
경제기획원 예산총괄국장
경제기획원 물가정책국장
경제기획원 기획관리실장
공정거래위원회 부위원장
수산청장
현재 공정거래위원회 위원장

경쟁이 꽃피는 시장경제

1999년 10월 20일 초판 1쇄 발행
1999년 12월 1일 초판 5쇄 인쇄

지은이 전윤철
펴낸이 유명자
펴낸곳 도서출판 장락
본문편집 편집부
표지디자인 정병규디자인
인쇄 신화인쇄
제본 성하제책

출판등록 1991년 7월 25일(제21-251호)
주소 110-290 서울시 종로구 인사동 153-3 금좌빌딩 205호
전화(02)735-0307, 8 팩시밀리(02)735-0309

정가 8,000원

ISBN 89 - 85262 - 70 - X 03320

▲ 국정보고 자리에서 대통령께 보고하고 있는 필자(1999. 3. 29.)

▼ 한·불 경쟁정책협의회를 마치고. 앞줄 오른쪽에서 두 번째가 필자(1999. 4. 6.)

▲ 미국연방거래위원회(FTC) 피토프스키 위원장을 영접하는 필자(1998. 11. 9.)

▲ 공정거래위원회가 보살피는 소년·소녀가장 장학금 전달식(1999. 4. 28.)

▲ 일 감사원 검사관 방한단의 예방을 받고 있는 필자(1999. 6. 7.)

▲ 5대 그룹 구조조정 본부장 간담회. 왼쪽에서 세 번째가 필자(1999. 2. 4.)

▼ 공정거래위원회 전원회의 광경. 의장석에 앉은 이가 필자

▶ 주한 유럽상공회의소 초청연설중인
필자(1999. 3. 26.)

▲ 공정거래위원회 직원체육대회에서 마이
크를 잡은 필자(1998. 10. 16.)

▲ 워싱턴 소재 조지타운대학에서 초청연설
중인 필자(1999. 9. 10.)

● 광운대학교 명예박사학
정책평가위원장・법학박사 전윤철 공정거래
1998. 5. 16

▲ 광운대학교에서 명예 법학박사 학위를 받는 필자(1998. 5. 16.)

田兌品 선생 名譽博士 학위수여식
順天鄕大學校

學位榮得을 祝賀 드립니다

▲ 순천향대학교에서 명예 경영학박사 학위를 받고 부인과 함께(1999. 4. 16.)

▲ 겨울 산에 올라 모처럼 사색에 잠긴 필자

경쟁이 꽃피는 시장경제

공정거래위원회 위원장 | 전 윤 철 지음

도서출판 장락

추천의 말

반세기를 친구로 지내 온 죽마고우 전윤철 군의 저서 발간을 마치 내 일인 양 기뻐하며 누구 못지 않게 축하한다. 전군이 연초 어느 날 저녁식사 자리에서 "지난 공직생활을 되돌아보고 우리 경제의 당면과제를 국민과 함께 생각해보는 책을 한 권 저술해보고 싶다"는 생각을 털어놓았을 때, 책 발간을 적극 권한 사람이 바로 나였다. 따지고 보면 이 책의 집필과정에 대한 나의 실질적인 이바지는, 군의 역저 첫머리에 어줍잖은 축사 겸 추천사 한 편을 덧붙이는 것에 머물고 말았지만, "그때 내가 적극 권하지 않았더라면 수줍음 많은 내 친구가 과연 책 발간을 끝까지 밀고 나갈 수 있었을까?"라는 가정(假定)을 집필 시동(始動)과 완결(完結)에의 결정적인 기여로 우기며, "책이 많이 팔리면 술이나 톡톡히 사라"고 미리부터 저자에게 다그치고 싶다.

경기도 과천시 정부 제2종합청사 5동 2층 복도의 한쪽 끝에는 공정거래위원장 사무실이 있다. 이 방은 관악산 자락에 거의 맞닿아 있는데, 전윤철 위원장은 이 집무실의 입지(立地)와 그가 수행하는 공직(公職)을 조합(組合)해 위원장실을 '관악산 공정암(公正庵)'으로, 이 방의 주인을 '공정대사(公正大師)'라고 자칭(自稱)하고 있다. 혹자는 경제질서를 바로잡는 공정거래위원회 업무의 엄격성과 이 위원회 구성원들의 청렴성을 빗대어 공정거래위원회를 '과천수도원'이라 부르기도 한다. 이 경우 위원장은 자연히 수도원장이 될 것이다.

지난 1997년 3월 취임 이래 전군이 공정거래위원장으로서 걸어온 2년 여의 길은, IMF 관리체제로 편입되던 같은 해 11월 전후(前後), 그리고 지금까지 한국경제가 겪어오고 있는 시련 및 고통과 그 궤를 정확히 같이한다고 나는 보고 있다. 흔히 '경제각료'라는 말 앞에 '엘리트'라는 수식어가 붙는 것이 우리 나라 현실이어서 일반인들은 언뜻 경제장관들이 화려한 명성과 자부심으로 충만할 것처럼 생각하기 쉽지만, 실상을 알고 보면 동정심마저 느껴질 정도로 그들의 업무 부하(負荷)는 크고 경제운용에 대한 노심초사는 깊다. 오죽하면 같은 장관 중에서도 경제장관은 3D 업종이라는 말이 있을까. 본인 스스로 푸념은 않지만 전군 또한 핵심 경제각료로서, 특히 지난 2년 여를 동료 장관들과 마찬가지로 밤잠을 설칠 정도로 고뇌하는 가운데 하루 24시간을 분(分) 단위로 쪼개다시피 하면서 바쁘게 공직을 수행해왔다.

6·25 이후 최대의 국난이라는 IMF체제 아래에서 고통을 겪지 않은 한국인이 어디 있을까만, 다행히 고통을 분담하며 국가경제 재건에 힘을 모은 국민, 때맞춰 맞이하게 된 현명한 지도력, 그리고 한국에서 희망의 싹을 발견한 국제사회의 적극적인 협조에 힘입어 국가는 위기를 극복하고, 이제 21세기 진입을 위한 준비를 착실히 다지고 있다. 이러한 때에 공정거래법을 입안하고 보완하고 연구하고 운용해온 '공정대사' 전윤철 위원장이, 경제관료와 경제각료로 보낸 30여년 공직생활의 경험을 간추려 『경쟁이 꽃피는 시장경제』라는 역저를 선보이게

된 것은 저자 본인은 물론이거니와, 우리 경제의 한 단계 도약
을 위해서도 환영할 만한 일이다.
  전군의 야심작이 낙양(洛陽)의 지가(紙價)를 올리는 베스트셀
러로 독자의 사랑을 모으기를 기대할 따름이다.

1999년 10월
새정치국민회의 사무총장 한화갑

머 리 말

　미국 출장 도중 황급히 소환되어 공정거래법 입안 작업에 참
여한 것을 시작으로 공정거래법, 그리고 공정거래위원회와 인
연을 맺은 지 20년이 흘렀다. 1997년 3월 공정거래위원장에 임
명된 이래 지난 2년 반 남짓 동안, 한국경제의 격랑을 온 국민
과 함께 헤쳐나오면서 격무의 피로보다는 30여 년 공직생활의
보람을 뿌듯하게 느꼈다.
　제도 도입의 역사가 20년에 불과한지라 아직 우리 사회에는
공정거래제도나 공정거래법에 대한 일반의 인식이 깊지 않다.
이 책 본문에도 일화로 소개해놓았듯이, 맞선을 본 뒤 딱지맞
은 손녀딸이 안쓰러워 상대방 총각을 처벌해달라고 공정거래
위원회 문을 두드리는 민원인이 있을 정도로, 공정거래위원회
의 역할과 기능이 일반에 제대로 충분히 알려져 있지 않은 것
이 현실이다. 사정이 이렇다보니, 공정거래제도의 근저를 이루
는 경쟁법이나 제도에 대해서는 알려지지 않은 부분이 알려진
부분보다 훨씬 많은 실정이다.
　이러한 가운데 국내외를 막론하고 상거래 관행은 갈수록 복
잡해지고 국가 사이의 경제관련 분쟁의 양상은 극도로 다양해
지고 있다. 이와 같은 우리 현실을 감안하여 무딘 붓으로 틈틈
이 저술한 것이 이 책이다.

공정거래법은 흔히 '경제헌법'으로 불린다. 상대 당사자가 있는 경제활동, 즉 거래관계의 원칙을 정하는 것이 공정거래법이라고 할 수 있다. 그렇다고 해서 모든 거래관계를 규율하는 것이 아니라, 공급자와 수요자 사이의 역학관계, 그리고 이러한 관계가 시장과 소비자에게 미칠 영향 등을 치밀하고 면밀하게 고려하여, 묶을 것은 묶고 풀 것은 푸는 것이 공정거래위원회의 주요 기능이다. 시장경제의 창달을 위해 필요한 모든 공익적인 행위가 다 공정거래위원회의 업무범위에 속할 수 있다. 그러다 보니 할 일은 많고 손은 모자란다. 국민 여러분의 성원과 격려가 절실하다.

지금 생각해보면 언젠가는 한 차례 겪어야 할 통과의례였다. 하지만 1997년 가을 우리에게 닥쳤던 이른바 IMF사태는 수많은 사람들에게 고통과 좌절, 분노와 실의를 안겨주면서 우리 경제와 삶의 패러다임을 온통 뒤흔들어놓았다. 서구 사회가 짧게는 백 년, 길게는 여러 세기에 걸쳐 이룩한 산업화를 우리는 불과 수십 년 만에 달성해냈다. 그러나 노인에게 쉬 찾아드는 골다공증처럼 압축성장의 부작용은 우리 경제 곳곳에 숭숭 구멍을 남겨놓았음이 뒤늦게 드러났다. 참으로 비싼 수업료를 내고 우리는 지구촌시대의 냉엄한 경제논리를 아프게 배웠다.

참담한 반성을 바탕으로 이제 우리는 새 천년으로의 진입을 앞두고 선진조국건설을 위해 힘을 모으고 있다. 결국 경제재건, 나아가 경제발전이 가장 화급하게 대두된 국가적 과제이다. 졸저는 우리 경제가 나아가야 할 길을 경쟁정책과 공정거래제도에 초점을 맞추어 독자 여러분과 함께 생각해보기 위해 쓴 것이다.

얼마 전 『공자가 죽어야 나라가 산다』라는 책이 나왔다. 그러자 얼마 안 있어 『공자가 살아야 나라가 산다』라는 반박서가 출간되었다. 이들 저자의 논법을 빌려 나도 말하고 싶다. 공정거래위원회가 살아야 나라경제가 산다.

1999년 10월
전 윤 철

차 례

제1부 | 경제의 틀이 바뀐다

1-1 새 세계의 등장

　토지·노동·자본을 기반으로 삼았던 근대 산업사회가 지식·정보를 근간으로 하는 정보사회로 급속히 옮아가고 있다. 정보혁명은 아직 시작에 불과할 뿐, 그 본격적인 진행은 미래의 일이라고 내다보는 학자들도 있지만, 그런 주장을 하는 학자들조차 정보화의 빠른 진행속도와 그것이 초래할 엄청난 변화를 부인하지 않고 있다. 과학철학자 토마스 쿤(Thomas S. Kuhn)이 20세기 문제작으로 꼽히는 그의 저서 『과학혁명의 구조(The Structure of Scientific Revolutions)』에서 분석한 것처럼, 이른바 패러다임(Paradigm)이 바뀌는 혁명이 진행되고 있다. 믿음·가치·기법 등의 총체로서 산업사회를 지탱했던 기존 패러다임이 빛을 잃으면서 새 패러다임이 형성되고 있는 것이다.

1-1-1 아톰에서 비트로

　새 패러다임 출현의 기원(起源)은 '비트(bit)'이다. 비트란 '정보의 유전자(DNA)'를 구성하는 가장 작은 요소로서 크기, 색깔, 모양, 무게는 없지만 빛의 속도로 움직인다. 비트의 세계에서 모든 정보는 '있음(1)'과 '없음(0)'이라는 단 2가지 형태로 표현되며, 이것을 디지털 세계라고도 한다. 비트와 상대되는 개념은 '원자(atom)'인데, 원자는 크기와 모양, 다양한 물리적 성질을 갖고 있는 모든 물질의 기본 구성요소이다. 우리가 현재 살고 있는 세계가 바로 원자의 세계이고, 이를 다른 말로 아날로그 세계라고도 한다.

아톰의 세계가 비트로 교체될 때 어떤 결과가 초래될 것인가? 미국 MIT대학의 니콜라스 네그로폰테(Nicholas Negroponte)가 『디지털이다(being digital)』라는 저서에서 설명한 것처럼, 비트의 세계에서는 책·잡지·신문·오디오·비디오 등의 정보가 에러 없이 정교하고 신속하며, 손쉽게 혼합되어(이것을 〈멀티미디어〉라고 일컫는다) 전달된다. 그리고 이러한 정보 전달이 기술의 발달에 따라 눈부실 만큼 경제적이고 효율적으로 이루어진다. 따라서 아톰에서 비트로 변화하는 추세는 돌이킬 수도, 막을 수도 없다고 말해진다.

1-1-2 비트의 도시

비트가 만들어내는 새로운 세계란, 미국 MIT대학의 건축학자인 윌리엄 미첼(William J. Mitchell)이 자신의 저서명으로 사용한 것과 같은 '비트의 도시(City of Bits)' 바로 그것이다. 아득한 옛날부터 우리의 선조들이 강변을 따라 일정한 공간에 건설하기 시작한 이래 오늘날까지 발전해온 도시문명의 역사가, 이제는 형체도 위치도 없는 반(反)공간의 전자도시(Electronic Agoras)로 발전한다는 것이다. 학교, 은행, 병원, 쇼핑센터, 도서관, 미술관, 박물관, 공연장, 영화관, 동물원 등과 같이 일정한 공간에서 위용을 자랑하던 건축물이 첨단 컴퓨터와 네트워크에 의해 대체된다고 한다. 광케이블 등을 통한 정보고속도로가 건설되

경쟁이 꽃피는 시장경제

어 시간관계와 공간관계마저 재편되는 혁명이 부지불식간에 빠른 속도로 진행되고 있는 것이다. 이러한 혁명의 중심에서 핵심적인 역할을 하는 것이 인터넷이다. 그의 책에서 윌리엄 미첼은 미래의 도시는 인터넷에 세워질 것임을 간파했다.

한편, 정보통신망의 개념으로 사용되던 인터넷은 통신수단으로서의 의미를 넘어 시장에서의 거래행위라는 개념으로 확대되었는데, 이것이 이른바 인터넷을 활용한 전자상거래(Electronic Commerce)이다. 이제 인터넷은 특정 기업 내에서의 정보교환은 물론이고 기업과 기업, 기업과 불특정 다수의 소비자 사이의 거래를 가능하게 해주고 있다. 전자상거래는 현재 매우 빠른 속도로 확산되고 있는데, 미국의 경제컨설팅회사인 와튼계량경제연구소(WEFA)는 1998년 770억 달러였던 전자상거래의 규모가 2003년에는 이보다 12배 이상 늘어난 1조 달러에 이를 것으로 전망하고 있다. 이것은 연평균 70% 정도의 성장을 의미한다. 여기에서 알 수 있듯이 시장이라는 물리적 공간에서 이루어지던 거래가 정보통신기술의 발달에 힘입어 네트워크상에서의 디지털 정보교환으로 대체되고 있는 것이다.

1-1-3 디지털 경제가 새 세계에 미치는 영향

비트를 시발점으로 하여 인터넷의 발달로 전개되는 정보사회혁명을 주도하는 국가는 미국이다. 미국은 정보고속도로(National Information Infrastructure) 구축사업을 전세계적 규모로 확산시키는 계획을 추진하여 1997년 7월 '국제전자상거래 기본계획(A Framework for Global Electronic Commerce)'을 제시한 바 있다. 이 계획은 민간 주도로 인터넷의 자율적인 발전을 꾀하며, 세금·관세를 포함한 정부규제를 자제하고, 국적 및 거주지를 초월하여 일관되고 예측 가능한 법적 장치를 마련한 다는 기본원칙 등을 담고 있다. 이 계획의 구체적인 실천작업 은 앨 고어(Al Gore) 부통령과 상무부(Department of Commerce) 가 중심이 되어 추진하고 있으며, 경제협력개발기구(OECD)나 아세아태평양경제협력체(APEC)와 같은 국제기구의 논의를 통해 전세계로 확산되고 있다. 미국의 정보화 추진 성과는 1990 년대의 유례없는 미국경제 호황의 견인차로 작용한 것은 물론, 전세계의 다른 국가들을 정보화혁명에 동참시키는 계기가 되었다.

정보화가 전세계적으로 확산되면서 그것이 경제·사회에 미치는 영향에 대한 관심이 부쩍 높아졌다. 이에 따라 미국 상무부는 클린턴 대통령과 앨 고어 부통령의 지원을 받아 정보화의 산물인 디지털 경제(Digital Economy)에 대한 본격적인 연구와 논의를 진행시키고 있다. 그 결과 상무부는 1998년과 1999 년에 각각 '디지털 경제보고서(The Emerging Digital Economy)' 를 발간하여 디지털 경제의 확산 추세와 경제에 미치는 영향 등을 제시하였고, 앞으로도 매년 이러한 보고서를 펴낼 계획이다. 또한 1999년 5월에는 학계와 업계, 정부 등의 전문가가 참여하는 학술회의를 개최하여, 디지털 경제가 거시경제, 조직구조, 중소기업, 시장구조 및 경쟁, 고용 및 직장 등에 미치는 영향을 분야별로 검토하기도 하였다.

또한 상무부는 다음 그림에서와 같은 디지털 경제에 대한 모델화 작업도 진행하고 있다. 이 모델은 정보·통신·컴퓨터 가 인터넷을 중심으로 통합(convergence)되는 형태를 갖추고

있으며, 전자상거래, 조직구조, 경제 및 사회에 영향을 미치면
서 확산되는 동태적인 과정을 포괄적으로 설명해주고 있다.
디지털 경제가 영향을 미치는 범위와 정도 등에 관한 과제는
앞으로 계속 연구·논의될 것이지만, 디지털 경제는 이미 경
제·사회 각 부문에 광범하고 깊숙한 영향을 미치고 있는 것
이 분명하다.

미국 상무부의 디지털 경제 모델

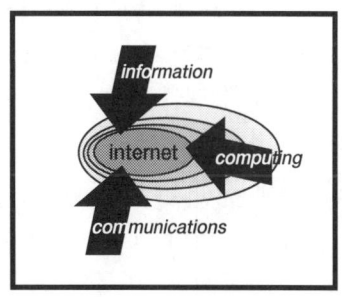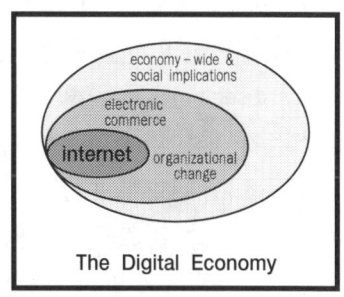

출처 : 미국 상무부(http://www.digitaleconomy.gov/define.html)

1-1-4 디지털 경제와 경쟁정책의 역할

디지털 경제는 경제구조 측면에서 경쟁화를 촉진하는 계기
를 제공할 것이다. 인터넷과 전자상거래는 수많은 중소기업들
이 경쟁과정에 참여하는 것을 가능하게 하며, 특히 중소기업들
에게 대기업의 횡포나 간섭을 받지 않고 전세계 시장에 직접
참여할 수 있는 기회를 제공함으로써, '거대경쟁(Mega
Competition)' 시대라는 용어에 적합한 경쟁구조가 실현되도록

한다. 그러므로 정부는 경쟁정책적인 면에서 중소기업들의 자유로운 시장진입과 퇴출은 물론, 사업 양도나 흡수, 합병 등을 포함한 사업활동의 자율성이 확보될 수 있도록 노력할 필요가 있다.

한편, 디지털 경제 환경에서는 기술혁신을 발판으로 독점적 대기업이 출현하거나, 지식 및 정보나 그 이용권 등을 장악하는 기업들이 독점적 대기업으로 등장하여 경쟁질서를 침해할 가능성이 종전보다 더 커질 수 있다. 지적재산권을 소유한 기업의 배타적 독점권 행사, 네트워크를 선점한 기업의 독점적 지위남용, 선발기업에 의한 기술이나 품질의 표준설정(standard setting)으로 후발기업이 진입에 장애를 겪는 일 등이 발생할 가능성이 커진다. 따라서 경쟁정책 분야에서는 경쟁제한적 구조나 관행에 대한 분석을 통해 시장지배력 형성이나 남용을 방지할 수 있도록 주의를 기울여야 한다.

월리엄 미첼이 전망한 것처럼, 미래의 도시는 '비트의 도시'일 것이다. 하지만 이 도시 또한 현재 우리가 사는 현실의 도시와 마찬가지로, 허위 또는 과장 등 불공정한 행위가 일어날 수 있는 불완전한 도시일 것은 분명하다. 게다가 비트의 도시에서 활동하는 협잡꾼은 그 폐해를 순식간에 전세계에 파급시킬 수 있다. 그러므로 경쟁정책적 관점에서 비트의 도시가 이상적이고 효율적인 공간이 될 수 있도록 경쟁 당국이 질서유지자의 역할을 수행하는 방안도 마련돼야 한다.

2-1 시장을 몰라보고 자초한 외환위기

한국으로 건너와 '고생하는' 영어가 많다는 것은 널리 알려져 있다. 운전대에 달려 있는, 자동차의 진행방향을 잡을 때 쓰는 조향륜(操向輪)을 미국인들은 글자 그대로 '스티어링 휠(steering wheel)'이라고 부른다. 줄여서 '휠'이라고 하기도 한다. 하지만 이 말이 한국에 건너오면 느닷없이 '손잡이'를 가리키는 '핸들(handle)'로 바뀌고 만다. 예를 들자면 부지기수다. 여기에 1990년대 후반, 정확히 1997년 11월 이후 IMF라는, 일반인에게는 다소 생소한 낱말 하나가 '한국식 영어'로 추가되었다. 미국 워싱턴에 본부를 둔 국제통화기금(International Monetary Fund)을 가리키는 약자인 IMF가 어느새 '경제위기', '경제난'의 동의어로 쓰이게 된 것이다. IMF 직원들 가운데는 "기껏 구제금융을 풀어 도와주었더니 한국인들이 우리 기구를 나쁜 일의 대명사로 쓰고 있다"라고 역정을 내는 사람도 있다고 한다. 한국인 특유의 신조어사전에 'IMF'가 수록된 1997년은 6·25전쟁에 이은 '제2의 국난'이 발생한 해로 역사에 기록되고 있다.

2-1-1 IMF 체제는 우리가 합의한 것

한국인들에게 IMF 위기는 한국경제가 본격적인 공업화전략을 추진하기 시작한 1960년대 이후 맞이한 최대의 난국이다. 과거에도 1973년의 오일쇼크 등 몇 차례 경제위기가 있었지만, 이들 위기는 주로 원자재 가격의 폭등이나 환율의 급격한 변동 등과 같은 외부적인 요인에 의해 발생하였고, 정부가 금융정책과 재정정책을 적절히 구사함으로써 비교적 단기간 내에 위기를 극복할 수 있었다. 그러나 이번에 맞이한 경제위기는 대단히 복합적이고, 내부적이며, 구조적인 요인에 의해 발생하였다는 데 문제의 심각성이 있다.

1997년 11월 우리 정부가 IMF와의 힘겨운 줄다리기 끝에 자금지원협정을 체결하면서부터 우리 경제는 IMF 관리체제에 본격적으로 편입되었다. 일부에서는 이것을 경제주권의 상실이라며 분통해 하기도 했다. 이 일을 계기로 우리가 모든 경제적 의사결정을 자주적으로 할 수 없게 된 것은 사실이다. 그러나 과거에 경험한 일제식민통치와는 달리 이번의 IMF 지배수용은 우리 국익을 위해 한국정부와 IMF가 합의하였다는 점에서 분명히 구별할 필요가 있다.

즉, 그것은 채권자인 IMF가 외환사정이 어려워진 한국경제를 지원하기 위해 한국에 돈을 빌려주면서, 경영의 건전성을 유지하여 채무불이행 사태를 일으키지 않도록 거시정책 등의 운영과 관련해 채무자에게 조건을 부과하는 행위이다. 개인 사이에 자금을 대차(貸借)할 때 돈을 빌려주는 사람이 꾸어가는 사람에게 담보를 요구하는 등, 요구조건을 부과하는 것과 마찬가지라고 보면 쉽게 이해된다.

경쟁이 꽃피는 시장경제

2-1-2 경제위기의 근본원인에 대한 성찰이 필요

우리 경제가 IMF 관리체제 아래 들어가게 됨에 따라, 언론과 경제학자들을 중심으로 우리 경제가 외환유동성 위기를 겪게 된 근본요인을 놓고 여러 주장이 등장하였다. 이른바 환란(換亂)의 원인이 무엇인지에 대해서는 아직까지 일치된 정설은 없다. 하지만 거론되고 있는 수많은 가설은 크게 세 범주로 압축될 수 있다.

첫째, 외부요인설로서, 국제금융시장의 실패로 인해 동아시아에 위기가 닥쳤다는 지적이 그것이다. 이 가설의 뼈대는 이렇다. 정보·통신혁명 등으로 세계경제의 글로벌화가 급속도로 진행되는 환경 속에서 국제금융자본의 이동에 대해 무방비 상태인 가운데, 선진국 클럽인 경제협력개발기구(OECD) 가입을 앞두고 한국의 자본시장이 급속히 개방되었다. 게다가 헤지펀드로 대표되는 투기성 단기자본의 이동에 대한 적절한 감독과 제약장치가 마련되지 않은 상태에서 투기자본의 썰물과 밀물이 반복됨으로써, 많은 아시아 국가들이 어려움을 겪을 수밖에 없었다는 것이 금융위기의 근본원인이라는 주장이다. 외부요인을 강조하는 이러한 시각은 때로 극단적으로는 다음과 같은 가설을 전제로 하기도 한다. 즉, 미국 등 서방 경제대국이 경제패권주의 실현 차원에서 동남아시장을 재화시장과 금융시장으로 구분한 뒤, 각 분야에서 주도권을 잡기 위해 본보기를 보여준 것이 그 배경이라는 주장이다. 이러한 주장은 국제금융질서의 회복을 위한 국제적 노력을 그 근본 처방으로 제시한다.

둘째, 한국경제의 내부요인을 강조하는 주장으로서, 지난 세월 한국의 거시경제 운용이 잘못되었다는 지적이다. 한국경제가 잠재성장률을 기준으로 자연스러운 경기변동을 타는 것은 지극히 정상적이다. 그런데 최소한 지난 10여 년 동안 한국정부는 자연스러운 경기후퇴 국면에서 무리한 경기부양을 반복적으로 시도함으로써 거시변수의 불균형과 피로가 누적되었고, 그 결과 1997-1998년과 같은 대폭의 조정과정이 불가피했다는 것이다. 이것은 한국경제가 90년도 이후 거듭된 구조조정의 기회를 상실했을 뿐만 아니라, 정권교체 후 거시적으로 확장적 성장정책을 편 결과, 경제의 거품이 누적되었고, 이것이 세계경제의 후퇴에 따라 한국경제에 직격탄을 날린 것으로 해석하는 경기론적인 시각이다. 거시경제 운용의 잘못을 지적하는 이러한 주장은 자연스럽게 거시경제안정화론으로 이어지는데, 거시경제안정화론은 거시경제의 문제를 거시경제적 해법으로 풀어야 한다는 처방을 제시한다.

셋째, 한국경제의 내부요인을 강조하는 또 하나의 가설로서, 한국경제가 과거의 성장 패러다임을 유지함으로써 내부적·구조적으로 수많은 문제점이 누적된 결과, 한국경제시스템의 심각한 취약성(vulnerability)이 노출되었고, 이어서 외부의 작은 충격에도 견디지 못하고 위기에 빠져들게 된 것이 불가피했다는 주장이다. 이것은 그동안 우리에게 가장 널리 알려진 주장으로서, 한국정부는 물론 미국정부, IMF, 세계은행(WB), OECD도 모두 이 주장을 내세우고 있다. 한국경제에 구조적인 문제가 있었다는 주장은 자연스럽게 한국경제의 구조조정론으로 연결되었다. 우리가 흔히 정부-금융-기업-노동의 4대 부문 구조조정이라는 말을 하게 된 것도 이러한 위기진단에 그 뿌리를 두고 있다고 볼 수 있다. 위기 발생 이후 미국 등의 요구로 한국은 소위 글로벌 스탠더드(global standard), 즉 국제표준에 가깝게 다가서려고 노력하고 있다. 하지만 글로벌 스탠더드란 통상 미국식 모델을 말하는 것으로서, 미국식 모델을 선택하는 것이 선진화의 첩경이라는 보장은 없다. 이 같은 선택의 불확실성이 구조조정의 가장 큰 어려움이라고 할 수 있다.

2-1-3 이제는 구조조정에 전념할 때

경제위기의 원인으로서 앞에서 말한 3가지 견해가 저마다 설득력이 있으며 어느 정도 원인을 설명하는 것으로 볼 수 있다. 그러나 현재까지 나온 3가지 가설 가운데 굳이 가장 설득력 있는 것을 꼽으라면 구조조정론이라고 하겠다. 이 주장은 한국경제가 과거 정부 주도의 '고도성장의 신화'에 취하여 적절한 시기에 더욱 시장지향적인 경제구조로 전환하는 시기를 놓침으로써, 주요 산업의 경쟁력을 상실하고 국제적 신뢰를 잃게 된 것이라고 보는 시각이다.

그동안 한국은 정부가 금융·재정 등 모든 자원의 배분권을 쥐고 특정 산업을 육성하는 등 정부 주도의 발전정책을 추진하였다. 그 결과 각각의 시장에서 독과점구조가 형성되는 등 시장구조가 왜곡되었고, 이에 따라 각 분야에서 시장경제 원리가 제대로 작동하지 못하였다. 기업을 둘러싼 각종 규제와 보호 속에서 시장경쟁이 불충분한 상태였고, 토지·자본 등 생산요소 가격이 왜곡되어 합리적인 경제활동이 이루어지지 못했으며, 기업은 생산성향상이나 기술개발 등을 통해 경쟁력을 향상시키기보다, 각종 인·허가로 진입 장벽이 구축된 시장 내에서 지대(Rent)를 추구하는 프리미엄 체질의 경제구조가 고착되었다. 이러한 한국경제에 대한 불신으로 외환 유동성이 급격히 유출되는 가운데 한국경제는 위기를 맞이하게 되었던 것이다. 따라서 경제위기의 근본원인은 한마디로 시장경제의 작동이 미흡하였기 때문으로 볼 수 있다.

다행히 1997년 12월 IMF와의 사이에 자금지원협정이 체결되고, 신정부가 출범하면서부터 기업과 금융기관, 노동계 그리고 공기업 등 4대 분야에서 착실히 구조조정이 추진되었으며, 이러한 4대 분야 구조조정을 통해서 우리 경제는 위기로부터 탈출할 수 있는 전기를 마련한 것으로 보인다.

그러나 정부가 추진하고 있는 4대 분야의 구조조정이 성공하기 위해서는, 과거 세계경제사에서 유례가 없는 괄목할 만한 성장을 짧은 기간 내에 달성한 한국경제가 왜 하루아침에 대외적신뢰와 경쟁력을 잃고 몰락하게 되었는가를 철저히 분석하여, 그 결과를 토대로 해결책을 찾아나가는 것이 필요하다.

2-1-4 산업의 집중화·양극화 불가피

한편 구조조정을 통해 경제위기를 극복해나가는 과정에서 산업조직의 집중화와 양극화가 심화될 것이라는 예측이 나오고 있다. 위기란 다수 부실기업의 정리가 불가피함을 의미한다. 빅딜을 포함하여 많은 부실기업을 정리하는 과정에서 일부 외국자본의 국내진출이 확대되기도 하겠지만, 많은 경우 부실기업을 살아남은 국내기업이 인수하게 될 가능성이 크다. 그렇다면 이것은 산업조직의 집중화와 양극화 현상이 심화됨을 의미하는 것이다. 부실기업이 아니더라도 기업통합이 자연스럽게 진전됨에 따라 집중화와 양극화가 심화되기도 할 것이다.

이러한 상황 변화와 함께 우리 경제의 글로벌화 추세 또한 지속될 것으로 전망된다. 이미 IMF 구제금융의 조건으로서 상품시장과 자본시장의 개방이 급속히 이루어졌고, 정보화와 유통시장의 개방으로 인해 소비자의 권리가 강화되면서 기업이 체감하는 시장의 글로벌화는 위기 이전의 수준을 크게 웃돌 것이다. 만약 정부가 의도적으로 글로벌 스탠더드를 정책모델로 선택한다면 그 추세는 한층 가속화될 것이다.

이 2가지 전망이 정확하다면, 산업분야에서 집중화와 양극화가 심화되는 반면, 다른 한편으로는 경쟁의 장(場)이 확대됨을 의미하는 것이며, 이는 경쟁정책에 대해서도 새로운 발상의 전환을 요구하게 될 것이다.

2-2 시장경제를 어떻게 도울까

IMF 위기 이후 최대의 유행어는 단연 〈시장경제〉이다. 저마다 시장경제를 이야기하고 시장주의자임을 자처한다. 당면 현안들을 시장경제원리로 풀어야 한다는 데 모두들 이견이 없다. 하루아침에 모든 사람이 시장경제의 철저한 신봉자가 된 것 같다. 참으로 긍정적인 변화가 아닐 수 없다.

2-2-1 시장경제가 제대로 되려면

시장경제의 개념과 시장경제를 위한 정부의 역할문제로 접어들면 목소리는 제각각으로 갈라진다. 똑같이 시장경제라는 용어를 사용하지만 각자 자신이 서 있는 위치나 상황에 따라서 시장경제를 다르게 이해한다. 더구나 구조조정과정에서의 정부의 역할문제로 접어들면 더욱 혼란스럽다. 이러한 인식의 혼란이 시장경제 정착을 가로막는 장애요인으로 작용하고 있다.

이러한 혼란을 바로잡기 위해서는 시장경제에 대한 개념정의부터 분명히해야 한다. 시장경제는 사회적, 역사적 배경의 차이에 따라 다양한 형태가 존재하지만, 그 핵심은 '자유', '책임', '경쟁'이다. 시장경제는 개인의 사유재산권과 경제활동의 자유를 전제로 하며, 개인의 선택에 대한 보상과 책임이 시장경쟁을 통해 결정되는 체제이다. 다시 말하면, 자유롭게 스스로 선택하고 결정하며, 그 결과에 대해 자신이 책임을 지는 경제이다. 시장경제는 제대로 작동되었을 경우 개인의 이익추구가 사회 전체의 복지를 극대화시키는 큰 장점을 지닌다.

그런데 시장경제가 제대로 운용되기 위해서는 몇 가지 전제조건이 충족돼야 한다. 첫째, 경쟁(競爭)의 장(場), 즉 시장이 있어야 한다. 시장은 경제활동의 자유가 보장될 때에만 존립이 가능하다. 정부가 지시하고 결정하는 경제체제에서는 경제활동의 자유가 있을 수 없으며, 시장이 생겨날 수 없다. 과도한 정부규제로 시장 자체가 왜곡된 경제구조에서 시장경제가 제대로 유지될 수 없다는 것은 자명하다. 한편, 경제활동의 자유는 엄격한 자기책임을 전제로 한다. 자기책임을 남에게 떠넘길 수 있을 때에는 도덕적 해이가 발생하고 제대로 된 시장경제를 기대할 수 없다. 따라서 시장이 제대로 작동하기 위해서는 자신의 선택과 행동의 결과를 스스로 책임지는 엄격한 자기책임의 원칙이 확립돼야 한다.

둘째, 공정하고 투명한 규칙이 확립돼야 한다. 그래야만 개개인이 최선을 다해 제 실력을 발휘하고 경제는 최대의 잠재력을 발휘할 수 있다. 경쟁규칙이 투명하고 공정할 때, 경쟁에서의 승패와 각자가 받을 보상은 오로지 그 사람의 능력과 노력에 의해 결정되므로 모두가 최선을 다하게 되는 것이다. 반면에 정당한 노력 없이 이권을 따내 쉽게 돈을 벌 수 있게 되면 뇌물경쟁, 이권경쟁 등 사회적으로 비효율적인 경쟁만 치열해진다.

셋째, 시장기능이 원활히 작동하기 위해서는 게임규칙을 엄정하게 집행하는 심판이 있어야 한다. 독과점 기업들의 담합과 경쟁제한행위는 시장기능을 왜곡시킨다. 이런 행위를 엄격하게 제재하여 바로잡아야 시장규율이 바로 서고, 시장규율이 바로 서야 시장경제가 최대의 효율을 발휘한다.

2-2-2 정부가 유능해야 시장경제가 바로 선다

앞에서 말한 3가지 요건을 충족시키는 기능의 수행은 두말할 것 없이 정부의 몫이다. 사람들이 곧잘 과거 우리 나라에서 시장경제가 제대로 정착되지 않은 데에는 정부가 지나치게 시장에 개입했기 때문이므로, 정부가 시장에서 손을 떼면 모든 문제가 해결될 것처럼 진단한다. 그러나 앞에서 말한 3가지 요건은 정부가 뒷짐만 지고 있어서는 절대 저절로 충족되지 않는다. 오히려 시장 자체가 형성돼 있지 못한 한국적인 현실을 감안하면 정부가 적극 나서야 한다. 단지, 그 방식이 옛날과 전혀 달라야 한다는 것이다. 시장에 직접 개입하였던 과거의 '관리형 정부'에서 시장이 원활히 작동할 수 있도록 규칙과 제도를 정비하고, 그 준수 여부를 감시하는 '심판형 정부'로 전환해야 한다. 정부의 보호와 통제를 양대 축으로 하는 관치경제의 틀을 과감히 깨고, 새롭게 자유경쟁과 자기책임의 원리에 입각한 시장규율을 확립하는 방향으로 패러다임을 일대전환할 것이 요구된다.

이를 위해서는 우선 시장을 신뢰하지 못한 나머지, 자신들이 직접 지시하고 해결해야 한다고 믿는 관료들의 오만부터 깨야 한다. IMF 이후 많이 바뀌고는 있지만, 아직도 개발경제시대의 낡은 사고와 행태는 완전히 일소되지 않고 있다. 먼저 시장의

경쟁이 꽃피는 시장경제

효율성에 대한 믿음부터 가지고, 적극적으로 시장의 힘을 빌려 문제를 해결하려는 자세를 가져야 한다. 그렇게 해야 시장이 숨쉬고 활동할 수 있는 공간이 확보된다.

　구체적으로는 우선 불필요한 정부규제를 과감히 철폐해야 한다. 그동안은 정부가 시장에 대해 직접 지시하고 간여해왔다. 이제는 시장경제가 잠재력을 발휘할 수 있도록 족쇄를 풀고 시장에 맡기는 방향으로 나아가야 한다. 자유경쟁을 보장하기 위해서는 민간의 자유로운 경제활동을 방해하는 각종 규제와 제도를 개혁하는 것이 필수적이다. 정부규제를 푸는 것만으로 시장경제가 완성되지는 않는다. 각종 규칙과 제도를 정비하여 적극적으로 시장경제체제를 확립해야 한다. 이를 등한히하면 오히려 규제 철폐에 따른 혼란만 남게 된다.

　왜곡된 노동시장, 금융시장 등 요소시장을 근대적 의미의 시장으로 바로잡지 않으면 시장경제가 제대로 작동할 수 없다. 금융기관이 제 기능을 못하면 대출받은 기업이 제멋대로 투자를 하게 되고, 이것은 결국 부실경영으로 이어지며, 그 부담은 고스란히 국민의 몫이 되고 만다. 현재 정부가 법과 제도를 정비하여 구조조정을 유도하는 것도 같은 맥락이다. 예를 들어, 부실금융기관의 정리나 금융기관에 대한 건전성 감독의 강화는 옛 관치금융관행을 단절하고, 금융시장을 정상적으로 작동시킬 여건을 만들고자 하는 목적에서이다. 이것은 정부가 아니면 할 수 없는 일이며 당연히 정부가 해야 할 일이다.

　그러나 문제해결도 정부가 직접 나서서 규제하는 방식 대신, 시장 내에서 스스로 해결할 수 있도록 해야 한다. 정부가 은행과 기업의 모든 잘잘못을 감시하고 시정할 수는 없다. 정부가 민간 부문의 제반문제를 찾아내 시정하겠다는 것은 처음부터 실현 불가능한 생각이다. 민간끼리 자율적으로 감시, 견제하고 스스로 규제할 수 있는 방식으로 장치를 만들어야 한다. 현재 추진중인 기업구조조정도 소수주주권 강화, 사외이사제 도입 등을 통해 시장경제원리가 작동하는 기업지배구조를 만드는 것을 목표로 하고 있다. 또한 좋은 경기가 되려면 반칙을 하거나 규칙을 지키지 않는 선수는 과감하게 징계해야 하는 것과 마찬가지로, 시장경제를 제대로 구축하려면 정부가 규칙을 어기는 사람을 엄격하게 제재해야 한다. 그동안 시장질서가 바로 서지 않았던 까닭은 지난 수십 년간 시장경제의 규칙을 위반해도 벌칙을 주지 않아 위반자가 경제적 손실을 보지 않았기 때문이다.

요약하면, 정부는 공정하고 투명한 경쟁규칙을 마련하고 이를 유지하는 역할을 수행해야 한다. 이 과정에서 공정거래위원회는 이처럼 시장규칙을 정하고 이를 어기는 자를 벌하여 시장질서를 유지하는 기능을 담당한다. 향후 1-2년 간 어떻게 제도와 규칙을 정비하고 경쟁질서를 바로잡아가는가에 따라 앞으로 21세기 한국경제의 장래가 좌우될 것이다.

2-2-3 의식을 물갈이해야

시장경제를 정착시키려면 이처럼 규제를 혁파하고 새롭게 규칙과 제도를 정비하는 것도 중요하지만, 이에 못지않게 우리 모두의 경직된 의식과 행태를 시장경제의 원리에 맞도록 고치는 것이 중요하다. 많은 사람들이 시장경제를 이야기하지만 실제 사고와 행태는 아직도 반(反)시장적 모습을 보인다. '남에

경쟁이 꽃피는 시장경제

게는 시장원리, 내 경우는 시기상조'라는 말도 있듯이, 자신에게 유리한 방식으로 행동하고 편리한 대로 해석한다. 여전히 정부가 보호해주고 지시해주기를 기대한다. 기업은 스스로 위험을 택하기를 꺼리고 늘 정부에 기대려고 한다. 정부는 간섭하지 말 것을 요구하다가도 일이 조금만 어긋나면, 기업이건 개인이건 정부의 보호·육성·부양책을 기대한다.

정상적인 시장경제를 기대한다면 기업과 국민들의 의식도 시장경제에 맞게 바뀌어야 한다. 잘된 것은 내 탓, 잘못된 것은 정부 탓으로 돌리는 경향은 사라져야 한다. 그러기 위해서는 우선 민간 쪽 경제 주체들이 정부로부터 정신적으로 독립해야 한다. 구조조정이 진전됨에 따라 기업과 국민이 과거에 비해 훨씬 더 많은 경제적 자유를 누리게 된 만큼, 자신의 선택과 행동에 대한 결과에 대해서는 스스로 책임진다는 의식도 신장되어야 한다.

더 나아가 시장경제를 발전시키기 위한 능동적인 자세가 필요하다. 시장경제의 틀을 갖추려는 정부의 노력은 자칫 과거처럼 개입하는 정부, 군림하는 정부로 변질될 수 있다. 그러한 가능성을 사전에 차단하려면 정부로부터 독립된 기업과 국민이 정부가 반시장적으로 행동하지 않도록 견제해야 한다. 특히 기업은 국내에 시장경제가 정착되면 가장 큰 수혜자가 되는 만큼, 낙후된 과거의 방식에 안주하기보다 정부, 금융기관과 협력하여 시스템을 혁신하는 데 적극적으로 나서야 할 것이다.

2-3 공기업 민영화의 허와 실

웅덩이에 괸 물은 시간이 흐르면 썩는다. 경기도 일산의 인
공호수를 관리하는 당국은 일정한 주기를 두고 마치 어항의
물을 갈 듯이 호수의 물을 간다. 그대로 내버려두면 썩기 때문
이다. 공기업 민영화(정확히 표현하자면 사영화(私營化)가 맞다)도
크게는 이같은 원리에 바탕을 두고 추진되고 있다. 공기업은
무조건 효율이 떨어지고 사기업이 전적으로 효율이 높은 것은
아니지만, 아무래도 국가 또는 공공기관이 주인인 공기업은 경
영이 방만해지기 쉽다. 13억 인구를 먹여살리기 위해 안간힘을
쓰고 있는 거대국가 중국은 국유기업의 민영화작업에 국가의
명운을 걸고 있다시피하다.

2-3-1 전기도 선택한다

산업의 동력일 뿐만 아니라 일상생활에서 잠시도 없이는 살
수 없는 에너지인 전기도 앞으로는 소비자가 선택할 수 있게
된다. 공정거래위원회가 적극적으로 의견을 내어 1998년 11월
확정된 '선력산업구조 개편계획'에 따르면, 전기도 일반 상품
과 마찬가지로 소비자가 직접 선택할 수 있게 된다. 지금처럼
한국전력공사가 독점적으로 전기를 생산하여 파는 것이 아니
라, 전기를 생산하고 판매하는 다수의 발전회사와 배전회사가

생긴다. 이렇게 되면 어떤 변화가 올까? 전기를 만들어 파는 회사는 가격 및 서비스 경쟁을 하게 될 것이고, 소비자는 싼값에 전기를 사 쓸 수 있게 될 것이다. 불과 10여 년 전만 하더라도 상상하기 어려웠던 일이다. 이러한 변화는 전기에만 국한되는 것이 아니라, 통신·가스 등 다른 기간산업으로도 확산될 것이다.

이처럼 공기업만이 제공할 수 있다고 여겨졌던 서비스를 민간기업도 제공할 수 있게 되는 것이 바로 공기업 민영화의 핵심적인 취지이다. 공기업 민영화는 1979년 영국의 대처(Margaret Thatcher) 행정부가 재정적자 증가 등으로 상징되던 만성적인 '영국병'을 치유하기 위해 본격적으로 추진하기 시작한 이후, 전세계적인 정책조류로 정착되었다.

2-3-2 민영화는 왜 하는가

국민이 주인인 공기업을 굳이 민영화해야 하는 이유는 무엇일까? 첫째, 공기업의 경영효율을 높이는 데에는 민영화가 가장 효과적이기 때문이다. 우리 나라가 IMF의 지원을 받게 된 원인(遠因)이 경제체제 전반에 만연된 비효율이라고 할 때, 지금의 경제불황을 극복하고 효율적인 경제체제를 확보한다는 측면에서 민영화가 필요하다. 구조조정에 동반되는 불황으로 재정수입이 줄어드는 상황에서, 공기업의 방만한 경영이 초래하는 사회적 손실마저 국민들이 감당할 여유는 없는 것이다.

둘째, 과거 자연독점이었기 때문에 공기업 형태가 유지되었으며, 정부가 관리하는 것이 더욱 적절하다고 판단돼왔던 산업이 기술의 진보로 자연 독점의 성격이 변했기 때문이다. 예를 들어, 전력산업은 대규모 투자가 필요한 산업으로 공기업체제가 유지돼왔으나, 최근 소용량 발전기의 개발 등으로 민간의 전력사업 참여 여건이 조성되어 자연독점성이 약화되었다. 통신산업의 경우에도 이동통신, 위성통신 기술의 발전으로 공기업의 자연독점성이 약화되었다.

셋째, 재정수입을 확보하기 위해 공기업으로 출발한 담배인삼공사의 경우에서 볼 수 있듯이, 담배 판매수입이 재정에서 차지하는 비중이 갈수록 미미해진데다, 전매수입이 아닌 세금 징수로도 재정을 채우는 것이 가능해짐에 따라, 굳이 공기업으로 남겨 두지 않아도 될 분야로 대두되었기 때문이다.

넷째, 우리 나라 공기업의 민영화에는 경영의 효율성 제고 외에도 경영 투명성 확보라는 특별한 의미가 있기 때문이다. 지난 1996년 4월 11일 총선에서 낙선한 후보 20여 명이 같은 해 6월 공기업 이사장, 고문 등에 무더기로 임명되어 문제가 되었던 적이 있다. 경영능력과 경험이 전무하고 경영혁신의 의지도 없는 사람들에게 맡겨진 공기업에게서 효율성과 사회적 책무를 기대하는 것은 불가능하다. 따라서 경영의 투명성을 확보하고 공기업의 효율을 확보하기 위해서도 공기업의 민영화는 절실하다.

2-3-3 민영화의 이익

공기업 민영화로 어떤 이익을 기대할 수 있을까? 앞에서 예로 든 전기의 경우처럼 싼값의 전기를 공급받을 수 있는 동시

경쟁이 꽃피는 시장경제

에 몇 가지 이득을 기대할 수 있다. 먼저 효율적인 경영으로 적자 공기업이 이익을 내기 시작할 것이고, 이익금으로 세금을 납부하여 재정수입증대에 기여할 것이다. 또한 주식 발행을 통해 많은 국민들을 주식시장에 참여하게 하고, 이것은 증권시장의 자본증대로 이어져 경제 전반에 활력을 불어넣을 것이다.

민영화를 성공적으로 달성한 영국의 사례를 통해 공기업 민영화의 구체적인 이득을 살펴보자. 첫째, 세전(稅前) 이익, 주당 배당금 등으로 표현되는 기업의 경영성과가 민영화 이전보다 이후에 크게 개선되었다. 둘째, 효율성증대의 가장 직접적인 증거로서 해당 산업에서의 소비자가격이 현저하게 낮아졌다. 전기요금은 28% 내렸으며, 통신요금도 27% 인하되었다. 셋째, 민영화 이후 서비스의 질이 눈에 띄게 개선되었다. 공중전화의 경우 민영화 이후인 1993년에 95%가 작동하였지만 민영화 이전에는 단지 77%만이 정상 작동되었다. 또한 모든 서비스 공공사업자들은 서비스 제공 약속을 지키지 못할 경우 소비자에게 보상금을 지불한다는 것을 약관에 담게 되었다.

2-3-3-1 민영화의 함정 : 독점

앞에서 열거한 여러 이점에도 불구하고 민영화에 대한 우려가 없는 것은 아니다. 민영화의 부작용도 예상되기 때문이다. 독점의 심화에 대한 우려가 그것이다. 민영화하는 과정에서 경쟁원리를 소홀히 여길 경우, 단순히 국가에 의한 독점이 민간에 의한 독점으로 독점의 주체만 교체되어 기업과 경제 전체에 비효율이 존속될 우려가 있다. 즉 민영화된 독점 사업자가

제1부 경제의 틀이 바뀐다

시장지배력을 남용하여 가격을 올리는 경우도 있을 것이고, 원가절감이나 생산성향상 노력을 소홀히하여 경제능률을 높이지 못함으로써, 국제경쟁력향상에 보탬이 안 되는 경우도 있을 수 있다. 공기업의 이런 독과점적인 행태에 대해서는 주무 부처가 그때그때 시정할 수 있지만, 민영화된 기업이 독점이윤을 추구하는 경우에는 그 폐해를 완화시키기가 매우 어려워진다.

2-3-3-2 경쟁과 규제완화 : 성공적 민영화

1980년 이후 세계의 공기업 민영화 사례를 분석한 '세계은행 보고서'는 민영화의 성공조건으로 시장경쟁 여건의 개선과 규제완화를 들고 있다. 경쟁은 시장압력에 의해 비효율을 제거해주는 보이지 않는 손이다. 독점이 지속되면 기술개발과 경영혁신에 나태해질 수밖에 없다. 해당 기업으로서는 독점이익을 누릴 수 있겠지만, 사회 전체적으로는 가격, 품질, 서비스에서 더 큰 손해가 발생한다. 과잉경쟁이나 중복투자의 문제도 원론적으로 말하면, 정부가 규제할 문제라기보다는 시장에 의해 자율적으로 조정되도록 유도할 문제이다. 정부규제가 완화되고 자유롭고 공정한 경쟁이 가능하다면, 각 기업이 비용과 효용을 철저히 계산하여 합리적인 투자 결정을 내릴 것이고, 그에 대한 책임도 스스로 지게 될 것이다. 그렇게 되면 무모한 투자 결정은 자연히 줄어들 것이며, 정부의 지원에 대한 기대나 스스로의 잘못에 대한 책임 전가도 사라질 것이다.

완전 민영화가 이루어지기까지는 같은 업종 내의 기존 공기업과 사기업 간의 경쟁, 공기업과 공기업 간의 경쟁 등 되도록

경쟁이 꽃피는 시장경제

많은 경쟁이 이루어지도록 함으로써, 각자가 경영혁신을 게을리 하지 않도록 유도하는 것이 바람직하다. 한편, 전기·가스 등의 네트워크(Network) 산업에서 볼 수 있듯이 배관망을 중심으로 자연독점성이 있는 경우에는 지역별 사업자간의 경쟁체제를 도입하는 방안도 검토돼야 할 것이다.

2-4 사업자단체의 역할

"지금 총매상이 3000원이다. 이전에는 안 그랬다는 걸 모두가 잘 알 걸로 믿는다. 시간당 1,500원이었다. 지금은 1,000원인거다. 3명을 받아야 원래의 가격에서 2명 받는 꼴이 된다. 더놀라게 해줄까. 10명을 받는다 치면, 원래는 1만 5000원. 지금은 1만 원. 999명을 받는다 치면, 이전 가격으로는 149만 8000원. 지금은 99만 9000원. 얼마나 차이가 나는지 실감이 나는가. 자그마치 49만 9500원이다. 하루에 15만 - 20만 원 가까이 손해를 보고 있다. 내가 알기론 어디 한 군데가 배신을 때린 것 같은데. 협회가 가만있으면 안 된다. 단속 들어오는 데만 신경쓰지 말고. 가격협정 좀 빨리 해주기 바란다. 발표한다고 한 게 언젠데. 뭐든 하는 협회를 기대하겠다."

위의 글은 어느 컴퓨터 게임방 운영사업자가 인터넷에 띄운 것을 그대로 옮긴 것이다. 이 글이 주장하는 바는 이렇다. 근래 인터넷 게임방이 우후죽순처럼 들어서서 업소간 경쟁이 치열해지고 있으니, 가격을 올려 받을 수 있도록 협회가 담합을 주도하여 게임방 업자들의 적정 수입을 확보시켜달라는 것이다. 언뜻 생존의 절박한 몸부림으로 볼 수도 있는데, 협회가 회원사의 가격을 정해준다면 이는 명백한 공정거래법 위반행위이다. 이 사례에서 보듯이 많은 사업자들이 협회란 담합을 주도하기 위해 존재하는 것으로 잘못 인식하고 있다.

경쟁이 꽃피는 시장경제

2-4-1 사업자단체의 범주 및 역할

공정거래법(제2조 제4호)에서는 '사업자단체'를 그 형태 여하를 불문하고 둘 이상의 사업자가 공동의 이익을 증진할 목적으로 조직한 결합체, 또는 그 연합체로 규정하고 있다. 이러한 사업자단체는 다음의 3가지로 분류할 수 있다. 첫째, ○○조합, ○○협회 등의 명칭을 가진 단체로서 주로 같은 업종의 사업자로 구성된다. 둘째, 업종에 관계없이 결성된 단체로서 전국경제인연합회, 경영자총연합회, 무역협회, 상공회의소 등이 이에 속한다. 셋째, 전문자격사들로 구성된 단체로서 대한변호사회, 서울시의사회, 법무사회, 관세사회, 공인회계사회 등이 있다. 이처럼 다양한 형태로 존재하고 있는 사업자단체는 그 명칭과 형태, 법인격 유무를 불문하고 그 목적이 구성원인 사업자(회원사를 가리키며 공정거래법에서는 이것을 '구성사업자' 라고 부른다)의 이익을 도모하고 대변하는 데 있는 경우, 모두 공정거래법의 적용을 받는다.

사업자단체는 시장에서 매우 중요한 기능을 하고 있다. 예를 들면, 경쟁이 치열한 가운데 개개 사업자에게 사업에 필수적인 정보를 신속하게 제공한다든지, 회원사가 생산하는 제품의 규격이 제각각이어서 호환성 부족 등으로 사용자에게 불편을 초래할 때 이에 대한 표준을 정하여 권장한다든지, 개별적으로 하기 힘든 연구 또는 조사 사업을 업계 및 사회 전체를 위해 실시하는 것 등이 그것이다. 그로 인해 소비자들의 효용이 증대함은 물론이다.

그러나 아담 스미스(Adam Smith)가 지적한 것처럼, 경쟁사업자들이 한 자리에 모이게 되면 소비자에게 불이익이 되더라도 자신들의 집단적인 이익을 위한 계획을 도모하게 마련이다. 이러한 사업자단체의 음모는 여러 형태로 이루어진다.

2-4-2 사업자단체가 해서는 안 되는 10가지 행위

공정거래법은 사업자단체가 해서는 안 되는 행위 유형을 10가지로 구분해놓고 있다.

첫째, 가격을 결정하는 행위이다. 위의 사례에서 본 것처럼 협회가 평균가격, 표준가격, 최고가격 등 어떠한 명칭, 어떠한 형태로든 가격 설정의 기준을 제시하거나 결정하는 행위는 금지된다.

둘째, 생산·판매·출고량을 제한하는 행위이다. 흔히 구성사업자별로 생산량, 출고량, 판매량을 할당하거나 공동으로 그 수준을 결정하는 경우가 있는데, 이러한 행위를 하는 동기는 가격을 시장가격보다 높은 수준으로 유지하는 데 있다.

셋째, 판매 및 거래 조건에 관한 행위이다. 예컨대, 구성사업자들이 상품을 판매하고 그 대금을 주로 90일 어음으로 받던 관행을 깨기 위해, 당해 사업자단체가 주도하여 앞으로는 '현금으로만 결제' 하기로 결의한다면 이에 해당된다. '신용카드로 결제를 하지 않겠다' 는 결의를 한다고 해도 마찬가지로 이에 해당된다.

넷째, 거래지역 또는 거래상대방에 관한 행위이다. 1997년 7개 아동복상가운영회가 동대문상인 및 창고할인업자에게는 제품을 팔지 않기로 결의하는 한편, 명단부착 및 상가 내 방송 등의 방법으로 이를 구성사업자에게 강요하고 동대문상권에 제품을 판 구성사업자를 제재하였는데, 이것이 바로 거래상대방을 제한한 행위이다.

다섯째, 설비의 신·증설 및 장비도입에 관한 행위이다. 사업자단체는 구성사업자가 설비를 신·증설하는 것을 제한하거나 구성사업자별로 생산·판매시설 등 설비규모를 할당해서는 안 된다.

여섯째, 상품의 종류와 규격 등에 관한 행위이다. 사업자단체는 비용절감 또는 효율성증대를 위해 특정 모델을 권장할 수는 있어도, 특정 상품과 서비스를 공급하도록 강요하거나 특정 규격을 강요해서는 안 된다.

일곱째, 다른 사업자의 사업내용 또는 활동을 방해하거나 제한하는 행위이다. 비구성사업자의 사업활동을 방해하기 위해 (비구성사업자는 일반적으로 구성사업자에게 공동의 경쟁상대가 되게 마련이다) 비구성사업자에게 물품을 공급할 위치에 있는 다른 사업자(편의상 A라고 하자. 여기서 A는 구성사업자도 비구성사업자도 아닌 제삼의 사업자, 즉 여기서 말하는 사업자단체와는 무관한 제삼자이다)에게 당해 물품공급을 중단할 것을 요청한다. 그리고 그 이행담보수단으로서 A가 비구성사업자에게 물품을 공급하면, 산하의 구성사업자에게 지시하여 A와 거래하지 말도록 하는 경우가 있다. 이와 함께, 사업자단체가 비구성사업자에게 가입을 강제하는 경우도 많은데 이러한 가입 강요행위도 같은 유형에 해당될 수 있다.

여덟째, 사업자수를 제한하는 행위이다. 요즈음에는 부동산중개업자들이 각자 가지고 있는 부동산 매물에 관한 정보를 교환하는 수단으로, 특정 컴퓨터 프로그램을 개발하여 동일 지역 내 회원사끼리 이용하는 경우가 많다. 이들 사업자단체가 당해 지역에 새로 진입한 부동산 중개업자에게 이 프로그램의 공급을 거부한다면, 거부당한 사업자는 사실상 사업을 하기 어려운 상황에 처한다. 이때의 사업자단체 행위가 사업자수 제한 행위에 해당된다.

아홉째, 구성사업자의 사업내용 또는 활동을 방해하는 행위이다. 구성사업자의 영업종류, 영업시간을 제한하거나 영업장소의 수 또는 위치를 제한하는 행위가 대표적이며, 광고활동과 영업소 신설 또는 이전, 원재료의 구입과 배분 등을 제한하여 구성사업자의 사업활동이 부당하게 제약받는 경우가 포함된다.

열째, 사업자에게 불공정거래행위를 하게 하는 행위이다. 불공정거래행위는 이 책의 다른 부분에서 상세히 서술한다.

2-4-3 협회왕국 대한민국

정부는 과거 정부주도의 개발전략을 효율적으로 수행하기 위해 사업자단체의 결성을 적극 권장하였다. 민간 부문에 대한 정부의 개입이 컸던 시절, 정부와 민간 사이의 중간 연결고리로서 사업자단체의 존재가 요구되었던 것이다. 이에 따라 현재 거의 모든 업종에 걸쳐 사업자단체가 결성돼 있으며, 정부가 이들 사업자단체에 부여한 각종 위탁업무는 사업자단체의 독점적 이권사업으로 변질돼온 것이 사실이다. 사업자단체는 편의상 정부로부터 위임된 업무권한을 이용하여 사업자들을 협회에 강제 가입시킨다든지 그 산업에 진입하지 못하도록 진입장벽을 치는 등의 경쟁제한행위를 일삼아왔다. 사업자가 정부에 각종 신고서를 제출해야 할 경우, 반드시 사업자단체를 거치도록 하는 경우가 많았으며, 심지어 회비를 납부하지 않으면 각종 정부 위탁업무에 대한 서비스를 거부하는 경우도 많았다.

〈사업자단체에 의한 기왕의 경쟁제한 및 사업자활동제한 사례〉

제한 형태	사업자단체	내 용
가격 · 물량 · 광고규제	한국자동차정비조합연합회 한국종합유선방송협회 한국의약품수출입협회 한국제약협회 한국건설감리협회 한국경비협회	정기점검 수수료 및 정비요금 결정 수신료 및 광고시간 배분기준 등 결정 한약재 수입물량 규제 의약품광고 사전심의 감리대가기준 결정 용역경비단가 결정
영업활동에 대한 감시	대학병원협회 등 의료 · 약사 · 위생 관련 25개 단체 업종별 거래질서 정상화 협의회 17개 단체	영업장시설 기준 및 영업자 준수사항 위반여부 감시 무자료 거래행위 감시 등
기 타	무역협회 골재협회 전기공사협회 의약도매협회 및 한약도매협회 병원협회	수출입실적 확인증명서 발급 권한을 독점적으로 부여 등록업체에 대한 시설, 장비, 채취 실적 확인 업무 회원사의 영업정지처분 건의 권한 기업진단기관 지정 권한 및 의약품배달원 자격심사 권한 전공의 수련병원 지정 신청시 실태조사 및 전공의 관리업무

2-4-4 협회 다시 태어나야

경쟁 제한적인 정부규제의 완화 또는 철폐로 민간 부문의 자율과 책임이 날로 커지는 만큼, 같은 업종 사업자들끼리의 이해관계가 결집되는 사업자단체의 역할도 가볍게 볼 것이 아니다. 각 분야의 전문화가 심화돼가는 정보사회에서는 업계의 전문적인 지식과 경험을 정부시책에 반영시키고, 유익한 정보가 관련업계에 널리 활용될 수 있도록 국민경제에 기여하는 사업자단체의 기능이 요구된다.

지금까지 많은 사업자들은 담합행위를 상호협력으로, 경쟁노력을 상호 반목으로 사뭇 오해해왔다. 신규사업자의 진입을 제한하고 서로간의 경쟁을 자제하는 것이 당해 산업의 발전을 위해 바람직하다고 생각하는 사업자가 적지 않았다. 이러한 잘못된 인식이 사업자단체라는 기구를 통해 구체적인 모습으로 표출되어 시장의 경쟁질서를 해치는 경우가 많았다.

그러나 이제 더이상 사업자단체가 폐쇄적인 이익단체로서 기업간의 경생과 이를 통한 경제효율 증진에 걸림돌이 되어서는 안 된다. 또 외국 사업자가 우리 정부에다 대고 "한국 사업자단체들이 반경쟁적이고 불공정한 거래관행을 일삼고 있으므로, 이를 시정하기 위한 법과 제도를 강화해달라"고 요구하는 낯뜨거운 일이 있어서는 안 될 것이다. 더이상 "사업자단체들의 외국 사업자를 차별대우하기 때문에 한국에서 사업하기 힘들다"라는 푸념이 들려서도 안 될 것이다.

| 제2부 | 공정거래법의 탄생

3-1 경쟁정책에 성역은 없다

"그때 만약 공정거래법이 빛을 보지 못했더라면 어찌 되었을까?" 사지(死地)에서 헤매다 가까스로 살아남은 참전용사가 귀향길에 가끔씩 자기 목을 만져 보며 "휴!" 하고 안도의 한숨을 내쉬듯이, 공무원인 나도 아찔했던 20년 전을 회상하면서 뒤늦게 안도의 한숨을 내쉴 때가 있다. 돌이켜보면 공정거래법의 탄생은 만산(晩産)의 임산부(姙産婦)가 난산(難産) 끝에 한국경제의 품에 안겨준 옥동자였다.

3-1-1 삼분사건과 공정거래제도

독과점문제가 처음으로 국민의 관심과 비판을 불러일으키게 되면서 공정거래법제정 논의가 최초로 등장하게 된 계기는, 1963년에 발생한 이른바 '삼분(三粉)사건'이라는 경제파동이었다. 이 사건은 시멘트, 밀가루, 설탕 등 가루제품을 생산하는 소수의 대기업들이 독과점시장을 형성하고, 담합을 통해 공동으로 가격과 시장을 조작한 데서 비롯되었다.

당시 그렇지 않아도 물가가 오름세를 보이고 있는 상황에서 이러한 독과점의 폐해가 노출되자, 정치·사회적으로 이를 규제할 필요성에 대한 여론이 높아졌다. 그러자 정부는 '삼분'제조업체들에게 카르텔행위를 즉시 중지하도록 하는 한편, 독과점의 폭리를 억제하고 공정거래를 보장하는 방안을 강구하게 되었다. 그 결과 1964년, 정부는 전문(全文) 29조의 공정거래법 초안을 작성하여 발표하였다.

그러나 당시 우리 사회에는 경제질서에 대한 인식이 부족하였고, 업계를 중심으로 공정거래제도에 대한 반대론이 우세한 분위기였기 때문에, 법안은 국무회의에 상정되지도 못한 채 무산되었다. 이후 1970년대 초반까지 세 차례(1966년, 1969년, 1971년)에 걸쳐 정부의 공정거래법 제정 시도가 있었다. 그러나 기업의 자본축적이나 상품공급 촉진이 당면과제이지 공정거래법 제정은 시기상조라는 업계의 강력한 반대와 정치권의 소극적인 태도 등으로 인해, 법안은 국회 계류 상태에서 회기만료로 자동 폐기되는 과정을 겪게 되었다.

3-1-2 공정거래, 취지는 좋지만

정부는 1970년대 초반에 이르기까지 독과점의 폐해로 인해 사회적 물의가 빚어지거나 물가가 불안해질 때마다, 독과점 규제와 소비자 보호를 위해 공정거래법 제정을 추진하는 몸짓을 보여왔다. 그러나 공정거래법 제정의 필요성에 대한 정부의 의지가 그다지 확고하지 않았을 뿐만 아니라, 정부 내에서도 공정거래법 도입이 우리 경제의 여건상 시기상조라는 견해가 지배적이었다. 또한 물가억제라는 목석을 위해서는 기존의 직접적인 가격억제제도나 행정지도의 범위 내에서도 충분히 가능하다는 것이 당시의 일반적인 생각이었으므로, 공정거래법 제정은 정책의 우선순위에서 뒤로 밀리게 되었던 것이다.

1973년, 세계경제에는 자원 보유국들이 카르텔을 결성하여 가격과 공급량을 자의적으로 조절하려는 움직임이 나타났고, 이 연장선상에서 같은 해 제1차 석유파동(Oil Shock)이 터지게 되었다. 석유파동의 여파로 물가가 급등하게 되자, 정부는 당시 시행되고 있던 '물가안정에 관한 법률' 중 물가관리에 관한 부분을 보완하고, 아울러 1963년 이후 10여 년 동안 논의에만 그친 채 빛을 보지 못하였던 공정거래법안의 내용 등을 통합하여 '물가안정 및 공정거래에 관한 법률'을 제정하기에 이르렀다. '물가안정 및 공정거래에 관한 법률'은 물가안정과 경쟁질서의 확립에 목적을 둔 법률로서 전문 32조와 부칙 4조로 구성되었다.

3-1-3 공정거래보다 물가안정이 더 급해

'물가안정 및 공정거래에 관한 법률'은 운용과정에서 여러 가지 문제점을 드러냈다. 첫째, 독과점품목 가격의 사전승인은 물가안정을 위해서 가격인상 요인을 누적시켰다가 가격인상이 불가피해지면 일시에 대폭인상을 허용하게 되어 있었기 때문에, 시장기능이 마비되고 인플레이션 심리가 만연하게 되었다. 둘째, 이 법은 실제 운영과정에서 최고가격 지정, 독과점가격 승인 등 물가안정을 위한 직접적인 규제에 중점을 두었기 때문에, 공정거래제도 부문은 상대적으로 소홀히 취급되었다. 셋째, 이 법은 독과점으로 인한 폐해만 규제할 뿐, 그 원인이 되는 독점화와 그에 따른 경제력 집중을 억제할 수 있는 장치가 없었다.

1979년 9월 정부는 물가안정을 좀더 근본적으로 정착시키기 위해, 긴축정책을 추진함과 동시에 공정거래법 제정을 위한 준비에 착수하여 그동안의 경험과 물가안정법에서 드러난 문제점들을 토대로 '공정거래제도의 개선방안'이라는 보고서를 작성하였다. 정부가 공정거래제도 개선을 위한 작업을 진행하는 동안, 국내의 정치·경제적 여건도 공정거래제도 개선에 유리한 방향으로 전개되고 있었다. 10·26 사태 이후 대다수 국민들은 정치적으로 과거와는 다른 새로운 질서를 기대하게 되었으며, 경제 부문에서도 정부 주도에 의한 경제운용이 아닌 좀더 자율적인 경제체제를 바라고 있었다.

3-1-4 신현확 부총리 등장으로 법 제정 논의 본격화

1979년 초 신현확 경제팀이 등장하자 공정거래법의 정착을 위한 개혁론은 새로운 전기를 맞는 듯했다. 반독점 정책여론이 시장경제의 신봉자였던 신현확 부총리에 의해 수용되기 시작한 것이다.

경제기획원 보사예산과장이었던 나에게 급거 귀국을 명하는 전문이 도착한 것은, 국제개발처(AID)가 미국에서 주최한 지역사회개발 관련 세미나에 참석중이던 1979년 1월이었다. 나는 귀국 즉시 무엇인가 분위기가 달라지고 있음을 감지하였다. 그것은 바로 경제환경의 일대 전환을 위한 안정화·자유화 시책의 태동으로, 박정희 대통령에 의해 인플레이션 진압이라는 당면과제가 신현확 부총리에게 맡겨졌던 것이다. 1977-1978년의 과열경제 부작용이 정치적 위기감마저 내포한 고압 인플레이션 현상으로 분출되고 있던 것이 당시 상황이었다.

당시의 나는 관권에 의한 물가 진압에는 한계가 있음을 절감하였다. 보이지 않는 경쟁 제한적 행위, 즉 카르텔이 거미줄처럼 얽혀 있는 것이 한국경제의 실상이었기 때문이다. 특히 각 부처마다 보호와 지원을 명분으로 경쟁 제한을 조장하는 제도와 입법이 산재해 있어서 '물가안정 및 공정거래에 관한 법률'만으로는 물가안정을 구조적으로 정착시킬 수 없다는 판단을 내렸다.

3-1-5 법안 보따리 들고 설득에 나서

나는 당시 이양순 국장(예산심의관)과 함께 부지런히 공정거래법 제정을 위한 기반을 조성하기 위해 시안을 만드는 한편, 이를 반대하는 동료들과 상관들을 설득하기 위해 동분서주하였다. 그러나 1979년의 정치·사회적 혼란과정에서 공정거래법 제정 논의는 지지부진한 상태를 벗어나지 못하고 있었다. 온갖 우여곡절 끝에 '독점규제 및 공정거래에 관한 법률' 시안이 완성된 것이 1980년 7월이었다.

시안이나마 공정거래법이 제정될 수 있었던 배경은 새로운 정치세력의 등장과 함수관계가 있었다. 1980년 5월 정치의 전면에 등장한 신군부는 국가 위기 관리 대책을 강구하는 한편, 새 시대 전개에 따른 장기적인 국가운영계획을 검토하기 시작했다. 이들은 개혁적인 청사진을 제시함으로써 국민적 지지를 얻고자 노력하였으며, 이러한 새 통치세력의 철학은 문제의식을 갖고 있던 우리 경제관료들에게 묵은 과제의 해결을 위한 동기를 강하게 부여하였으며, 새로운 환경을 조성하였다.

　그 해 9월 새 경제 총수로 등장한 신병현 부총리의 적극적인 지원을 받으며, 독점규제 법안을 들고 나는 예의 여기저기 들쑤시고 다니기 시작했다. 정치·사회적인 분위기가 이미 전 시대의 풍토와 관행이 먹혀들 수 없을 정도로 변해 있었으므로, 대기업을 주축으로 한 입법 반대세력의 예봉은 꺾여 있는 듯했다. 그러나 재계는 입법화가 정식으로 거론되자 불황임을 상기시키면서, 독점규제가 궁극적으로는 경쟁촉진을 유발시켜 경제활성화를 목표로 하고 있음에도 불구하고, 입법안을 또다른 간섭으로 오해하여 끈질긴 거부반응을 보였다. 그러한 반론들은 고개를 들자 다시 하나의 저항 세력권을 형성해갔다. 특히 복잡한 법 체제에 대한 이해 부족과 불황이라는 현실은 입법 반대론자들의 기세를 올려 주었다.

　과도적으로 의회 기능을 담당하던 입법회의에서조차 "원칙은 좋지만 시행과정상 부작용이 생길 가능성이 많다"라는 비판이 우세했다. 그러나 일부에서는 독점규제법이 규제라는 의미보다는 그 반대 측면, 즉 경쟁촉진이 목표라는 사실을 이해하고 있었다. 또한 국보위 안에서도 차출된 전문위원들 사이에 독점금지법을 놓고 찬반 양론이 엇갈려 있었다. 점차 시간이 흐르면서 "동남아 국가인 홍콩, 대만과의 경쟁에서 저임금 체제로 싸우던 시대는 갔다. 이제는 안정된 경제체제 속에서 새로운 경쟁력을 유발시키는 품질경쟁, 가격경쟁의 시대가 온다. 이 같은 시대 전환에의 대응은 오직 경쟁체제의 확립을 통해서만 가능하다"라는 기획원측 주장에 점차 인식을 같이하게 되었다.

경쟁이 꽃피는 시장경제

3-1-6 반대 극복하고 마침내 법 공포

이러한 진통을 겪은 뒤 국보위는 드디어 법을 제정한다는 원칙을 확정했다. 법 제정이 기정 사실화하자 전경련은 법을 제정하기는 하되, 시행은 2년 후로 미루자는 마지막 카드를 제시했다. 2년은 거센 로비에 밀려 법의 본질이 훼손되기에 충분한 시간이었다. 결국 정부와 재계가 밀고당기는 담판을 벌인 결과 법 공포 4개월 후 시행으로 발효 시점이 결정되었다. 그러면서 이 법을 두고 정부 각부처간의 이견도 좁혀가는 작업을 서둘렀다.

1980년 12월 8일 국무회의는 경제 풍토의 일대 쇄신을 겨냥하고 기업들의 기존 인식을 바꾸기 위한 법률안 한 건을 의결하였다. 그것이 바로 '독점규제 및 공정거래에 관한 법률'이었다. 이어 이듬해인 1981년 4월, 새 법은 발효되었다. 법 제정이 본격적으로 시도되기 시작한 지 실로 3년만에 경제개혁적 의미를 내포한 이 법이 한국경제에 출현한 것이다. 입법과정에서 신현확·이한빈·김원기·신병현 순서로 경제 총수가 4명이나 교체되었다. 한 시대가 닫히고 또 한 시대가 열린 역사의 전환점에 뒷날 한국경제를 짊어지고 나갈 옥동자가 탄생한 것이다.

3-2 법도 경제적으로 만들어야

"노예제도를 자유화하자!" 대명천지에 이 무슨 뚱딴지 같은 소리인가? 이런 말이 인권 선진국인 미국에서 나왔다면, 더구나 연방법원의 유명한 판사 입에서 나온 말이라면 더더욱 놀랄 것이다. 저명한 법경제학자이자 미국연방법원 판사인 포스너(Richard Posner)가 이같은 발언을 한 장본인이다. 물론 포스너 판사는 노예제도 옹호론자가 아니다. 그렇다면 왜 이처럼 평지풍파를 일으키는 발언을 했을까? 그가 이러한 말을 한 근본취지는 설사 노예제도를 자유화한다고 하더라도, 노예를 쓰는 것이 그때그때 필요한 만큼 사람을 고용하는 것보다 비경제적이므로 노예제도가 활용되지는 않으리라는 것이다. 즉, 노예 주인과 노예의 이해관계가 일치하지 않기 때문에, 노예는 열심히 일할 유인(誘因)이 없어서 자신의 신명을 바쳐 일하지 않을 것이 분명하다. 그러므로 노예를 사는 비용과 먹이고 재우는 데 드는 유지비용이 노예가 생산하는 부가가치보다 더 크다는 것이다. 포스너에 따르면 옛날에 노예제도가 성행하였던 것은 노동력을 사고파는 노동시장이 충분히 발달하지 못했기 때문이라는 것이다. 하지만 필요한 인력을 다양한 형태로 고용할 수 있는 현대에는 고용주나 피고용인이나 자기 이익에 비추어 최대한 합리적인 선택을 할 뿐만 아니라, 서로 조건이 맞을 때 노동력의 매매가 이루어지므로 단지 시장에 맡겨두기만 하면 된다는 것이다.

3-2-1 법은 인간을 위한 것

우리가 사는 이 세상에서는 사람마다 생각이 다르고 기호와 행태 또한 제각각이다. 어떤 사람은 노예를 쓰는 것이 설사 비경제적이라 하더라도 마음대로 사람을 부려보겠다는 비뚤어진 심성에서 노예를 소유해야겠다고 결심할지도 모른다. 노예를 사서 부림으로써 노예 주인은 심리적 만족을 얻고, 노예를 판 부모와 형제는 일반적인 고용계약의 경우에 비해 훨씬 많은 돈을 받게 될 것이다.

두말할 필요도 없이 이러한 노예 매매는 인간의 존엄성을 짓밟는 행위로서, 현대 민주사회를 살아가는 인류의 양식상 용납할 수 없는 일이다. 여기에서 정부가 법으로 노예제도를 금지해야 하는 당위성과 정당성이 발견된다. 만약에 거래대상이 인간이 아니라 일하는 로봇이나 기계라면, 누가 이것을 사서 영원히 자기 소유로 하든 필요할 때마다 임대료를 내고 빌려쓰든 정부가 간여할 일이 아니다. 각자 자기에게 가장 유리한 방법을 선택하도록 내버려두면 그뿐이다. 그러나 그 대상이 사람이라면 이야기가 달라질 수밖에 없다. 이 경우에는 정부가 법을 만들어 개입해야 하는 것이다.

3-2-2 법은 효율을 지향해야

법이란 어떤 국가적 목표 즉, 도달하고자 하는 바람직한 상태를 이룩하기 위해 필요한 행동의 규칙(rule of game)을 정한 것이다. 어떤 법을 만들기 전에 먼저 정부는 그 법을 만듦으로써 이룩하고자 하는 목표가 무엇인가를 분명히하고, 그 목표를 달성하기 위한 방법을 선택해야 한다.

목표 달성에 적합한 방법을 선택하는 데 과연 정부가 개입하여 규제를 하는 것이 더 효율적인가, 아니면 시장에 맡기는 것이 더 효율적인가, 또한 규제를 하는 경우에도 좀더 시장친화적인 규제방법은 없는가를 철저히 따져보아야 한다. 예를 들어, 금융·통신·건설·운송업 등 각종 사업의 인·허가제도를 보면, 정부가 자본금, 시설장비, 기술인력, 사무실 또는 작업장 면적기준 등 인·허가 요건을 부과하는 경우가 많다. 이러한 인·허가 요건은 기본적으로 그 업체가 생산하는 상품이나 서비스의 질을 일정 수준 이상으로 유지시켜 소비자를 보호하고자 하는 데 근본목적이 있다(안전이나 보건위생, 환경보존 등을 목적으로 한 규제에는 별도로 각종 생산·영업활동에 대한 표준이 정해지기 마련이다).

3-2-3 출발은 좋았지만

처음에 소비자 보호를 목적으로 만들어진 이러한 인·허가 요건이 현실적으로는 소기의 목적에 부합하지 않거나 오히려 소비자 이익을 해치는 경우가 비일비재하다. 예를 들어, 인·허가 요건상의 자본금 기준이나 시설보유 기준이 너무 과다할 경우, 신규업체 설립이 어려워지고 결과적으로 시장에 참여하는 공급자수가 적어진다. 그렇게 되면 경쟁이 제대로 이루어지지 않으며, 그에 따라 가격은 올라가는 반면 가격상승분에 대비하여 상품이나 서비스의 질은 가격상승분만큼 개선되지 않는 결과를 초래한다.

  사무실 또는 작업장 면적기준 등의 경우에는 정부가 이를 통해 어떤 목적을 달성하고자 하는지가 불분명하다. 어떤 사업자가 영업에 필요한 기계를 사서 쓸 것인가, 빌려 쓸 것인가를 놓고 고민중이라고 하자. 이런 문제에 정부가 개입하여 감 내라 배 내라 한다면, 한 마디로 월권이며 넌센스이다. 사무실이나 작업장을 얼마나 크게 할 것인가는 해당 사업을 추진하는 사업자가 고용인원, 고객면담장소, 설치할 기계 대수 등 자신의 사업상의 필요와 자금사정 등을 고려하여 결정하면 되는 일이다. 정부가 이래라저래라 할 사항이 아니다. 사무실이나 작업장이 더 크고 멋있기 때문에 그 사업자와 거래하는 고객의 이익이 보호되고, 반대의 경우 소비자의 이익이 침해되지는 않기 때문이다. 오히려 사무실이나 작업장이 크고 멋있을수록 그 사업자가 생산하는 상품이나 서비스의 가격이 높아져 소비자의 이익이 침해될 가능성이 크다. 따라서 정부가 해야 할 일은 사무실이나 작업장의 면적을 따지기보다 작업장의 안전·보건·위생·환경 등에 대한 철저한 관리와 감독이다.

3-2-4 간섭보다 시장기능에 맡겨야

  안전이나 보건·위생·환경 등의 목적 달성을 위해 필요한 규제제도를 만드는 경우에도, 정부가 직접적으로 지시와 통제하기보다 행동의 기준만 정하고 그러한 틀 내에서 시장기능에 의해 정책의 목적이 달성될 수 있도록 제도를 만들어야 한다. 위의 예 중에서 자본금 기준, 기술인력 기준, 시설·장비 기준 등은 생산되는 상품과 서비스의 질 확보 등 소비자 보호를 위해 필요한 규제라고 할 수 있다.

그러나 이러한 규제도 실제 이행하는 데에는 사후 감독의 문제가 뒤따른다. 처음에 인·허가 신청을 할 때에는 이러한 기준에 맞추어 시설과 인력 등을 보유했다고 하더라도, 사업을 하다보면 여러 가지 변화가 있게 마련이다. 본래 제도가 제대로 이행되려면 인·허가 당국이 수시로 각 사업자가 인·허가 요건을 계속 충족시키고 있는지 점검하여, 이에 못 미치는 업체가 발견될 경우에는 인·허가 취소 등 제재조치를 취해야 할 것이다. 그러나 수많은 사업체를 행정당국이 계속적으로 점검한다는 것은 매우 어려운 일이고 많은 비용이 들게 마련이다. 뿐만 아니라 사후 단속과정에서 비리의 소지가 있을 수 있다. 많은 돈을 들여 사업체를 세운 사업자의 입장에서는 어떠한 수단을 동원해서라도 인·허가 취소 등 제재조처를 막으려고 노력할 것이기 때문이다. 또한 이러한 기준을 충족시킨 업체가 더욱 우수한 상품이나 서비스를 만들어내고, 그렇지 않은 업체는 질 낮은 상품이나 서비스를 생산한다는 보장도 없다.

3-2-5 규제보다 사전 유도가 효과적

따라서 사전에 이러저러한 사항을 갖추어야 한다고 규제하기보다, 소비자가 상품과 서비스의 품질 또는 생산자의 능력을 제대로 알 수 있도록 이에 관한 정보의 공개에 더욱 주력할 필요가 있다. 상품이나 서비스의 품질이 제대로 소비자에게 알려지기만 한다면 소비자들은 자연히 질 높은 상품과 서비스를 선택할 것이다. 그렇게 되면 생산자는 소비자의 기호에 맞는 상품과 서비스를 생산하기 위해 치열한 경쟁을 벌이게 된다. 정부가 나서서 이러저런 인력과 설비를 갖출 것을 지시하지 않더라도, 사업자 스스로 알아서 값싸고 질 좋은 상품과 서비스 생산에 필요한 인력과 설비를 확충하고 연구개발하게 될 것이다. 결국 이러한 방법이 소비자의 이익에 부합될 뿐만 아니라, 국가경제 전체로도 한정된 자원을 최대한 효율적으로 배분하는 것이 된다.

정부의 직접적 규제는, 언제나 그렇듯, 시장에서 활동하는 사업자의 수와 시장에서 생산되는 상품과 서비스의 양을 제한하는 양적 규제로 작용하게 마련이다.

양적 규제는 시장을 왜곡하고 효율적인 자원배분을 저해한다. 최근 일회용품 사용억제책의 일환으로 급식업체에 플라스틱 도시락 등의 사용을 금지한 일이 있다. 환경보존을 위해 일회용품 사용이 억제돼야 한다는 데에는 이견이 있을 수 없다. 그러나 획일적인 사용금지는 또다른 비용을 발생시킨다. 불가피하게 일회용 도시락을 써야만 하는 경우도 있는 것이다. 종이 도시락은 반찬 국물이 밖으로 흘러나오는 문제가 있고, 영구 용기는 사용 후 회수하여 씻어야 하는 문제가 있다.

따라서 플라스틱 사용을 획일적으로 금지하기보다, 플라스틱 도시락 용기 하나가 발생시키는 환경비용만큼 부담금을 부과하는 방법이 더 경제적이라고 할 수 있다. 부담금을 부과하면 도시락 값이 올라가 일회용 도시락 사용이 줄어들 것이다. 그렇게 되면 다른 용기를 사용하든가 아니면 아예 도시락 외에 다른 급식 방법을 선택하든가 여러 대안이 강구될 것이고, 각 대안에 대한 수요와 공급에 의해 시장에서 최적의 대안이 결정될 것이다. 이렇듯 법도 경제를 떠나서는 존재하기 어려운 것이다.

경쟁이 꽃피는 시장경제

3-3 공정거래법의 적용 범위

언젠가 이런 일이 있었다. 어느 할아버지가 격앙된 음성으로 공정거래위원회 민원실에 전화를 걸어 왔다. 당신의 손녀딸이 수없이 맞선을 보았는데, 맞선본 총각들마다 처음에는 손녀딸에게 호감을 보이다가 막상 혼담이 무르익으면 끝에 가서 퇴짜를 놓더라면서, "이런 행위는 공정거래법상 '거래거절'로 조치를 취해야 할 사항이 아닌가"라며 답답함을 호소했왔다.

3-3-1 공정거래법은 만병 통치약이 아니다

앞에서 소개한 사례는 공정거래위원회와 공정거래법이 국민 일반에게 널리 알려져 있으며, 공정거래위원회에 대해 국민이 지니고 있는 기대가 얼마나 큰 것인지를 보여주는 방증으로 해석되어, 공직생활의 대부분을 공정거래법의 탄생 및 성장과 함께 한 필자로서는 한편 흐뭇함을 느낀다. 그러나 위 사례는 동시에, 공정거래법이 우리의 경제생활 중 어떤 부분을 규율하는가에 대해 제대로 알려져 있지 않음을 드러내는 반증으로도 볼 수 있다. 특히 공정거래위원회에 문의하거나 민원을 제기하는 분들 가운데 많은 경우, 경제활동이나 거래가 스스로 보기에 불공정하다고 느끼면 공정거래법이 적용되는 것으로 알고 있는 것 같다. 그 분들의 기대를 채워드리지 못해 죄송하지만 공정거래법이 모든 경제활동이나 거래에 적용되는 것은 아니다. 그러면 공정거래법의 적용범위는 어디까지인가?

3-3-2 공정거래법은 사업자의 거래행위를 규율

원칙적으로 공정거래법은 사업자의 행위를 규율하는 법이다. 따라서 사업자들간의 거래나 거래의 한쪽이 사업자인 거래에만 적용된다. 집주인과 세입자 사이의 임대차 관계에서 발생하는 분쟁이나 개인간의 중고차 매매 등 비사업자간의 거래는 그 규율 대상에서 제외된다.

공공기관이 사업적 성격이 아닌 공공업무를 행한 경우에는 역시 사업자의 행위로 볼 수 없다. 다만 국가나 지방자치단체의 사(私)경제적 활동에 대해서는 사업자적 성격이 있으므로 공정거래법이 적용될 수 있다는 학설이 유력하다.

또 공정거래법은 원칙적으로 거래행위에 적용되는 법이다. 그러므로 법원의 이행판결을 받고도 채무자가 그 의무를 이행하지 않는 경우라든가, 사업자가 건물의 신축공사를 하는 과정에서 인근 건물이나 주택 등에 균열이 생기게 하는 등 피해를 발생시킨 경우는 거래가 아니므로, 공정거래법이 적용되지 않는다. 이 경우 피해를 본 사람은 민사소송 절차 등 개인의 권리보호 절차에 따라 권익을 보호받을 수 있을 것이다.

경쟁이 꽃피는 시장경제

3-3-3 공정거래법이 적용되지 않는 경우

공정거래법에는 이 법의 적용이 제외되는 경우가 규정돼 있다. '다른 법령에 근거한 정당한 행위(법 제58조)', '특허권 등 무체재산권에 의한 권리의 행사(법 제59조)', '소규모 조합의 행위(법 제60조)'가 그러한 경우들이다.

우선 공정거래법 제58조는 "사업자나 사업자단체가 다른 법률 또는 그 법률에 의한 명령에 따라 행하는 정당한 행위에 대해서는 공정거래법을 적용하지 아니한다"라고 규정함으로써, 다른 법령에 근거한 정당한 행위에 대해서는 공정거래법의 적용을 배제시키고 있다. 이 점은 개개사업 분야의 자연독점성이나 공익성 등을 고려한 것 외에, 그 근거가 되는 개별적인 사업법령에 의하여 인가된 사업활동의 규제를 감안하여 이들 사업에 공정거래법의 적용을 제외한다는 취지이다.

이와 관련하여 먼저 '중소기업진흥 및 제품구매 촉진에 관한 법률'의 예를 보자. 이 법에 의하면 공공기관의 소요 물품 공급과 관련하여 중소기업협동조합이 계약주체가 되어 해당 공공기관과 단체수의계약을 체결한 다음, 계약물량을 조합 소속 중소기업에 배정할 수 있도록 되어 있다. 이러한 행위는 원칙적으로 공정거래법상 사업자단체의 금지행위에 해당된다. 그러나 위의 법에 근거한 행위이기 때문에 공정거래법의 적용이 배제된다.

또 담배사업법에 의하면, 담배인삼공사가 담배 판매가격을 정하여 공고하면 산매업자는 이 공고된 가격으로 판매하도록 되어 있다. 이는 공정거래법에서 금지하고 있는 '재판매가격 유지행위'에 해당된다. 그러나 이 역시 담배사업법에 의한 정당한 행위로서 공정거래법의 적용이 배제된다. 이와 관련하여 대법원 판례는 "다른 법령에 근거가 있는 행위라도 명시적 또는 묵시적으로 자유경쟁의 예외를 인정하고 있는 법률에 한해 공정거래법의 예외요건에 해당된다"라고 보고 있는데, 이것은 공정거래법상 예외 규정의 취지를 정확하게 해석하고 있는 것으로 생각된다.

3-3-4 예외사항도 남용되면 제재

또 공정거래법 제59조는 저작권법·특허법·실용신안법·의장법 및 상표법에 의한 권리의 행사라고 인정되는 행위에 대해서는 공정거래법의 적용 배제를 선언하고 있다. 이것은 국가가 창작과 발명을 장려하기 위해, 다른 사람의 경합적 이용을 배제하고 단지 그 권리자가 독점적으로 이용하는 인센티브를 인정하는, 무체재산권 보장 측면의 불가피한 결과라고 할 수 있다. 그러나 무체재산권이라고 해서 그 권리의 한계를 넘어서 남용되는 경우에까지 공정거래법의 적용이 배제되는 것은 아니다. 특허권자가 다른 사업자에게 특허 사용권을 부여하면서 특허를 사용하지 않은 제품에 대해서도 특허 사용료를 징수하는 경우 등, 당해 무체재산권의 한계를 넘는 경우에는 공정거래법에 의해 제재받을 수 있다. 따라서 일반 사인(私人)이 '국가고시중앙회'라는 명칭을 사용함으로써 일반인이 이 단체를 국가기관 또는 국가공인기관으로 오인할 만한 광고를 하는 경우, 비록 '국가고시중앙회'가 특정 사업자에 의해 이미 등록된 상표라 하더라도 당해 상품의 실질과 부합하지 않을 뿐만 아니라, 소비자 오인성을 유발한다고 보아 공정거래위원회는 그 상표의 사용금지를 명하였다. 공정거래위원회의 이러한 조처도 같은 맥락에서 이해될 수 있다.

한편, 공정거래법 제60조는 소규모 조합의 행위에 대해서는 공정거래법의 적용을 배제하고 있다. 즉, 소규모 사업자 또는 소비자의 상호 부조를 목적으로 결성된 조합으로서, 조합원의 가입 또는 탈퇴가 보장되고 각 조합원이 평등한 의결권을 가지며 조합원에 대한 이익 배분의 한도가 정해져 있는 경우, 그러한 조합의 행위에 대해서는 공정거래법이 적용되지 않는다. 즉, 단독으로는 대기업과의 동등한 경쟁이 곤란한 소규모 사업자나 소비자가 협동조합을 조직하여 시장에서 경쟁단위로 활동하는 것은, 공정하고 자유로운 경쟁질서의 유지라는 공정거래법의 목적에 부합된다고 보기 때문이다. 따라서 농업협동조합 등 각종 생산자협동조합의 공동출하 등 공동사업은 이 규정에 의해 공정거래법의 적용이 제외된다. 다만 불공정거래행위나 부당하게 경쟁을 제한하여 가격을 인상하게 되는 경우마저 공정거래법의 적용이 배제되는 것은 아니다.

3-3-5 문화상품은 특별 대우

공정거래법은 특별히 재판매 가격 유지행위 금지규정의 적용과 관련하여 대통령령으로 서적 등 저작물에 대해서는 예외를 인정할 수 있도록 하고 있다. 공정거래법에서 금지하고 있는 '재판매 가격 유지행위'는 '특정 상품을 유통단계에서 개개 유통업체가 같은 가격으로 판매하는 행위'를 말한다. 요즘은 책에 대해서도 가격파괴가 많이 이루어져 있지만, 대체로 책은 대부분 서점에서 정가로 판매되고 있는 것이 상례이다. 이 경우 일선 소비자와 직접 접촉하는 전국의 수많은 서점에서 같은 책을 같은 값으로 파는 것은 일종의 가격담합행위가 되는 것이다. 이렇게 되면 소비자로서는 선택의 여지가 없어지며 이러한 현상은 공정경쟁을 저해한다.

그러나 앞에서 말한 대로, 저작물에 대해서는 문화상품이라는 서적의 특수성을 인정하여 2002년 12월 31일까지 재판매 가격 유지행위를 한시적으로 허용하고 있다.

경쟁이 꽃피는 시장경제

4-1 창조적 파괴, 규제완화

'규제완화'라는 말은 불과 십수년 전만 해도 중앙행정부처의 보고서에나 등장하던 용어였다. 그러던 것이 오늘날에는 전문 학자는 물론 언론인, 일반인들도 흔히 쓰는 용어가 되었다. 그리고 최근에는 '규제완화'라는 용어보다, 그 의미면에서 한층 본격적이며 능동적인 어조인 '규제개혁'이라는 표현이 많이 쓰이고 있다.

4-1-1 선진질서 도약을 위한 통과의례

우리 나라가 선진권에 진입하기 위해 달성해야 할 여러 가지 과제 중 하나는 규제완화를 통해 '국가운영의 새로운 틀'을 마련하는 것이다. 우리는 그러한 작업을 본격적으로 시도하려던 터에 그만 IMF 사태를 맞고 말았다. IMF 사태가 발생한 근본 원인의 하나가 금융분야 등에서 규제완화를 제대로 추진하지 못한 데서 비롯됐다고 볼 수 있다. IMF 사태를 단시일 내에 극복하고, 역사적 전환기라고도 할 만한 세계경제의 환경변화에 적응하기 위해서라도 정부는 규제완화를 과감히 추진해야 한다.

세계경제는 공산권의 몰락과 세계무역기구(WTO)의 출범 등과 함께 국경을 초월한 무한경쟁시대로 진입하게 되었다. 또한 컴퓨터와 정보통신 기술의 발달 등을 계기로 정보화가 촉진되어 인터넷이나 전자상거래를 통한 거대경쟁(Mega Competition) 시대가 전개되고 있다. 학자들에 따르면 지금까지의 정보혁명은 시작에 불과하며 본격적인 혁명은 지금부터 전개될 전망이다.

이러한 격변기를 맞아 지난 1960 – 1970년대 정부주도의 '지원 – 보호 – 규제'를 통한 발전전략은 한계를 드러내게 되었다. 한국의 급속한 성장은 대체로 국내외적으로 긍정적인 평가를 받고 있다. 하지만 제임스 부캐넌(James Buchanan)이나 멘셔 올슨(Mencur Olson) 등 경제학자들이 지적하는 것처럼, 정부 규제가 더 적었더라면 경제성장이 더 많이 이루어졌으리라는 측면도 간과할 수 없다. 결국 정부로서는 새로운 환경에 맞추어 선진적 질서를 창출하기 위해 창조적 파괴과정을 통한 규제완화를 추진하는 것이 불가피하게 되었다.

4-1-2 규제완화가 낳은 빛과 그림자

규제완화를 꾸준히 추진하는 것과 그렇게 하지 않는 것이 경제에 어떤 다른 결과를 초래하는지를 보여주는 대표적인 사례는, 1980 – 1990년대 미국과 일본 경제의 명암(明暗)의 교차에서 찾을 수 있다.

제2차 세계대전의 폐허를 딛고 일어서서 수십 년간 줄곧 성장가도를 달려온 일본경제는 1980년대에 마침내 미국을 능가했다는 평가를 받게 되었다. 일본은 관료 규제에 의한 통제를 기반으로 근대공업사회를 성공적으로 이끌었고, 이 과정에서 성공체험에 푹 빠져 규제완화나 개혁에는 상대적으로 무관심하였다. 반면 제조업을 중심으로 일본에 공격을 당해온 미국은 1980년대 이후 과감한 규제완화와 정보기술발전 등을 바탕으로 활발한 기업인수와 합병, 슬림화 및 다운 사이징 등 기업구조개편에 주력했다.

그 결과 1990년대 들어 미국은 경제 초강대국의 저력을 바탕으로 경제를 부흥시켜 일본을 압도하게 되었으며, 유례없는 장기 호황을 밑천으로 21세기에도 정보통신기술의 우위 등을 내세워 초강대국 지위를 상당 기간 지켜나갈 것으로 전망된다.

반면 관－민 협력이라는 말로 분식(扮飾)되는 관치(官治) 속에 안주해온 일본경제는 1990년대 중반 이후에야 뒤늦게 안일함의 껍질을 벗기 시작했다. 이같은 자각을 바탕으로 일본은 1994년부터 총리를 정점으로 '규제완화 3개년 계획'을 수립하여 해마다 이를 보완하여 추진해오고 있다. 또 행정, 재정, 금융시스템, 사회보장제도, 경제구조, 교육의 6대 개혁부문에 수도기능 이전을 보탠 '6+1개혁'도 추진하면서 미국을 뒤쫓고 있다. 그럼에도 불구하고 두 나라 사이의 격차는 좀처럼 좁혀지지 않고 있다. 미일(美日)간 경제력 역전 요인을 간단히 설명하기는 불가능하지만, 미국이 규제완화에 남다른 열성을 보인 반면, 일본은 이를 사실상 도외시했거나 지나치게 게으름을 피웠다는 것은 분명한 사실이다.

규제완화에 힘을 기울이는 데는 모든 선진국들이 예외가 없다. 선진국 모임인 경제협력개발기구(OECD)에서는 이러한 노력을 집약하여 1997년 회원국들에게 규제완화와 관련한 이른바 7개항의 정책권고를 하고 있다. 정치적 차원에서의 광범위한 규제개혁 프로그램 채택, 규제절차의 투명성 보장, 규제영향평가 및 규제필요성 여부에 대한 체계적인 재검토, 경쟁정책의 강화, 진입·가격규제 등 경제규제 철폐, 무역과 투자에 대한 장벽 철폐, 다른 경제정책과의 연계 강화 등이 그것이다. 이처럼 선진국도 규제의 부작용을 깊이 인식하고 있으며, 그 바탕 위에서 경제환경의 변화에 부합하는 새 질서를 찾는 데 노력을 쏟고 있다.

4-1-3 규제완화에 대한 동상이몽

규제완화의 추진은 불필요하고 과도한 정부 부문의 시장 개입을 차단함으로써, 시장경제체제의 장점을 극대화하여 경제·사회활동에 참여하는 모든 주체들의 성장과 후생 증대를 가져온다. 규제완화를 통해 자유로운 경제활동과 경쟁이 활발해지면, 민간 부문의 자율과 창의적 활동이 촉진되어 효율성과 생산성이 향상된다. 그러므로 저비용 고효율의 경제구조가 실현되면, 경제활동에 참여하는 기업과 소비자에게는 경쟁력 강화와 후생 증대라는 이익으로 나타나게 된다. 그리고 정부 입장에서는 규제 집행이나 준수 강제에 따른 비용 등이 절감되므로 정부부문의 효율성이 높아진다. 그리고 규제를 완화하다 보면 우리 경제의 국제화와 세계경제 통합 추세에 맞추어 국제기준(Global Standard)에 부합하는 규제의 국제화도 실현할 수 있다.

이처럼 국가 선체석인 맥락에서 규제완화 추진의 필연성과 당위성에 공감대가 형성되고 있음에도 불구하고, 실제 추진과정에서는 분야별로 각자의 입장에 따라 다양한 반응이 나온다. 규제완화의 추진과정에서 이를 추진하는 공정거래위원회, 규제개혁위원회, 규제 관련 입법을 담당하는 정계, 규제를 시행하는 행정부처, 규제의 대상인 기업 및 관련 이익집단, 그리고 언론, 일반 소비자 및 관련 단체 등의 복잡한 이해관계가 얽히게 마련이다. 따라서 동상이몽인 상태로 규제완화 작업에 참여하는 사례가 종종 발견된다.

먼저, 규제를 시행하는 행정부처간에 이해관계가 다르기 때문에 규제완화의 총론에는 찬성하지만 각론에는 반대하거나, 자기 부처의 규제는 살리면서 다른 부처의 규제는 없애는 데 열중하는 경우가 있다.

예를 들어. 값싸고 질 좋은 상품을 소비자에게 공급하기 위해, 많은 창고형 할인매장을 건설할 수 있도록 관련 규제를 완화하자는 주장이 나왔다고 하자. 그러면 총론에 대해서는 중소 유통업체 일부를 제외하고는 모두가 찬성한다. 그러나 구체적인 규제완화의 방법론과 관련되는 각론에 들어가면 이해관계에 따른 반대가 속출한다. 할인매장이 도심 외곽에 건설되려면 일정 면적에 대한 자연녹지의 형질변경 등이 필요한데, 토지 관련 부처에서는 토지 형질변경 가능면적의 확대에 반대한다. 유통 관련 부처에서는 할인매장 설치에 불충분한 면적이라면 아예 매장 설치 자체를 허가하지 않는 것이 낫다고 할 것이다. 여기에다 도로 및 주차장 설치문제, 중소 유통업체들의 반대의견까지 끼어들면 총론으로 규제완화에 찬성하던 분위기는 어디론가 사라지고, 각론에 얽매여 세찬 논쟁만 가열된다.

규제완화와 관련된 동상이몽의 또다른 경우로는, 오랫동안 규제를 받아왔던 기업의 입장은 규제완화를 곧 기업의 불편 해소로만 받아들이는 경향이 있다. 그동안 우리 나라의 정부규제가 기존 기업들의 사업활동을 지나치게 많이 제한하였고, 이에 대해 기업측에서 시정을 요구하는 경우 이를 수용하는 형태로 규제완화가 추진된 경우가 많았던 것이 사실이다. 민간기업의 자유로운 활동을 불합리하게 구속하는 수많은 규제를 완화하여 기업 불편을 해소하는 것은 당연한 일이다. 그렇지만 규제완화는 기본적으로 경쟁을 촉진하고 시장기능을 활성화하자는 것이므로, 기존 기업의 입장에서 보자면 경쟁이 치열해지는 등 새로운 부담이 발생하는 것이다. 따라서 기존 기업들은 자신들의 불편 해소라는 편협한 시각에서는 규제완화를 주장하지만, 다른 한편으로는 경쟁이 심화되는 등 부담을 수반하는 규제완화에는 반대하는 태도를 보인다. 대표적으로 인·허가 규제의 경우, 인·허가에 필요한 자본금 규모, 시설이나 장비 및 기술인력 등의 요건을 높게 설정하여 신규기업이 인·허가를 받는 것을 어렵게 하고 있는데, 이러한 규제를 완화하자고 하면 극력 반대하고 나선다.

규제완화와 관련된 이러한 동상이몽들은 누구를 위해 규제를 완화하느냐라는 문제의 핵심을 제대로 파악하지 못한 데에서 생긴다. 규제완화는 특정기관이나 기업을 위한 것이 아니라, 모든 기관과 기업, 그리고 소비자를 위한 것이다. 그러한 점에서 규제완화의 추진은 특정산업이나 분야와 무관한 중립적인 기관에서 맡는 것이 바람직하다. 여러 선진국에서 규제완화 추진의 중심적인 역할을 경쟁정책 당국에서 맡고 있는 것도 바로 그와 같은 이유 때문이다.

경쟁이 꽃피는 시장경제

4-1-4 저비용 고효율의 경제구조 확립을 위하여

　규제를 완화하면 행정절차가 간소화되고 기업 불편이 해소되기도 하지만, 규제완화를 통해 우리가 궁극적으로 지향하는 것은 시장기능의 활성화를 통한 저비용 고효율 경제구조의 확립이다. 통신산업에 대한 규제완화를 통해 제2사업자가 등장한 이후, 시외전화 요금이 약 10%, 국제전화 요금이 약 30% 내린 것은 대표적인 사례이다. 1999년 3월 일본 경제기획청은 규제완화 추진으로 인한 경제적 효과를 분석한 결과를 발표하였다. 이에 따르면 1990 – 1997년 사이의 소비 및 투자확대 등 수요 확대 효과가 연평균 8.2조 엔으로 이것은 명목 GDP(국내총생산)의 1.73%에 해당한다. 여기에다 가격인하로 인한 파급효과가 큰 전기통신·전력·가스·석유제품 등 4개 부문이 여타 산업에 미친 가격인하 효과는 1996 – 1997년 사이에 1.7%로서, 이것은 국내 도매물가를 2.2%, 소비자물가를 2.6% 끌어내리는 효과를 발휘했다.

　물론 규제의 내용이나 규제완화의 정도에서 일본과 한국은 사정이 다르다. 그렇지만 전체 규제 건수가 1만 1000건 가량으로 서로 비슷하며, 규제완화의 추진도 상당히 비슷한 상태로 진행되고 있다. 만약 규제완화 추진의 효과를 계량적으로 분석해본다면 우리 나라의 그것도 일본의 분석결과와 큰 차이가 없을 것으로 생각된다. 규제완화의 중요성은 아무리 강조해도 지나치지 않다.

4-2 규제완화와 집단이기주의

대부분의 중요한 정책과제가 그렇듯이, 정부규제의 완화만큼 온 국민의 지지와 동의를 받고 있으면서도 현실적으로 가시적인 성과를 이루기가 어려운 과제도 없을 것이다. 특히, 최근에는 규제완화가 변화와 개혁을 위한 개혁과제로서, '규제완화'라는 용어 대신 '규제개혁' 또는 '규제혁파'라는 용어가 일반적으로 사용되고 있는 실정이다.

4-2-1 이익집단에게 포획된 정부

이렇듯 규제완화를 어려운 정책과제로 만드는 가장 큰 장벽은 바로 규제 속에서 혜택을 보고 있는 사람들의 '집단이기주의'이다. 권한을 유지하려는 공무원이나 기득권을 갖고 있는 사업자들은 자기 이익을 위해 규제완화에 결사적으로 반대하게 마련이다.

이러한 문제는 이론적으로 소위 정부규제의 '사익설(私益說)'에 의해 설명된다. 즉, 정부규제의 발생과 변화, 소멸은 경제 내에 존재하는 다양한 이익집단 사이의 역학관계의 산물로서, 피규제자들이 정부규제라는 카르텔을 형성하여 자기들의 이익을 보존하고자 한다는 것이다. 다시 말해, 피규제자들이 오히려 규제를 원하는 입장에 설 수 있으며, 궁극적으로는 정부가 이익집단에게 '포획(capture)'되어 피규제자의 이익을 적극적으로 옹호하고 증진시킨다는 것이다.

이러한 이론에 따르면, 기존 기업들에게 부담이 되는 적극적인 경쟁의 촉진이나 기득권의 침해를 유발하는 규제완화는 상당히 실현되기 어려우리라는 것을 쉽게 예상할 수 있다.

4-2-2 규제와 이익 그리고 유착

규제완화가 어려운 것은 우리 나라뿐만 아니라 일본의 경우도 마찬가지다. 경제·사회 각 부문에서 합리적이고 선진화된 제도와 규범을 갖추고 있다고 자랑하는 일본이지만 규제완화 분야에서는 우리가 배울 것이 서의 없다. 이것은 일본정부, 자신의 정치적 이익과 관련된 업계의 이익을 결사적으로 대변하고 수호하는 이른바 족(族)의원, 그리고 기업, 즉 정(政)·관(官)·재(財)의 삼각 유착구조에서 비롯된다. 공공지출과 인·허가권을 쥐고 있는 관료는 족의원의 위신을 세워주기 위해, 의원 선거구에 이익이 되는 사업을 몰아주면서 재계에 정치자금 협력을 요청한다. 한편 의원들은 이에 대한 대가로 관료들의 예산 획득과 법률안 확정을 도와준다. 이러한 유착구조에서 기득권을 누리고 있는 재계가 반대하는 규제완화가 제대로 추진되기란 어려운 것이다.

4-2-3 집단이기주의의 사례:
단순의약품의 슈퍼판매 허용문제

우리 나라에서도 집단이기주의로 인해 규제완화가 벽에 부딪친 사례가 많다. 지난 1997년의 일이다. 규제완화와 경쟁정책은 동전의 앞뒷면 관계에 있는지라 공정거래위원회가 재정경제원으로부터 경제분야의 규제개혁업무를 이관받아 작업하던 때의 일이다.

의약품분야의 규제개혁 과제로서 드링크류, 영양제, 소화제와 같은 단순의약품(OTC)의 슈퍼마켓 판매를 허용하자는 과제를 다룬 적이 있다. 약의 오남용 우려가 없고 사용방법이 널리 알려져 있어서 약사의 전문적인 상담이 필요없는 단순의약품은, 미국 등 선진국에서는 소비자의 편의를 위해 슈퍼마켓 판매가 자유롭게 허용되어 있는 품목이다.

밤늦은 시간이나 일요일에 약국이 문을 닫아서 소화제를 구하지 못해 쩔쩔맨 경험을 누구나 한 번쯤은 갖고 있을 터이니, 단순의약품의 슈퍼 판매 금지규제의 완화에 대한 필요성은 여기서 새삼 강조하지 않아도 충분하리라고 본다. 드링크제나 소화제를 구입할 때 굳이 약사와의 상담을 거치는 사람은 거의 없다. 그렇다면 이들 약품을 슈퍼나 24시간 편의점 등에서 팔지 못하게 규제할 이유가 없는 것이다.

그러나 이 과제 추진에 대한 약사들의 반발은 조직적이고도 십요했다. 약사들은 과천 정부청사 앞에 모여 대대적인 반대시위를 벌였다. 드링크류 등 단순의약품이 약국 매출에서 차지하는 비중이 매우 높기 때문에, 이들 품목의 슈퍼 판매가 허용되면 자기들의 수입이 줄어들 것이 명약관화하므로 이것을 막기 위함이었다.

'경제규제개혁위원회'에서 이 과제를 논의할 때 대부분의 위원들은 단순의약품의 슈퍼 판매 허용을 강력히 주장하였으나, 국민 전체의 이익을 생각하기보다는 약사들에게 '포획'당한 보건복지부 측은 약의 오남용 가능성, 그리고 의약분업문제와 연계하여 추진돼야 한다는 점 등을 들어 거듭 반대하였다. 결국 합의를 도출하지 못했고, 국무총리 주재 '규제개혁추진회의'에도 1998년에야 겨우 상정되는 우여곡절을 겪어야 했다.

4-2-4 언론과 시민단체의 역할이 중요

이상에서 살펴본 단순의약품 과제 외에도, 시공업체 소속 건축사의 설계업무 허용방안에 대한 일반 개업 건축사들의 반발, 정보통신공사업 허가제의 등록제 전환에 대한 기존 공사업자의 반발 등, 기득권을 유지하려는 집단이기주의로 인해 규제완화 추진이 방해를 받은 사례는 많다.

이러한 사례들에서 극명하게 드러나는 것처럼, 규제완화는 '총론'에는 모두가 찬성하지만, 정착 실천을 위해 '각론'으로 들어가면 규제로 인해 혜택을 향유하던 집단의 강력한 반대에 종종 부딪치게 되는 것이다. 이와 같은 집단이기주의 문제를 극복하지 못하면 국민이 체감하는 수준의 규제완화를 이끌어내기는 어렵다. 규제완화의 과실(果實)은 경쟁의 촉진과 국가 경제의 발전을 통해 결국 국민 모두에게 돌아간다는 인식을 가져야 한다.

언론에서도 규제완화가 집단이기주의의 벽을 넘어 온 국민의 지지와 동의를 받을 수 있도록 적극적인 역할을 해주어야 할 것이다. 시민단체들 역시 규제완화 추진과정에 적극 참여하여 공익을 대변하는 압력단체 역할을 해주어야 할 것이다. 그리하여 '규제완화'니 '규제개혁'이니 하는 용어가 필요없을 만큼 우리 사회에서 경제활동이 자유롭게 이루어지기를 바라는 것은 필자만의 소망이 아닐 것이다.

경쟁이 꽃피는 시장경제

4-3 전문자격사 관련제도

　일부 보도에 따르면, 서울대학교 부근 고시촌에는 지금도 3만 명이 넘는 젊은이들이 고시합격이라는 신기루를 좇아 집단으로 거주하고 있다고 한다. 그런데 1990년대, 특히 'IMF 관리체제'로 일컬어지는 경제위기를 겪으면서 많은 사람들이 우리 사회의 심각한 문제 중 하나로 이른바 '고시열풍' 현상을 지적하고 있다. 고시 중에서도 합격 후 박봉에 시달리는 행정고시나 외무고시보다는 변호사 자격을 얻을 수 있는 사법시험이 인기가 단연 높다. 그래서 법학을 전공하지 않은 이공계 고급 두뇌들까지 너도나도 사법시험에 도전하고 있다. 국세청이 파악한 1997년도 전문자격사 신고 총수입금액 자료를 보면, 1인당 연평균수입이 변리사는 4억 1000만 원, 관세사 4억원, 변호사 2억 5500만 원 수준으로, 11개 주요 전문자격사들의 평균수입이 2억 8300만 원으로 나타났다. 실제는 이보다 훨씬 많으리라는 추측이 일반적이지만, 신고된 수입금액만 보더라도 전문자격사 자격증을 따기 위해 몇 년을 고생하는 수험생들의 심정이 이해가 간다.

4-3-1 전문자격사는 고소득자여야 하나?

원래 경제학에서는 독점이윤 취득현상을 지대(地代, rent) 추구행위의 결과로 설명하고 있다. 즉 다른 사람이 접근할 수 없는 특별한 자산을 갖고 있는 소수의 사람들은 그 자산의 사용에 대한 대가를 받으면서, 수요와 공급의 법칙에 따라 원래 받을 수 있는 가격에 더하여 독점력 이용에 대한 대가를 추가로 받는다는 것이다. 그 결과 자격사들은 사회·경제적으로 정당성이 인정되는 수준보다 높은 보수를 받는 반면, 수요자들은 상대적으로 높은 가격을 지불하게 되어 소득이 불평등하게 배분되는 결과를 낳는다. 그뿐만 아니라, 일부 금액은 누구에게도 귀속되지 않고 공중으로 날아가 낭비되어 결국 사회적으로 총 후생수준이 낮아지는 현상이 발생하는 것이다.

경쟁정책을 집행하는 공정거래위원회가 볼 때, 위와 같은 사회적 후생 저하현상이 바람직하지 못한 것임은 두말할 것도 없다. 지대라는 것은 원래 토지와 같이 자연적으로 한정된 자원을 사용하는 경우로부터 출발한 개념인데, 전문자격 서비스는 정부의 규제에 의해 인위적으로 설정된 칸막이 때문에 지대추구행위(rent seeking behavior)의 대상이 되었다는 특징이 있다. 전문자격사에 적용되는 다양한 형태의 정부규제를 보면 사람들이 지대를 지불해야 하는 원천이 무엇인지 짐작할 수 있다.

4-3-2 전문자격사 지위 유지를 위한 물샐틈없는 규제구조

A라는 전문자격사의 예를 가정하여 전문직 자격증이라는 평생의 철밥통이 어떻게 구축되어 있는지 알아보자. 우선 A자격사가 되기 위해서는 극소수를 선발하는 자격시험에 합격해야

한다. 그나마 A자격사를 주관하는 정부기관에 10년 이상 근무한 공무원이 자동적으로 자격증을 취득하도록 되어 있기 때문에 이들이 많이 배출되는 해에는 아예 시험을 치르지 않기도 한다(진입규제).

자격증을 딴 후 개업하기 위해서는 협회에 의무적으로 가입해야 한다. 가입하면서 고액의 가입비와 연회비를 내야 하는 것은 물론이다. 하지만 협회가 회원들의 '공동이익'을 위해 시험을 통한 선발인원이 늘어나지 못하도록 노력하고 정부규제를 유지시키는 등 많은 일을 하고 있기 때문에, 이 비용을 아깝게 여기는 자격사는 많지 않다. 협회에서 정한 회칙이나 윤리강령은 내용이 어떻든지간에 반드시 지켜야 한다. 만에 하나 이를 어기면 협회가 엄격한 징계를 하게 되고, 심한 경우 제명이라도 당하면 자격증도 동시에 박탈되기 때문이다(사업자단체 가입강제).

'A자격사법'과 협회회칙은 광고 등 고객유치를 위한 마케팅활동을 금지하고 있다. 즉 각 자격사가 자기의 전문성이나 지식, 고객을 위한 편의제공 등 장점을 고객에게 홍보하면, 자격사의 품위를 해치는 행위로 간주되어 처벌된다(영업활동 규제). 혹은 자격증을 갖지 않은 사람이 다른 개업 자격사보다 조직적이고 전문적인 서비스를 제공할 목적으로, 자격사를 고용하여 회사를 설립하면 위법행위로 처벌된다(법인설립 규제). 자격증을 가진 사람만이 법인이나 사무실의 대표가 될 수 있기 때문이다.

또 A자격사가 제공하는 서비스에 대한 대가(수수료)도 협회가 정한 '협정요금'대로 받아야 하며, 이보다 더 받는 것은 물론, 덜 받는 것도 회원 전체의 이익에 반하기 때문에 금지된다

(가격규제). 외국에서 같은 자격증을 땄더라도 국내에서 개업해 영업할 수 없는 것은 물론이다(수입규제).

위와 같은 규제는 당초 일반 국민을 보호하기 위해 만들어진 것들이기는 하다. 하지만 이제 세계화의 물결 속에서 시민들의 수준이 높아지고 자격사들이 제공하는 서비스의 내용도 갈수록 전문성이 요구되고 있는 시점에서 보면, '국민의 이익 보호'라는 논리적 근거가 많이 희석되고 있다. 그리고 무엇보다 정부규제로 인해 국민들이 겪는 불편과 불이익이 너무 크다는 인식이 일반화되고 있다. 전문직 자격사가 과거처럼 오로지 공익을 위해 봉사하는 지사(志士)적 존재가 더이상 아니게 된 것도 엄연한 현실이다.

4-3-3 공정거래위원회는 철밥통을 이렇게 깨왔다

공정거래위원회는 전문자격사 관련 제도를 개선하기 위해 꾸준히 노력해왔다. 그 주요 방향은 전문자격 서비스가 지대추구행위의 대상이 되지 않도록 전문자격사들의 수를 늘리고, 자격사 사이의 경쟁을 제한하는 각종 제도를 폐지, 개선함으로써, 앞에서 본 다양한 규제를 철폐 또는 개선하는 것이다. 이러한 작업을 통해 시장원리가 도입되면, 다른 분야와 마찬가지로 많은 수의 자격사들이 고객을 유치하기 위해 활발한 경쟁을 벌이게 되고, 그 결과 소비자들은 '선택할 수 있는 권리'를 행사하여 지금보다 훨씬 낮은 가격에 좋은 서비스를 누릴 수 있게 될 것이다. 이러한 방향은 세계화가 진전될수록 더욱 설득력을 얻어가고 있다. 실제로 1993년 말 체결된 세계무역 기구

(WTO) 협정에 따라 전문자격 서비스도 이미 외국에 시장이 개방되었거나 곧 개방될 예정임을 유념할 필요가 있다.

공정거래위원회는 규제개혁 작업에 본격적으로 나서기 시작한 1997년부터, 전문자격사 사업자단체들이 자격사들에게 단체가입을 강제하거나 자격사들의 자유로운 영업행위를 제한하는 각종 제도를 개선한 바 있다. 1999년 2월에는 '카르텔일괄정리법'을 제정하여, 변호사, 공인회계사, 세무사 등 8개 전문자격사들의 보수 수준을 해당 사업자단체가 정하도록 했던 종전의 제도를 폐지시켰다. 그 결과 자격사들은 자신이 받고자 하는 보수를 스스로 정하여 소비자에게 제시하는 한편, 소비자들은 자기가 원하는 수준의 서비스를 제공하는 자격사를 선택하여 합리적인 가격에 이용할 수 있게 되었다. 즉 선진경제의 상징이라고 할 수 있는 소비자 주권을 확립하게 된 것이다. 보수 기준을 폐지하고 나서 실제로 시장에 어떠한 변화가 왔는지 조사해보았더니, 자격사에 따라 보수 수준이 크게 차별화되는 등 경쟁분위기가 자리잡고 있는 것으로 파악되어, 자격사들이 소비자로부터 부당한 이익을 얻을 우려가 있다는 걱정을 크게 덜게 되었다.

한편, 자격사들 사이에 본격적인 가격경쟁이 이루어지려면, 전문자격 서비스의 시장구조 자체가 경쟁형으로 바뀌어야 함은 두말할 필요도 없다. 이를 위해 1999년 4월에 규제개혁위원회가 변호사, 공인회계사, 변리사 등 11개 전문자격사에 대한 규제개혁방안을 확정해 의결하였다. 여기에는 전문자격 시험제도를 개선하여 선발인원을 대폭 확대하고, 공무원 경력을 인정하는 제도를 축소하는 한편, 법인설립 및 영업활동 관련규제를 개선하여 법인설립시 필요한 자격사 수를 하향조정하거나 분사무소 설치 제한을 원칙적으로 폐지하는 내용이 들어 있다. 동시에 공무원에게 자동적으로 자격을 부여하던 제도도 없어지게 되었다.

4-3-4 기득권층의 반발을 넘어

원래 하나의 시장을 제대로 개선하기 위해서는 원료 구입단계부터 최종 유통단계까지 생산의 전과정을 대상으로 시장구조, 사업자행태, 법·제도 등 관련있는 모든 측면을 다각적으로 검토하는 것이 필수적이다. 이러한 시각을 전문자격 서비스 시장의 경우에 적용해보면, 지금까지 자격사선발, 영업활동, 가격, 대외관계 등을 망라하여 검토한 결과가 반영되고 있다는 점에서 기초적인 모양은 갖춰왔다고 생각된다.

무엇보다 중요한 점은 계획보다 실천이라는 것은 두말할 것도 없다. 원래 규제개혁작업은 불합리한 규제로 이익을 얻는 사회·경제구조를 합리적으로 고치고 불공평한 상황이 재발하지 않도록 교정장치를 강구하는 작업이므로, 당장 누리던 혜택을 빼앗기게 되는 기득권층의 반발이 거세게 마련이다. 더구나 전문자격사들은 사회적으로 비교적 높은 지위에 있거나 재력을 갖춘 사람들이므로, 교묘히 포장된 자신의 논리를 관철시킬 다양한 통로와 수단을 갖추고 있는 것이 사실이다. 이러한 여건에서 과거 기득권층의 조직적인 반발 탓에 반복되있던 개혁실패 사례를 어떻게 극복하느냐가 전문자격사제도 개선이 계속적인 추진에서 주요 관건이라고 하겠다.

제3부 | 경제공룡, 한국의 재벌

5-1 재벌과 구조조정

'김치(kimchi)'와 더불어 영어사전에 보통명사로 올라 있는 '재벌(chaebol)'은 한국에만 있는 독특한 기업형태이다. 공정거래법상 '대규모기업집단'이라고 불리는 이 조직은 보통 5대, 10대, 30대로 크게 나누어지는데, 일단 5대 재벌에 들면 정부도 함부로 다룰 수 없을 정도로 덩치가 큰 것이 우선적인 특징으로 꼽힌다. 5대 재벌은 거느리고 있는 식구(종업원과 1, 2차 협력업체 종업원 포함)도 많거니와, 국가경제에서 차지하는 비중 또한 매우 커서 글자 그대로 '공룡'이 아닐 수 없다.

5-1-1 재벌은 어떻게 생겨났나

재벌의 생성과정을 이해하기 위해서는 개발 연대로 되돌아가 한국경제가 발전해온 경로를 살펴볼 필요가 있다. 1960년대 초만 해도 우리 나라는 저개발국일 뿐 아니라 발전 전망도 어두운 나라로 간주되었다. 당시 우리 나라는 외국의 원조에 크게 힘입어 5% 내외의 성장을 달성하고 있었지만, 국내 저축은 GNP의 3%에 불과하였으며 연간수출액은 3천만 달러 미만에 그치고 있었다.

하지만 우리 나라는 비슷한 소득 수준을 가진 다른 저개발국에 비해 상대적으로 높은 수준의 인적자원을 보유하고 있었다.

국민들의 높은 교육열 덕분이었다. 양질의 노동력이 제대로 활용될 수 있도록 투자가 이루어지고 사람들이 열심히 일할 수 있도록 여건이 조성된다면, 고도의 경제성장이 가능한 조건을 확보하고 있었던 것이다. 그러나 당시 국내에는 경제 개발에 필요한 자본이 부족하였으며, 국내 기업의 신용 수준으로는 외국에서 자본을 유치하는 것이 거의 불가능하였다.

5-1-2 재벌, 혹은 개발 연대의 선택

이와 같은 문제를 해결하기 위해, 당시 정권은 정부가 책임을 지고 국내외에서 자본을 동원하여 능력 있는 민간기업에 배분하는 방식으로 경제개발을 추진하였다. 정부는 국내 민간기업과 외국 투자자들이 마땅히 감수해야 할 투자 위험과 감독 책임을 정부가 떠안으면서까지 관민 합동으로 경제개발에 박차를 가하겠다는 강력한 의지를 표명하였던 것이다. 1962년에 입법화된 '장기결제방식에 의한 자본제도입 특별조치법'과 '차관에 대한 정부 지불 보증법'은, 민간이 감수해야 할 투자 위험을 정부가 보증해준 대표적인 사례이다.

이와 같은 정부 주도형 경제개발전략은 경제구조가 단순하여 민간의 경제활동에 대한 정부의 체계적인 감독이 가능하였던 시절에 상당한 성과를 올릴 수 있었다. 당시에는 투자 대상도 명확하고 그 규모도 상대적으로 작았으므로, 정부가 자본 배분과정에 직접 개입하는 것이 효율적일 수 있었던 것이다.

특히 1964년을 전후하여 채택된 대외지향적 수출진흥정책은 그때까지 국내시장에 안주하고 있던 기업들을 해외시장에서 외국기업과 경쟁하도록 유도함으로써, 우리 기업들이 좁은 국내시장의 한계를 극복하고 선진기술 및 경영기법에 눈뜨게 하는 계기를 제공하였다. 이러한 정부 주도형 경제개발과정에서 정부의 적극적인 대기업 육성 노력을 통해 재벌이 서서히 생성되어가기 시작했다.

5-1-3 중화학공업 육성과 재벌의 팽창

1970년대에 들어서면서 정부는 산업구조를 고도화하고 중화학공업을 육성하기 위해 인위적으로 낮은 금리를 책정하고 특정 기업가를 선정하여(picking the winner) 금융지원, 수출지원 등 각종 보호·지원 장치를 동원히여 지원배분에 더욱 적극적으로 개입하기 시작하였다. 이처럼 정부가 중화학공업 등 특정 분야에 투자를 집중하는 방식으로 경제성장을 추구하는 과정에서, 혈연을 중심으로 한 대규모 기업집단인 재벌은 급속히 팽창해 나갔다. 특히 1980년대를 거치면서 재벌은 너도나도 다수의 계열사를 거느리면서 영위 업종을 다각화해 나갔다.

이와 같이 재벌들이 팽창 일변도의 전략을 구사한 것은, 정부의 보증 덕분에 투자 위험에 둔감하게 되어 "잘되면 크게 벌고 안 되면 정부가 도와줄 것"이라는 기대가 가능했다는 점, 비경쟁적 시장구조로 인해 독점적 이윤(rent)의 기회가 구석구석에 산재해 있었다는 점 등에 기인한다.

재벌들은 경역혁신(innovation)은 게을리하면서 은행 빚을 끌어들여 팽창경영을 하는 데 열중하였다. 모 재벌그룹의 회장이 집필하여 베스트셀러가 된 『세계는 넓고 할 일은 많다』의 내용은 이러한 팽창주의적 사고의 일면을 보여주고 있다.

사회적으로 "규모가 매우 커서 파산시킬 수 없다(too big to fail)"든지, "국민 경제적으로 대단히 중요하기 때문에 구제하지 않을 수 없다"는 인식이 팽배하여 재벌의 도덕적 해이(moral hazard)를 초래하게 되었고, 재벌은 이러한 점을 이용하여 사업을 계속 확장해 나갔다.

5-1-4 재벌의 공과 및 향후 전망

재벌들이 과거 정부 주도의 압축성장과정에서 우리 경제성장의 견인차 역할을 수행하였다는 사실은 부인할 수 없다. 재벌은 과거 고도성장의 결과인 동시에 하나의 전략이었던 것이다. 재벌이 육성되지 않았더라면 오늘날 이만큼의 경제성장을 이룩하기 어려웠을 것이다.

특히, 재벌조직은 내부화를 통해 시장의 불완전성을 극복하고 동태적 효율성을 확보할 수 있었다는 데 그 강점이 있다. 즉, 과거 금융·노동·기술·경영자 시장 등이 제대로 작동하지 않았던 우리 경제의 문제를 이른바 '내부화'를 통해 신속하고 성공적으로 해결해 나갔던 것이다.

그러나 현재 우리 경제가 당면하고 있는 경제위기와 관련하여 재벌에 의한 경제력 집중현상이 국민경제에 폐해가 큰 것 또한 사실이다. 즉, 일단 재벌그룹에 속한 기업은 계열회사의 내부거래, 교차보조 등의 지원에 의해 효율과는 무관한 경쟁상의 우위를 확보할 수 있게 되고, 재벌그룹에 속하지 않은 중견기업이나 중소기업들은 효율성이 높아도 공정한 경쟁을 할 수

경쟁이 꽃피는 시장경제

없게 되어, 경제 전체의 효율성이나 경쟁력을 저하시키는 원인이 되고 있는 것이다.

또한 재벌은 자기자본의 뒷받침 없이 과다한 차입에 의존하여 급속히 외형을 확대함에 따라 재무구조가 취약해졌고, 단기적 수익추구 및 위험분산을 목적으로 지나친 업종다각화를 추구함으로써 업종의 전문성과 기술개발능력이 상대적으로 저하되었다. 그리고 재벌 총수(오너) 중심의 지배구조로 인해 의사결정의 합리성이 충분히 확보되지 못하고, 과잉·중복 투자나 무분별한 계열확장을 견제할 수 있는 감시체제가 확립돼 있지 못한 실정이다. 이는 글로벌 시대에 우리 기업이 세계적으로 경쟁력있는 기업으로 성장하는 것을 막는 요인으로 작용하고 있다.

이와 같은 폐해가 시정되기 위해서는 재무구조, 사업구조 및 지배구조 측면에서의 재벌의 구조조정이 본격 추진됨으로써 핵심 역량 위주로 기업구조가 재편되고, 사외이사·이사회·소액주주 등의 경영 감시 기능이 대폭 강화돼야 할 것이다. 이러한 구조개혁이 원활하게 이루어지는 경우, 장래 재벌조직의 형태는 소그룹별 독립기업의 느슨한 연합체 형태가 될 것으로 전망된다.

5-2 유리알 경영은 우량기업의 지름길

얼마 전 세계적인 회계 컨설팅업체인 아더 앤더슨의 짐 와디아 회장이 우리 나라를 방문하였다. 그는 서울에서 가진 기자회견에서 최근 한국에 대한 외국 투자가의 인식이 많이 바뀌기는 했지만, 이들의 투자를 끌어들이기 위해서는 기업 회계의 투명성 제고 등 노력해야 할 부분이 아직 많다고 지적하였다. 그는 기업의 재무제표 등 경영의 투명성이 국제적 기준에 비추어 엄격하게 이루어져야만 이를 믿고 투자가 이루어지는 만큼, 회계의 투명성을 높이는 노력이야말로 대외신인도 개선의 첩경이라고 충고하였다.

5-2-1 믿음이 가야 투자를 하지

사실 IMF 사태를 전후하여 우리 경제가 겪었던 어려움을 생각해 보면 투명성이 얼마나 중요한가를 실감할 수 있다. 급박한 외환위기를 타개하기 위해 외자유치가 당면한 최대의 현안과제로 떠올랐지만, 막상 외국 투자가들이 참여하기를 주저했던 것을 우리는 기억하고 있다. 한마디로 우리 나라 기업과 은행의 회계자료를 믿을 수 없다는 이유 때문이었다.

또 기업들이 구조조정을 위해 자산과 계열회사를 내다 팔고자 해도 외국 투자가들은 우리 기업의 불투명한 회계정보를 이유로 선뜻 나서려고 하지 않았던 것이다. 계열사간에 복잡하게 얽힌 상호 채무보증의 연결고리가 재무제표에 제대로 반영되지 못하는 상황이고 보면, 외국 투자가들이 참여를 주저하는 것은 어쩌면 당연하다. 결국, 불투명한 회계처리의 관행이 우리 기업, 나아가 우리 나라의 대외신인도마저 떨어뜨린 것이다.

5-2-2 전반적인 투명성 제고가 필요

우리 기업의 불투명성은 비단 회계정보의 처리과정에서만 나타나는 현상은 아니다. 기업 경영시스템 전체가 불투명하고 베일 속에 가려져왔다고 해도 과언이 아니다. 중대한 현안은 총수를 중심으로 비밀스럽게 결정돼왔으며 그 과정은 물론, 결과조차 외부에 제대로 공개되지 않는다. 기업의 주인인 주주는 물론이고 막대한 자금을 제공하고 있는 채권 은행들도 기업의 내부사정을 제대로 알지 못하고 있는 것이 현실이다. 그러다 보니 시장기능에 의한 기업감시는 그야말로 교과서에나 나오는 '공자님 말씀'이 되고 말았다.

이 점은 공정거래위원회가 혼신의 노력을 기울여 근절하고자 했던 부당 내부거래의 실상을 보면 금세 알 수 있다. 단지 계열사라는 이유만으로 수백억 원, 수천억 원이나 되는 막대한 자금을 부실기업에게 대가도 없이 지원해주는 부당 내부거래 행태가 지금까지 횡행할 수 있었던 것도, 따지고 보면 재벌 기업의 경영실태가 외부에 제대로 알려지지 않았기 때문일 것이다. IMF 사태를 촉발한 재벌들의 경영위기도 결국 이러한 불투명한 경영방식에서 근본적인 원인을 찾아야 할 것이다.

　이러한 문제인식은 실제 현실로 나타나고 있다. 1999년에 들어서 개최된 주요 재벌계열사들의 주주총회에서 외국 투자자들과 시민단체는 사외이사의 선임권을 확보하고, 일정액 이상의 계열사간 내부거래에 대해서는 사외이사 과반수의 사전동의를 받도록 정관을 개정하는 등, 기업경영의 투명성을 제고하는 획기적인 조처들을 관철시켰다.

5-2-3 미국경제의 버팀목은 신뢰

　기업경영은 왜 투명해야 하는가는 미국의 증권시장을 보면 쉽게 알 수 있다. 미국의 증권시장은 투자자들이 확인할 수 있도록 경영한다면 일단 입장을 허용하지만, 투자자가 경영상태를 확연히 파악하기 어렵게 하는 회사는 상태가 아무리 좋아도 참여를 허용하지 않는다. 미국처럼 자본시장에 대한 의존도가 높은 나라에서는 증권시장에서의 퇴출은 곧 기업으로서 살아남을 수 없다는 것을 의미한다. 미국의 자본가와 기업들이 한국의 구조조정을 바라보며 투명성을 유난히 강조하고 있는 것도 바로 이러한 이유에서이다.

　미국 자본주의의 요람으로 불리는 나스닥(Nasdaq)을 보자. 세계 정보통신시장을 좌지우지하는 마이크로소프트사를 비롯하여 인텔, 애플, 오라클 등 내로라 하는 기업들을 길러낸 곳이다. 제2, 제3의 마이크로소프트를 꿈꾸는 수많은 업체가 이곳에 등록하면서 초기 운전자금을 조달하였다. 그러나 퇴출당한 업체도 적지 않다.

일단 나스닥에 등록된 기업은 엄격한 '정보공개' 요구를 받는다. 장래에 어떤 문제가 있을 수 있는지에 대해서까지 등록 때부터 명시해야 하는 것은 기본이다. 경쟁사와의 관계 변화나 시황변동에 따라 입을 손실위험 등 예상되는 리스크도 수시로 공시해야 한다. 조금이라도 정보를 숨기거나 허위사실을 공표하면 곧바로 퇴장명령이 떨어진다. 한국이나 일본에서처럼, 초기에 까다로운 상장조건을 요구하고 일단 이 관문을 통과하여 상장된 업체에 대해서는 경영이 투명하지 않아도 눈감아주는 관행과는 정반대이다.

투자자들은 이러한 투명성을 좇아 자금을 자본시장에 맡길 수 있게 되는 것이다. 연간 수천억 달러에 이르는 연금과 기금을 비롯한 각종 기관투자가들의 자금이 은행이 아니라 증권시장을 통해 직접 기업들로 몰리는 까닭은, 한마디로 증시를 믿을 수 있기 때문이다.

미국 기업들이 앞다투어 사외이사제도를 운영하고 있는 것도 같은 맥락에서이다. 투자자들을 대표하여 기업들의 경영상태를 파악하도록 함으로써 투자신뢰도를 높이겠다는 취지이다. 미국 기업들의 이사회는 사내인사보다 훨씬 더 많은 사외인사들로 구성돼 있는 게 특징이다. 예컨대, 『포춘』이 선정한 1천대 기업의 경우 이사 수가 평균 13명이며, 이중 9명이 사외인사인 것으로 나타나고 있다.

경영의 투명성은 단지 돈을 쉽게 조달하는 데에만 도움을 주는 것은 아니다. 1970-1980년대에 미국 기업들이 본격적으로 글로벌화를 이행하면서 겪은 처절한 실패가 오늘의 경쟁력 제고로 이어진 데에는, 경영의 투명성과 시장의 힘이라는 강력하고 유효한 뒷받침이 있었다. 당시만 해도 미국 기업들은 정부

가 만들어준 규제 속에 안주하여 사업하는 데 별 지장이 없었
으나, 마스시타(松下), 필립스, 지멘스 등 경쟁력을 갖춘 외국
기업들이 시장을 잠식해 들어오자 미국 기업들의 수익은 추
락하기 시작했다. 미국 투자자들의 돈도 좀더 경쟁력있는 외
국 기업들의 주식으로 몰렸다. 위기의식을 느끼게 된 미국 기
업들은 투자자들의 발길을 돌리게 하기 위해서라도 구조조정
과 함께 경영의 투명성 제고에 나서지 않을 수 없게 되었다.
비록 실적은 좋지 않지만 경영상태를 공개하였고, 장래성을
믿어달라는 요구가 투자자들에게 먹혀들었다. 그리고 모호한
경영을 지속해오던 일본 기업들은 시장에서 점차 밀려나기
시작하였다.

5-2-4 기업 구조조정은 투명성 제고에서부터

이처럼 기업경영의 투명성 제고는 기업 입장에서 매우 바람
직한 것이다. 자본시장을 통해 유리하게 자금을 차입할 수 있
을 뿐만 아니라, 주주와 채권자에게 기업의 실상을 정확하게
알림으로써, 방만한 부실경영을 사전에 방지하고 경쟁력강화
에 집중할 수 있게 되는 것이다.
우리 정부는 IMF 사태 이후 기업 구조조정을 추진해오면서
무엇보다도 경영의 투명성 제고에 최우선으로 주력하였다.
우선 재벌의 재무구조를 투명하게 보여주는 결합재무제표
제도를 도입하였다. 결합재무제표는 사실상 지배관계에 있는
모든 그룹계열사의 매출과 부채, 현금의 흐름 등을 한데 모아
회계장부를 작성하므로, 계열사간의 내부거래 등이 선명하게

경쟁이 꽃피는 시장경제

드러나고, 재벌의 실체라고 할 만한 재무구조를 한눈에 보여준다는 이점이 있다. 사실 결합재무제표의 작성은 그 동안 수차례 제기돼왔으나 재계의 반발에 부딪쳐 번번이 유야무야돼왔다. 그러나 1999 회계연도부터 30대 기업 집단은 의무적으로 작성하도록 법으로 규정하였다.

기업회계기준과 공인회계사의 외부감사기준 등 각종 회계 관련 기준도 전면 개정되었다. 낙후되었던 회계기준을 국제적인 기준에 부합하도록 개선시킴으로써 분식결산을 막는 데 주력하였다. 또한 분식회계와 부실감사를 한 회계 관계인에게는 강력한 처벌을 내리도록 하고 무거운 경제적 제재를 가하도록 하였다.

이와 함께 1998년부터는 상장기업에 대해 사외이사 선임을 의무화함으로써 경영진이 주요 경영정보를 독차지하는 관행을 막고, 잘못된 투자나 의사결정에 적절한 견제를 하도록 하였다. 감사 대상 회사와 공인회계사 사이의 유착을 방지하기 위해, 상장회사와 30대 기업 집단에 속한 회사에 대해서는 채권 은행, 주주 대표, 사외이사 등이 참여하는 외부감사인 선임 위원회에서 감사인 선임을 제청하도록 하였다.

투명성이란 말은 이제 우리 사회에서 가장 흔히 쓰이는 용어 가운데 하나가 되었다. 사실 선진사회의 척도는 투명성이라고 해도 과언이 아니며, 이것은 단지 경제에 국한되는 것은 아니다. 정치·사회·문화에 이르기까지 투명성은 이제 우리의 일상생활을 이끌어나가는 하나의 규칙이 되고 있다. 이러한 투명성은 외부에서 강제하는 것보다 구성원 스스로가 투명성이 가져다주는 바람직한 효과를 추구할 때 더욱 빠른 속도로 확산되고 정착되는 것이다. 우리 기업 역시 제도에 맞추어 따라가

기보다, 투명한 경영이 가져다주는 이점을 좇아 스스로 투명성
을 제고해 나가야 할 것이다.

5-3 오너 경영 시스템의 한계

잇따라 항공사고를 낸 모 국내 항공사의 경영진이 전격 교체
된 적이 있다. 그리고 "내 눈에 흙이 들어갈 때까지 경영 일선
에서 물러나지 않겠다"라고 했던 문제의 재벌 총수가 퇴진하
고 전문경영인이 새 경영자로 선임되면서, 오너 경영 체제와
전문 경영 체제 가운데 과연 어느 쪽이 효과적인가 하는 해묵
은 논란이 재계 일각에서 새삼 제기되기도 하였다.

5-3-1 오너 경영도 장점 있어

기업 총수의 가족과 친인척이 경영에 참여하는 것은 유럽 등
선진국에서도 흔히 있는 일이다. 세계적인 다국적 기업인 포드
는 아직까지 포드 일가가 최대 주주로서 경영에 직접 참여하
고 있다. 오너 체제의 장점을 옹호하는 측도 적지 않다. 무엇보
다도 신속한 경영상의 결단이 가능하다는 점이 최대 장점으로
꼽힌다. 구조조정의 모범을 제시하며 최고의 경영자로 칭송받
는 미국 GE사의 잭 웰치 회장도 "한국의 오너 구조가 가진 신
속하고 과감한 의사결정체계를 배워야 한다"라고 역설한 적이
있다. 오너 경영의 경우 소유와 경영이 총수의 손에 있는 만큼,
결정은 즉각 실행되며 누구도 이의를 제기하지 못한다. 지금까
지 대규모 반도체 투자 등 과감한 결정은 오너만이 가능했다

는 지적도 있다. 실제로 오너 체제를 가진 재벌들 중에 상당한 경영성과를 보이는 사례도 있다.

5-3-2 독단에 흐르기 쉬운 오너 경영

우리 나라의 경우는 외국과 달리 총수 체제가 효율적일 가능성은 거의 없다고 하겠다. 우리 나라 재벌의 경영방식을 대표하는 용어로서 흔히 쓰이는 오너 경영이란 말은, 기업 총수의 가족과 친인척이 기업을 장악하고 절대적인 경영권을 행사하는 경영행태를 일컫는 말이다. '오너'란 말의 뜻이 소유주이고 보면, 재벌 총수는 자신이 경영하는 회사를 소유물로 여긴다는 의미가 함축돼 있다고 하겠다. 최근 들어서는 오너가 재벌 내에서 마치 황제처럼 군림하며 전권을 휘두른다고 해서 '황제경영'이라는 신조어까지 등장하고 있는 실정이다.

그동안 재벌 총수들은 소수 지분만을 갖고도 경영권을 마음대로 휘둘러왔다. 총수 본인이 2 – 3%, 가족과 친인척까지 합쳐도 10%도 채 안 되는 미미한 지분율로 수십 개 계열사를 거느렸던 것이다. 이사회, 주주총회, 소액주주 등이 발휘해야 할 기업감시기능도 법전에나 존재하는 장식용에 그쳤을 뿐, 실제로는 거의 제 역할을 못 해왔다. 그룹의 주요 현안들은 종종 가족회의에서 결정되었으며 이사회나 주주총회는 이들의 결정을 사후적으로 추인하는 거수기에 불과하였다. 전문경영인의 역할도 이와 크게 다르지 않았다.

그동안 대부분의 재벌그룹에서는 회장 결재란이 없었다고 한다. 경영에 관해서는 절대적인 권력을 휘두르면서도 책임은 지지 않는 무한한 자유를 누렸던 셈이다. 한편, 이러한 오너의 경영 전권은 아무런 제어장치도 거치지 않고 고스란히 2세에게 넘어간다. 경영권이 정당한 상속절차를 밟지 않고 경영 능력이 검증되지 않은 2세들에게 마구잡이로 세습되는 것이다. 우성, 삼미, 진로 등 IMF 사태를 전후하여 몰락한 재벌들은 검증받지 않은 2세 경영인의 무리한 경영이 기업과 국가경제에 어떠한 부작용을 초래하였는가를 보여주는 대표적인 사례라고 하겠다.

5-3-3 재벌개혁은 결국 경영구조의 개혁

이렇게 보면 재벌개혁의 시발점이자 종착점은 결국 오너 경영 체제를 개선하는 데 달려 있다고 해도 과언이 아니다. IMF 체제에서도 외환위기 이후 재벌개혁의 시급성을 강조하면서 기업지배구조의 개혁을 중요한 정책과제로 제시한 바 있다.

오너 경영 체제는 재벌 총수를 중심으로 한 소수의 가족이 계열사를 동원한 순환출자를 통해 높은 내부지분율을 확보함으로써, 철옹성 같은 소유구조를 구축한 데에서 출발한다. 가장 바람직한 방향은 말할 것도 없이, 높은 소유집중구조가 자본시장 등을 통해 다수의 투자자에게 분산되고 공개되는 것이라고 할 수 있다. 그러나 이러한 소유 분산이 단기간 내에 이루어지기는 힘들며, 더욱이 소유 분산된 기업이 반드시 경영의 효율성과 책임성을 보장한다고 보기도 어렵다. 예컨대, 우리가 이른바 국민기업이라고 알고 있던 '기아자동차'를 보면, 어느 기업보다도 소유분산이 잘 이루어져 있었음에도 불구하고 그 경영방식은 재벌과 다른 점이 없었던 것이다.

결국 오너 경영 체제의 문제는 오너의 경영 전횡에 대해 적절한 감시와 견제가 이루어지고, 오너의 경영 결과에 대해 오너 자신이 책임을 지도록 환경을 조성함으로써 해결될 수 있는 것이다. 즉, 재벌 총수가 소액주주를 무서워하고 채권 금융기관을 존중하는 경영 풍토가 뿌리내려야 하는 것이다.

5-3-4 기업 지배구조 개선이 긴요

이에 따라 정부는 IMF 사태 이후 기업 지배구조의 개혁에 정책역량을 집중하였다. 독립성과 전문적인 능력을 가진 사외이사가 기업의 주요 의사결정에 대해 견제와 감시기능을 발휘할 수 있도록, 총 이사 수의 25% 이상을 사외이사로 구성하도록 제도화하였다. 실제적으로는 막강한 영향력을 행사하면서도 법적으로는 어떤 책임도 지지 않는 재벌 총수에 대해 이사로서 등재하도록 했고 특히, 이사로 등재되지 않은 경우라도 실질적으로 경영에 관여하였다면 등기 이사와 동일한 법적 책임을 지도록 '사실상 이사제'를 도입하였다. 소액주주도 기업의 주인으로서 감시와 견제 기능을 충분히 발휘할 수 있도록 그 권한을 대폭 강화하였다. 경영진의 부실경영으로 회사에 손해를 입힌 경우, 그 회사가 발행한 주식의 0.01%만 모아지면 주주들은 경영진을 상대로 대표 소송을 제기할 수 있도록 하였다. 실제로 1998년은 소액주주운동의 원년으로 기록되고 있다. 참여연대 등 시민단체는 국내의 대표적인 기업을 상대로 부실 책임을 묻는 소송을 제기하였고, 이 과정에서 부실 경영

경쟁이 꽃피는 시장경제

자는 막대한 규모의 손해배상책임을 물게 되었다. 이와 같이 IMF 사태 이후 도입된 일련의 제도개혁과 소액주주운동은 오너 경영 체제를 개선하는 데 큰 역할을 한 것으로 평가된다.

그러나 오너 경영 체제가 갖는 근본적인 문제를 해결하기 위해서는 아직도 갈 길이 멀다고 하겠다. 사외이사가 기업경영의 감시자로서 충분히 제 기능을 발휘하도록 독립성과 전문성을 더욱 제고해 나가고, 소액주주의 역할도 단순한 사회운동 차원에서 벗어나 경제적 인센티브에 따라 활성화될 수 있도록 할 필요가 있다. 이사회, 주주총회 등 기업의 기관구조 역시 선진국 수준으로 개선하여 재벌 총수의 단순한 거수기에서 벗어나 본래의 기능을 실질적으로 발휘할 수 있도록 해야 한다. 부당한 경영권 세습이 근절돼야 함은 두말할 나위도 없다.

5-3-5 경영 시스템의 개선은 오너에게도 이득

오너 경영 체제와 전문 경영 체제의 우월성 논쟁은 사실상 큰 의미가 없다. 우수한 경영성과를 가져온다면 오너냐 전문 경영인이냐 하는 물음은 무의미한 것이다. 그러나 오너 경영 체제이든 전문 경영 체제이든 이해관계자와 시장에 의한 적절한 감시와 견제가 없다면, 그 기업은 반드시 독단적인 경영 전횡과 무리한 투자로 이어져 몰락의 길로 접어들 수밖에 없는 것이다. 결국 투명하고 책임을 지는 경영 시스템은 주주와 채권자뿐만 아니라 오너 즉, 대주주 자신에게도 득이 되는 것이다.

얼마 전 연세대학교 박상용 교수가 외국 투자회사들을 대상으로 벌인 설문조사 결과, 외국 투자가들은 미국 기업의 지배구조에 5점(매우 우수), 카자흐스탄에 1점(매우 취약)을 준 데 비해 한국 기업에는 1.2점밖에 주지 않았다. "좋은 지배구조를 가진 기업의 주식에 프리미엄을 지불할 용의가 있느냐?"는 질문에 97%가 "있다."고 응답했으며, 기업지배구조가 채권가격에 영향을 미친다는 대답도 86%에 달하였다. 특히, 한국 기업의 지배구조가 개선된다면 더 투자하겠느냐는 질문에는 100%가 긍정적으로 답변하였다. 우리 기업들에게 시사하는 바가 큰 조사였다.

경쟁이 꽃피는 시장경제

5-4 재벌들의 고질병

사회생활의 가장 큰 덕목 가운데 하나로 공정함(fairness)을 드는 선진 서구사회에서는 공정을 해치는 행위, 즉 불공정함(unfiarness)을 더러운 벌레 보듯 싫어한다.

'끝이 좋으면 다 좋다(Ende gut, Alles gut)'라는 독일 속담이 있듯이, 경제생활에서는 "공정하면 모든 것이 좋다"라고 말할 수 있다. 공정하게 서로 경쟁하여 승자와 패자가 가려졌는데 누가 시비를 붙일 것인가. 공정한 행위에 대해서는 어느 누구도 시시비비를 가리겠다며 시비를 붙일 수 없다. 공정이라는 것은 가정생활에서부터 정치에 이르기까지 인간이 영위하는 모든 생활에서 가장 근본이 되는 원리이다.

5-4-1 내부거래는 대부분 불온한 것

다음과 같은 거래를 한번 생각해보자. 재벌그룹 계열사인 a는 컴퓨터 핵심 부품을 제조. 공급하는 기업이다. 그런데 같은 규격에 같은 품질임에도 불구하고 계열관계에 있는 자매 회사인 컴퓨터회사 b에는 시가보다 저렴하게 공급하고, b와 경쟁관계에 있는 다른 컴퓨터회사 c에는 시가로 공급한다. 이 경우 b는 c에 비해 제조원가가 대폭 절감되는 등 경쟁상 유리한 지위를 확보할 수 있게 된다. 아무런 노력 없이 단지 계열사를 부품공급업체로 두었다는 이유 하나만으로 이러한 상태가 오래 지속된다면, c는 아마도 조만간 시장에서 밀려날 수밖에 없을 것이다.

이러한 거래는 또 어떨까. A재벌그룹은 오래 전부터 자동차 분야에 진출하고 싶다는 생각을 가지고 있었다. 그런데 그 일은 결코 쉬운 일이 아니었다. 이미 국내 자동차시장에는 막강한 경쟁업체들이 버티고 있었고 초기에 투자해야 할 자금도 규모가 만만치 않았기 때문이다. 대신 A그룹은 다양한 업종을 영위하는 수십 개의 계열사를 거느리고 있었으며, 그중에는 덩치 큰 금융회사도 있었다. 그래서 A그룹은 계열사들의 힘을 최대한 활용하기로 했다. 계열사들이 자본금을 출자하여 기초자본을 만들어주고, 회사 가동중 자금 부족이 발생하면 채권이나 CP(기업어음)를 발행하여 역시 계열사들이 비싸게 사주는 것이다. 그리고 만들어진 자동차는 계열사에게 할당하여 직원들의 구매를 유도하는 것이다. 이렇게 되면 A그룹은 막강한 계열사들의 힘을 등에 업고 자동차 분야에 손쉽게 진출할 수 있게 된다. 이러한 방법은 아마도 자동차 부문 외에 다른 업종에 진출할 때에도 동원이 가능한 아주 편리한 방법일 것이다. 운좋게 새로 진출한 자동차사업이 성공을 거둔다면 별 문제가 없겠지만, 만일 실패한다면 그 부담은 고스란히 계열사로 넘겨질 것이 틀림없다.

부당 내부거래란 바로 이처럼 재벌그룹 계열사간에 이루어지는 경쟁제한적인 거래행위를 가리킨다. 부당 내부거래는 상품과 용역의 거래뿐만 아니라 자금과 자산, 인력의 거래에서도 나타날 수 있으며, 그로 인해 파생되는 부작용은 매우 심각한 것이 현실이다.

116

5-4-2 부당 내부거래는 재벌 문제의 핵심

이미 알려진 대로, 우리 나라의 재벌은 내부적·외부적 감시 장치가 부재하는 낙후된 기업환경 속에서 이른바 '선단식(船團式) 경영'을 통해 무리한 계열 확장을 거듭해왔다. 상호 채무 보증과 내부거래 등을 통해 계열기업이 속한 시장에서 경쟁업체에 비해 유리한 지위를 차지하도록 상호 지원해온 것이다.

물론 이와 같은 내부거래가 일률적으로 나쁘다고 말할 수는 없다. 기업 입장에서는 외부시장 상황이 불확실하거나 외부시장을 통한 자원 조달시 높은 거래비용이 수반될 경우, 기업 집단 내부의 계열사를 통하는 것이 한층 유리할 수 있기 때문이다. 그러나 계열기업이라는 이유만으로 상품과 용역, 자금 등이 정상적인 시장가격보다 유리한 가격으로 거래된다면, 이것은 시장경제체제를 심각하게 저해하는 부정적인 효과를 초래하게 된다. 즉, 대기업 집단에 소속되지 못한 독립 기업들은 대기업 집단의 계열회사에 비해 불리한 지위에 서게 되어 공정한 경쟁기회를 상실하게 되는 것이다. 이 점은 마치 축구 경기에서 한쪽은 정규 인원으로 뛰고, 다른 쪽은 그보다 몇 배 많은 선수가 뛰는 것과 같다. 결국 독립기업의 존립 기반을 박탈하고 대기업 집단의 문어발식 사업 확장을 조장하는 폐해를 초래하게 되는 것이다.

또한 경쟁력이 없어서 시장에서 퇴출되어야 마땅한 한계 기업이 계열회사로부터 자금 또는 자산 등의 지원을 받아 유지하게 됨으로써, 기업의 신속한 구조조정을 지연시키게 된다. 특히 이러한 부당 내부거래행위는 대부분 기업 집단 내 우량 계열사가 지원 주체가 되는 것이 일반적이므로, 피지원 계열사가 부실화할 경우 지원 주체인 우량 계열사마저 덩달아 부실해지는 나쁜 결과를 초래한다. 결국 부당 내부거래는 기업들이 한계 기업을 조속히 정리하고 핵심 역량 위주로 사업구조를 재편하는 데 커다란 걸림돌이 되는 것이다. 또한 지원 주체인 우량 계열사의 소액주주 입장에서는 자신이 주주인 기업의 재산이 부당하게 유출되어 기업 가치가 떨어지는 피해를 보게 되는 것이다.

이처럼 부당 내부거래가 재벌그룹의 경제력 집중과 구조조정의 회피수단으로 남용돼온 사례는 그동안 공정거래위원회의 조사과정에서 광범하게 밝혀진 바 있다. 특히 1998년에 실시된 5대 그룹의 자금 및 자산지원행위에 대한 조사결과는 이러한 사실을 더욱 확연히 입증하고 있다. 1999년중 실시되어 그 결과가 같은 해 9월 하순에 공표된 제3차 부당 내부거래 조사에서는 더욱 지능화되고 대규모화된 부당 내부거래 관행이 백일하에 드러난 바 있다.

예컨대, S그룹의 경우 무리하게 확장한 신규 사업 분야에 대규모 자금지원을 실시하기 위해, 계열 금융기관으로 하여금 신설 계열사가 발행한 CP를 시중은행의 특정 금전 신탁을 통해 저리로 대량 매입하도록 해온 사실이 드러났다. H그룹은 3년 연속 적자일 뿐만 아니라 자본금이 완전 잠식된 부실 계열사를 존속시키기 위해, 이들 회사가 발행한 거액의 무보증 전환사채를 낮은 금리로 대량 매입한 사실이 발견되었다. 특히, L그룹과 또다른 S그룹은 IMF 사태 이후 퇴출이 불가피했던 부실한 계열 금융기관을 존속시키기 위해, 이들 계열 금융기관이 발행한 거액의 후순위 사채를 많은 계열사를 동원하여 고가로 매입한 것으로 드러났다. IMF 사태 이후 철저한 구조조정만이

기업이 생존할 수 있는 길이었음에도 불구하고, 대기업 집단들은 부당 내부거래를 통해 이를 회피하고 오히려 경제력 집중을 심화시켰던 것이다.

5-4-3 부당 내부거래 조사는 재벌 개혁의 기폭제

이러한 문제인식에 따라 공정거래위원회는 IMF 사태 이후 재벌의 부당 내부거래를 뿌리뽑는 데 정책 역량을 집중해왔다. 1998년중에만 5대 그룹에 대해 두 차례의 대규모 직권 조사를 실시하였고, 이 조사를 통해 914억 원에 달하는 공정거래위원회 역사상 최고의 과징금을 부과하였다. 그리고 6대 이하 그룹에 대해서도 부당 내부거래 혐의가 짙은 5개 그룹을 선정하여 218억 원의 과징금을 부과하였다. 해방 이후 50년간 선단식 경영을 해온 재벌들의 내부거래 관행에 강력한 제동이 걸리고, 정부가 야심차게 추진해온 재벌 개혁이 본격적으로 효과를 발휘하는 순간이었다. 공정거래위원회의 조사가 가져온 파장은 소액주주들의 권리찾기운동으로 연결되었다. 소액주주운동의 효시가 된 대표적인 시민단체인 참여연대는 공정거래위원회의 5대 그룹 부당 내부거래 조사결과 발표를 토대로 삼성전자 등을 상대로 대표소송을 제기하였으며, 5대 그룹의 주요 계열사 주주총회에서는 일정 규모 이상의 내부거래에 대해 주주총회의 승인을 얻도록 소액주주들이 정관 변경을 요구하기도 하였다.

5-4-4 부당 내부거래 근절은 공정거래위원회의 사명

　한편 공정거래위원회는 부당 내부거래 조사과정에서 금융기관을 매개로 한 우회적인 자금 및 자산지원 사례가 발견되어 조사에 어려움을 겪기도 하였다. 이에 공정거래위원회가 금융거래정보요구권(일명 계좌추적권)의 확보를 추진하자, 일부에서는 공정거래위원회가 이러한 권한을 가질 경우 예금자의 비밀이 노출되어 국민의 사생활과 금융질서를 훼손할 수 있다는 우려를 제기하기도 하였다. 그러나 이처럼 우회적으로 이루어지는 자금 및 자산지원행위를 차단하지 않고서는 부당 내부거래를 영원히 근절할 수 없다는 인식 아래, 공정거래위원회는 예금자의 비밀이 철저히 보장되는 범위 내에서 한시적으로 계좌추적권한을 확보하였다.

　부당 내부거래는 재벌들의 뿌리깊은 경영행태이자 일종의 생존방식이다. 그러다 보니 이런 관행이 하루아침에 근절되기는 어려울 수밖에 없다. 실제로 5대 그룹은 공정위로부터 과징금과 시정명령처분을 받은 후 즉시 행정소송을 제기하였다. 공정거래위원회가 문제삼은 내부거래는 기업경영의 관행이었다는 점을 강조하면서 전면 무죄를 주장하였다. 그러나 공정거래위원회는 내부거래 자체를 문제삼은 것이 아니라 공정한 경쟁질서를 해치는 부당한 내부거래를 제재한 것이다. 현재 공정거래위원회는 대기업 집단의 부당 내부거래 근절에 정책역량을 집중하고 있다. 각종 탈법적인 수단을 동원한 부당 내부거래에 이르기까지 규제의 범위를 확대해 나가고 있으며, 재벌그룹을 상대로 조사활동을 대폭 강화하고 있다. 그러나 가장 중요한 것은 부당 내부거래가 결국 재벌 자신에게 부메랑이 되어 치

경쟁이 꽃피는 시장경제

명적인 피해를 가져온다는 것을 깨닫고, 재벌 스스로 이러한
행태를 청산해야 한다는 당위성을 깨닫는 일일 것이다.

5-5 차입 · 출자의 연결고리

『삼국지』의 유명한 대목인 「적벽대전편(篇)」에 보면, 겨우 5만 명에 불과한 촉 · 오 연합군을 이끄는 제갈공명이 연환계(連環計)를 써서 조조의 100만 대군을 물리치는 장면이 있다. 해전 경험이 전혀 없어서 선상생활에 제대로 적응하지 못하는 많은 병사들이 수토병으로 고생하는 것 때문에 조조가 골머리를 앓고 있음을 간파한 제갈공명이, 일부러 오나라 장수 황개를 핍박하고(苦肉之計, 고육지계), 그 황개로 하여금 조조에게 거짓 항복을 하게 하는(詐降之計, 사항지계) 한편, 절친한 친구이자 지략가인 봉추를 통해 바다 위에 각각 떨어져 있는 조조의 선단을 하나로 묶도록 한다(連環之計, 연환지계). 서로 연결된 배 위의 병사들이 육지에서와 다름없는 활기찬 모습을 보이는 것에 만족한 조조는, 연환계가 하나의 덫으로 작용하리라고는 짐작하지 못하고 승리감에 도취된다. 그러나 연환계에 묶인 배는 평상시에는 따로 떨어져 있는 배보다 안전하지만, 동남풍이 불면 한 척에만 불이 붙어도 선단 전체로 불길이 번져 손쓸 겨를도 없이 전멸하고 만다는 점을 조조는 간과하였다. 결국 조조는 제갈공명의 화공에 당해 전 군사를 잃은 채 단신으로 도망을 다니는 수모를 겪게 된다.

5-5-1 보증이라는 덫에 걸린 기업들

연환계의 덫을 고전 속의 일화로만 치부할 수 없는 것이 우리의 현실이다. "대한민국은 보증공화국이다"라는 말이 있을 정도로 우리는 보증이라는 덫에 걸려 살아가고 있다. 1998년 2월 소비자보호원의 조사에 의하면, 금융기관 보증을 선 경험이 있는 사람 3명 중 1명이 보증으로 인해 피해를 본 것으로 나타났으며, 그 규모도 1인당 1500만 원에 달하였다. 또한 1998년 말 현재 타인의 연대보증을 근거로 대출된 돈이 무려 67조 원이나 된다. 보증의 피해는 참으로 심각하다. 개인의 파산은 둘째치고 가정파탄, 자살 등 온갖 사회문제를 야기시키고 있는 것이다. 오죽했으면 "보증 서는 자식은 낳지도 말라", "부모 자식 간에도 보증은 서지 말라"는 말이 나 있을까?

개인의 보증문제는 가족이나 주변 인물의 피해만으로 끝나지만, 시각을 기업으로 돌려보면 그 문제의 심각성은 이루 말할 수가 없다. 한 그룹 내의 계열사들이 상호 채무보증 — 공정거래법에서는 금융기관이 재벌 계열기업에 여신을 제공할 때, 그룹 내 신용도가 높은 주력기업의 보증을 요구하는 것을 개인의 연대보증과는 별도로 '채무보증'이라고 규정하고 있다 — 으로 거미줄처럼 연결되어 있을 때, 어느 한 기업이 도산하면 그 회사에 보증을 제공하고 있는 계열사들이 줄줄이 도산함으로써 그룹 전체의 도산을 초래할 뿐 아니라, 그 기업에 자금을 대여한 금융기관을 부실화시키고, 나아가 국민경제에까지도 엄청난 해악을 끼치게 된다.

부도 당시 재계 순위 20위였던 진로그룹의 부도사태는 채무보증의 부정적인 효과를 보여주는 전형적인 사례이다. 1997년

9월 8일 법원에 화의신청을 낸 ㈜진로, 진로쿠어스 맥주, 진로종합식품, 진로종합유통, 진로인더스트리, 진로건설 등 진로그룹 6개 계열사들이 같은 날 1차 부도를 내고, 그 다음날 최종적으로 부도 처리되었다. 부도 유예 협약 등을 통해 도산위기를 모면한 진로그룹이 주력 계열사인 ㈜진로만이라도 살리기 위해 백방의 노력을 하였으나, ㈜진로가 사실상 파산상태였던 진로유통과 진로인더스트리에 제공한 1500억 원 이상의 채무보증이 부담이 되어 결국 6개사가 모두 부도를 내게 된 것이다. 특히 진로그룹은 같은 해 7월 29일 이미 1차 부도를 냈으나, 신속한 구조조정을 조건으로 금융기간으로부터 만기어음을 연장받음에 따라 최종 부도 위기를 모면한 바 있었다. 그러나 상호 채무보증이 얽혀 있는 상황에서 어느 한 기업만을 떼내어 따로 처리한다는 것이 사실상 불가능한 상황이었기 때문에, 그룹 차원의 자구노력에도 불구하고 결국 부도를 낼 수밖에 없었던 것이다.

5-5-2 왜 보증을 요구하고 제공하는가

기업들이 계열사들에게 제공하는 채무보증은 친구나 친지의 부탁에 따라 울며 겨자 먹기로 서게 되는 개인들의 연대보증과는 사뭇 다른 측면이 있다. 한마디로 은행과 금융기관, 그리고 정부의 잘못된 행태가 상호작용하여 나타난 불건전 금융관행인 것이다. 다음 장에서도 언급하겠지만, 관 주도의 개발경제 하에서는 구조적으로 대기업 중심의 압축성장정책이 불가피했기 때문에, 기업이 정부가 제공하는 과실―저금리의 정책

경쟁이 꽃피는 시장경제

금융─을 따먹기 위해서는 외형 확장과 새로운 사업에의 진출이 급선무였다.

그러한 상황에서 채무보증은 자기자금의 부담 없이 계열사를 확장할 수 있는 긴요한 수단이 되어왔다. 우선 신용이 우량한 주력기업이 금융기관의 여신을 끌어들이고, 그 자금으로 새로운 회사를 설립하게 된다. 이렇게 해서 설립된 회사는 또다른 자금이 필요하므로 주력 계열사의 보증 아래 또다시 대출을 받을 수 있게 된다. 즉 '차입→출자를 통한 신규 회사 설립→채무보증을 통한 차입'이라는 연결고리가 생성되는 것이다. 더구나 든든한 정부의 후원이 있으므로 기업은 도산의 우려 없이 안심하고 차입을 늘려가게 되는 것이다. 따라서 재벌의 상호 채무보증 관행은 기업 재무구조의 부실화와 뗄려야 뗄 수 없는 관계를 맺게 된다.

그러면 금융기관은 왜 보증을 선호하는가? 관치금융 하에서의 정책금융, 정경유착에 의한 대출압력 아래에서 타율적인 경영을 해온 금융기관들 입장에서는 늘 자금의 초과수요현상을 보아왔다. 한정된 자원 중 상당 부분이 다른 곳으로 빠져나간 상태에서 남은 자금에 대한 수요가 매우 큰 상황, 즉 시장원리가 제대로 작동하지 않는 영업환경에 놓여 있었던 것이다. 그러다 보니 금융기관의 입장에서는 신용대출을 위한 대출심사기법을 개발하거나 신용평가를 위한 노력을 하지 않아도, 부동산 담보나 계열사 보증만으로 대출금 회수가 가능하다고 보았던 것이다. 그 결과, 재무구조가 우량하지 않은 기업집단의 경우 담보와 함께 5, 6개 계열사의 보증을 한꺼번에 요구하는 중복, 중첩보증 관행이 다반사로 나타나게 되었다. 그러나 우리나라의 금융기관들은 이와 같은 보증대출 관행이 대출을 받아간 기업뿐 아니라 보증을 선 기업마저 부실하게 만들고, 결과적으로는 그러한 기업들에 자금을 제공한 금융기관에게 부메랑이 되어 돌아와 금융기관의 부담을 가중시키게 된다는 점을 간과하였다. 하나만 보고 둘은 미처 생각하지 못한 금융기관의 단견(短見)이 가져온 결과이다.

5-5-3 공정거래위원회가 좀더 일찍 시작했더라면

이와 같은 채무보증의 문제점을 인식한 공정거래위원회가 30대 그룹을 대상으로 채무보증을 제한하는 제도를 도입한 것은 1993년 4월 1일이었다. 당시 제도를 도입하기 위해 법 개정을 추진할 때만 해도 각계 각층의 반발로 인해 제도의 도입이 과연 가능할까라는 의구심마저 들 정도였다. 수많은 난관을 뚫고 법 개정이 이루어질 당시, 30대 그룹이 각 계열사에 대해 제공한 채무보증 규모는 무려 165조 5000억 원에 달하였다. 당시 30대 그룹의 자기자본이 겨우 35조 2000억 원에 불과하였던 점을 감안할 때, 자기자본의 470%나 되는 놀라운 빚 보증을 서고 있었던 것이다. 그중에서도 수출입 관련 보증이나 기술개발자금 대출에 대한 보증 등 국제경쟁력 강화를 위해 필수불가결하다고 생각되는 보증을 제외한 나머지에 대해서는 1996년 4월 1일까지 자기자본의 200%까지로 축소하도록 하였으며, 이후 1997년 법 개정을 통해 1998년 4월 1일까지 자기자본의 100%까지로 축소하도록 규제를 더욱 강화하였다. 그러던 중 주요 그룹의 잇단 도산과 함께 IMF 구제금융체재로 이행하면서 계열사간 채무보증의 폐해가 새삼 부각됨에 따라 계열사간 채무보증을 전면 금지하는 한편, 그동안 남아 있던 채무보증을 2000년 3월 말까지 완전 해소하도록 법제화하게 되었다.

공정거래법 개정의 산파역을 담당하였던 필자로서는 채무보증의 폐해를 한 발 앞서 인식한 선구자라는 자부심과 함께, 한편으로 각계의 반발에도 불구하고 채무보증을 근절하기 위한 정책이 좀더 일찍 도입되었더라면 기업들의 연쇄 도산, 나아가 우리 경제가 IMF 구제금융이라는, 조조의 100만 대군과 같은 운명에까지는 이르지 않을 수 있었으리라는 아쉬움이 남는 건 어쩔 수 없다.

5-5-4 독립경영 체제가 정착돼야

법 개정을 통한 강력한 채무보증 해소정책의 추진에 힘입어 30대 그룹의 채무보증 규모가 눈에 띄게 줄고 있다. 제도 도입 당시 165조 5000억 원에 달하였던 보증액수가 1999년 4월 1일 현재 22조 4000억 원으로 대폭 줄어든 것이다. 그중에 법으로 제한되는 보증은 9조 8000억 원에 불과하여 이러한 채무보증이 완전 해소되면, 기업들의 독립경영 체제가 제대로 정착될 수 있는 기반을 갖추게 될 것으로 보인다.

이제는 과거와 같은 개발독재의 시대도 아니고 대마불사(大馬不死)의 신화가 통하는 시대는 더더욱 아니다. 오로지 시장경제원리가 지배하는, 기업 스스로의 능력만으로 경쟁력을 키워가야 하는 시대이다. 채무보증이나 부당 내부거래 등을 통한 대기업 집단의 선단식 경영은 독립 기업과의 공정한 경쟁을 어렵게 만들고, 정상적인 기업으로 흘러가야 할 자금이 특정

기업 집단에 속해 있다는 이유만으로 한계 부실 기업에 유입됨으로써, 부실 기업의 퇴출을 가로막고 자원의 효율적인 배분을 저해한다.

　못난 자식까지도 일일이 보살피고 싶은 어머니의 심정으로 기업을 운영하던 시대는 지났다. 기업들로서는 이제 될 자식만 키워야 하는 시대가 되었다.

5-6 빚 불감증

외상이면 소도 잡아먹는다는 말이 있다. 남의 빚을 얻는 것을 너무나도 쉽게 생각하는 우리의 모습을 빗댄 말이다. 이러한 모습을 단적으로 나타내는 사례들은 우리 사회에 비일비재하다.

최근 종합주가지수가 1,000포인트를 넘나들게 되면서 우리 기억 속에서 아스라이 사라져간 증권 관련 단어 가운데 '깡통계좌'라는 말이 있다. 국내 증시 사상 처음으로 종합주가지수가 1,000포인트를 돌파하던 지난 1989년, 농촌에서는 소와 땅을 팔고, 개인투자가들은 앞다퉈 증권사로부터 수천만 원, 수억 원씩 신용을 얻어 주식투자에 나서는, 한마디로 온 나라가 주식 열풍에 휩싸인 적이 있었다.

당시에 당국은 증시 과열을 우려하여 기업공개니 유상증자니 하는 온갖 증시진정책을 동원할 정도였다. 그러나 얼마 못가서 주가는 형편없이 곤두박질쳤다. 그러자 보유주식을 다 팔아도 빌린 돈을 갚지 못하는 소위 '깡통계좌'가 속출하게 되었다. 한마디로 빚이라면 소라도 잡아먹겠다는 생각으로 무조건 돈을 빌려 주식을 산 끝에 생긴 참담한 결과였다. 심지어 주식투자를 위해 빌린 돈을 갚지 못하여 스스로 목숨을 끊는 사람마저 생겼다. 주가 하락을 정부의 탓으로 돌리는 주식투자자들의 시위가 끊이지 않는 등, 주식으로 인해 심각한 사회 문제가 발생한 것도 바로 이때이다. 그 이후에도 주가가 폭락

할 때면 의례적으로 깡통계좌라는 용어가 신문에 등장하고, 투자자들의 시위 모습이 TV를 통해 방영되곤 하는 것을 우리는 보아왔다.

5-6-1 재벌도 깡통 차는 시대

레버리지(leverage) 효과라는 용어가 있다. 우리말로 옮기면 지렛대 효과쯤 되겠는데, 이는 차입금 등 타인자본에 대한 의존도가 높을수록 영업 이익률의 변화에 따라 자기자본 이익률의 변화도 커지는 경향을 말한다. 예를 들어, 어떤 개인이 자기자본에 더해 빚을 얻어 주식에 투자하는 경우, 주가가 상승할수록 자기자본 대비 수익률은 높아지지만, 주가 하락기에는 그만큼 손실이 커지게 되고, 급기야는 주식을 모두 팔아도 빚을 갚지 못하는 이른바 깡통계좌가 되는 것이다. 부채가 갖는 위험을 상징적으로 표현하는 단어이다. 물론 이와 같은 레버리지 효과는 기업에 대해서노 마찬가지로 적용된다.

얼마 전까지만 해도 공정거래위원회가 지정하는 30대 그룹에 속하느냐의 여부가 그룹의 위상이나 성가를 나타내는 지표로 통해왔다. 그러다 보니 '재계의 신화' 니 '마이다스의 손' 이니 하는 세인의 경탄 속에 지속적 계열 확장을 통해 30대 그룹에 처음 끼게 된 어느 그룹이, 전직원을 참석시킨 가운데 30대 진입을 축하하는 대규모 자축파티를 열었다는 일화가 있을 정도이다.

그렇다면 도대체 어떻게 했기에 그토록 짧은 기간 안에 30대 그룹에 진입할 정도로 급속한 사업 팽창이 가능했을까? 이는 자신의 역량을 키워 내실을 다지기보다 어려움에 처한 다른 회사를 인수하는, 이른바 M & A(인수합병)라는 방식이 있었기에 가능한 일이었다.

1997년 30대 그룹에 신규 진입을 하면서 신흥 재벌로 떠올랐다가 겨우 1년 만에 탈락한 거평그룹을 보자. 거평그룹이 30대 그룹에 처음 진입할 당시 이 그룹의 계열사는 모두 22개였다. 그러나 그중 16개가 다른 회사를 인수하여 계열사로 편입시킨 경우이다. 1980년 거평건설 설립 이후 계속하여 계열사를 늘려오던 중 1994년 재계의 일대 사건으로 불린 대한중석 인수, 거평주택개발 및 거평유통 인수, 1995년 거평시그네틱스, 거평화학 등 인수, 1996년 강남상호신용금고, 충남산업개발, 1997년 새한종금, 새한렌탈 등 거의 매년 3 - 5개씩의 회사를 새로 인수하면서 자산을 불려나갔다. 그리고 이와 같은 계열 확장을 위해서는 예외 없이 계열사 채무보증을 통한 외부 차입자금이 동원되었다. 즉, 계열사를 늘릴 때마다 주력 핵심 기업의 보증을 통해 계속하여 차입을 늘리고, 그 차입금으로 새 회사를 인수하는 방식을 사용하였다.

그러나 이러한 식의 계열 확장은 필연적으로 엄청난 부채와 이자 부담을 초래하게 되고, 결국은 이른바 레버리지 효과를 일으켜 약간의 경기 하강이나 영업 부진에도 도산하는, 즉 깡통을 차는 결과를 초래하게 되었다. 자본금 1000억 원으로 총 5조 원의 투자비를 들여 공장을 건설하다 1997년 1월 도산한 한보그룹은 그 대표적인 사례라고 하겠다.

5-6-2 재벌은 망하지 않는다?

높은 재무 레버리지로 인한 위험에도 불구하고, 왜 재벌들은 계속적인 차입을 통해 외형적인 성장을 추구해왔는가?

한국 경제가 짧은 기간 안에 고도성장을 구가하게 된 데에는 여러 가지 원인이 있겠으나, 그중 대표적인 것이 대기업 중심의 압축성장 전략이다. 모든 것이 전무한 상황에서 성장을 추구하기 위해서는 제한된 자원을 특정 대기업에 몰아주는 방식을 택할 수밖에 없었고, 그 자원이 바로 돈, 자금이었던 것이다. 국민들의 애국심에 호소하여 끌어들인 저축자금이 정책금융이라는 이름 아래 대기업에 흘러들어가게 된 것이다.

뿐만 아니라, 정부는 기업의 경영 실패에 대한 보험자로서의 역할까지 떠맡았다. 재벌 기업들이 방만한 부실 경영으로 파산에 이르게 되면 정부가 각종 지원금융을 제공하여 이들의 위기를 해결해주었다. 그러므로 기업 입장에서는 부채를 늘리면 늘릴수록 위험은 적은 가운데 이익을 취할 가능성이 더 높아지는 경영환경을 맞을 수 있었던 것이다. 한마디로 레버리지 효과가 제대로 작동하지 않는 환경 속에서 경영이 가능했다고 하겠다. 이와 같은 배경은 결국 기업의 방만한 차입 경영과 도덕적 해이를 부추기고, 한계 부실 기업의 자연스러운 퇴출을 가로막았으며, 나아가 재벌은 망하지 않는다는 대마불사(大馬不死)의 신화의 창조를 가능하게 한 것이다.

5-6-3 한국 기업은 부채덩어리

1997년은 관치 경제 아래에서 형성돼왔던, 재벌은 망하지 않는다는 신화가 무너진 상징적인 해로 기록된다. 1월 한보, 3월 삼미, 4월 진로, 5월 대농, 한신공영, 7월 기아에 이르기까지 주요 재벌들이 부실 경영과 과다한 차입금 부담을 이기지 못하고 줄줄이 쓰러졌던 것이다. 이러한 재벌의 부실은 금융기관의 부실로 이어져 결국 11월, 외환위기와 IMF 체제로 돌입하는 주요 배경이 되었다고 할 수 있다. IMF 이후에는 30대 그룹의 반 이상이 법정관리, 화의 또는 워크아웃이 결정되어 회생 절차를 밟고 있는 상황이다.

문제는 이처럼 부도로 쓰러진 기업들뿐 아니라, 우리 나라 기업의 대부분이 높은 부채 비율의 부실한 재무구조를 가지고 있다는 데 있다. 한국은행이 발표한 1998년도 기업경영 분석자료에 의하면, 1998년 우리 나라 제조업체의 평균부채비율은 303.0%로 나타나고 있으며, 30대 그룹 중 금융·보험 회사를 제외한 회사들의 부채비율은 379.8%에 이르고 있다. 그중 실질적인 재무구조의 개선 효과가 없는 자산재평가에 의한 부채비율의 감소효과를 감안할 경우, 실제로 그 비율은 훨씬 높아질 것으로 추정된다. 미국의 153.8%(1997년), 일본의 186.4%(1997년), 대만의 85.7%(1995년)와 비교하면, 우리 나라 기업들의 차입금 의존도가 얼마나 높은가가 여실히 드러난다.

5-6-4 부채비율이 왜 문제인가

높은 부채비율이 왜 문제인가에 대해 수치로서 증명해보도록 하자. 일반적으로 투자수익성을 나타내는 지표로서, 경상이익을 매출액으로 나눈 매출액 경상이익률을 사용하게 된다. 금융비용을 감안한 후의 수익성이 어느 정도인가를 보기 위한 것이다. 참고로, 금융비용을 차감하기 전의 영업성과를 나타내는 매출액 영업이익률을 보면, 우리 나라의 제조업체의 경우 1997년 8.3%, 1998년 6.1%로 나타났다. 미국의 7.6%(1997년), 일본의 3.5%(1997년), 대만의 7.3%(1995년)에 비해 결코 떨어지지 않는 수치인 것이다. 그러나 매출액 경상이익률에 관한 한 이야기가 달라진다. 우리 나라의 경우 그 비율이 △0.3%(1997년), △1.8%(1998년)로 나타나고 있다. 영업 활동으로 번 돈으로는 빌린 돈의 이자조차 갚지 못한다는 결론이 나온다. 반면, 미국의 매출액 경상이익률은 8.5%(1997년), 일본은 3.3%(1997년), 대만은 5.1%(1995년)로서 한국과는 근본적으로 다른 손익구조를 가시고 있음을 알 수 있다.

5-6-5 이제는 달라져야 한다

IMF는 우리에게 엄청난 위기로 다가왔지만 다른 한편으로는 반성과 재도약의 기회를 주었다. 일단 덩치부터 키우고 보자는 잘못된 사고방식에서 벗어나 핵심 역량 위주의 사업체제구축, 무분별한 다각화의 지양, 그리고 주력 사업을 팔아서라도 재무구조를 개선하는 길만이 국제경쟁력을 키우는 길이라는 데 어느 정도 공감대가 형성되고 있는 것이다. 정부가 추진하고 있는 부채비율 200% 이내로의 축소정책은 이러한 위기를 극복할 수 있는 불가피한 선택이었다고 생각한다.

증권 투자는 자신의 판단과 책임 아래 한다는 구호처럼, 이제는 투자자들이 모여 시위를 한다고 해서 정부가 나서서 주식시장을 부양하던 시대는 지났다. 마찬가지로 기업들도 정부에 대해 보험자의 역할을 기대한다거나 정부가 세운 정책에 마지못해 끌려가는 피동적 입장이 아니라, 스스로 경쟁력을 키워야 한다는 마음가짐으로 능동적인 경영을 해나가야 할 때이다. 아무리 열심히 장사해서 돈을 벌어도 그 돈으로 이자조차 갚지 못한다면, 더이상 기업이기를 포기하는 것이나 마찬가지 아닌가?

5-7 건강한 지주회사, 튼튼한 자회사

1945년 8월 일본을 점령한 맥아더의 일성(一聲)은 "재벌을 해체하라"였다. 1946년 3월에 발표된 에드워드(C. Edward) 보고서는 그 배경에 대해 이렇게 말하고 있다. "재벌 해체는 일본의 군사력을 심리적·제도적으로 파괴하기 위해서이다. 재벌은 전쟁의 수단으로 이용된 것으로써, 이를 해체하는 것은 평화 목적에 기여한다. 일본 산업은 소수 대재벌의 지배 아래에 있었다. 산업의 집중은 노사간의 반(半)봉건적 관계를 존속시키며 노동조합의 발전을 방해해왔다. 재벌 지배구조에서의 저임금과 이윤의 집적은 국내 시장을 협소하게 하고, 상품 수출의 중요성을 높여 일본을 제국주의적 전쟁으로 몰고간 것이다."

당시 일본의 주요 재벌은 특정 가문이 지배하는 본사(本社), 즉 지주회사 아래의 수백 개의 사업회사가 종횡으로 연결되어 거대한 피라미드 형태를 이루면서 군수산업, 무역업 등 산업 전반을 지배하고 있었다. 연합군 총사령부는 재벌 해체를 위해 지주회사정리위원회를 설립하고, 미쓰이, 미츠비시, 스미토모, 야스다 등 4대 재벌을 포함하여 83개의 지주회사를 지정해 이를 해체하였다. 대표적인 종합상사였던 미쓰이물산과 미츠비시상사는 1947년에 각각 223개, 139개 회사로 철저하게 공중 분해되었다. 이어서 지주회사의 금지, 회사의 타회사 주식 취득 금지 등, 강력한 경제력 집중을 원천봉쇄하는 내용의 공정

거래법이 제정되었으며, 그 집행을 담당할 공정거래위원회가
발족되었다.

5-7-1 미국의 경험 — 아픈 만큼 성숙

1920년대 미국에서는 소수의 기업이 전력 및 가스 산업을 지
배하고 있었다. 모건(J. P. Morgan)이 소유한 유나이티드 코퍼레
이션(United Corporations) 등 3대 그룹이 전력산업의 49%를 지
배하였다. 이러한 소수 지배의 수단으로는 지주회사가 이용되
었다. 예를 들어, 어소시에이티드 가스 앤 일렉트릭 시스템
(Associated Gas & Electric System) 사의 경우 지배주주는 불과 30
만 달러를 지주회사에 출자하여 장부 가치 10억 달러인 전
기·가스 회사군(群)을 지배하였다. 주로 지주회사가 부채를
조달하여 지배범위를 넓혀갔다.

이들은 지배의 집중, 과도한 부채 동원에 의한 재무구조 악
화 외에도 여러 가지 문제를 일으켰다. 내부거래를 이용한 이
익의 위장 축소, 부당한 요금 인상 등이 그것이다. 대공황에 접
어들어 자회사의 수익이 줄자 부채를 감당하지 못한 53개 지
주회사 그룹이 파산하였다. 물론 최대 피해자는 전기·가스를
매일 사용하는 소비자였다. 이에 미국정부는 '공익사업지주회
사법(The Public Utility Holding Company Act of 1935)'을 제정하여
1개 공익사업을 1개 주(州)에서만 영위하도록 하고, 지주 회사
는 자회사까지만 소유하며 손자회사는 소유할 수 없도록 하는
등 지주회사를 강력히 규제하였다. 1938년 214개였던 지주회
사는 1982년에는 12개로 축소되었다.

5-7-2 지주회사의 나쁜 점 — 경제력 집중이라는 독배

도대체 지주회사란 무엇이기에 이처럼 아픈 역사를 갖고 있는 것일까?

지주회사(Holding Company)란 주식 소유를 통해 다수의 자회사를 거느린 회사를 말한다. 20세기에 회사가 다른 회사의 주식을 소유할 수 있도록 허용한 이후 나타난 현상이다. 우리 나라의 공정거래법(제2조)은 지주회사를 '주식의 소유를 통해 국내 회사를 지배하는 것을 주된 사업으로 하는 회사'라고 정의하고 있다. 특히, 시행령에서는 '소유하는 자회사 주식 가액 총액이 당해 회사 총자산의 50%를 초과하는 회사'를 지주회사의 판단 기준으로 제시하고 있다. 한마디로 지주회사는 계열기업의 범위를 확장하는 데 더할 나위 없이 유리한 기업 조직의 방법 중 하나이다.

1999년 4월 지주회사를 제한적으로 허용하기 전까지 우리 나라에서는 지주회사의 실립·전환을 금지해왔었다. 이를 금지한 것은 위에서 본 일본과 미국의 전례로 미루어 짐작할 수 있듯이, 지주회사는 기업 경영에 대한 통제장치가 제대로 작동되지 않는 경우, 경제력 집중이라는 폐해를 유발시키는 단점이 있기 때문이다. 이 장치를 대규모 기업 집단에 대한 출자 총액 제한 제도, 계열사간 직접 상호출자 금지제도 등과 같은 맥락의 제도로 이해할 수 있다. 그러면 지주회사는 계속 금지해야 하는 것이 아닐까?

5-7-3 지주회사의 좋은 점 — 구조조정의 파트너

필자의 생각으로는 지주회사는 양날의 칼이다. 알고 보면 지주회사는 좋은 점도 많다. 세상만사가 그렇듯이 사용하는 사람이 문제이다. 구체적으로 그 장점을 살펴보자. 1개 회사 내 다수 사업 부문을 분사화(分社化)하여 자회사로 분리 독립시키고 기존 회사는 지주회사로 전환하는 경우, 비주력 사업의 분리 및 매각이 비교적 수월하다. 전략적 의사결정(지주회사)과 사업상 의사결정(자회사)을 분리함으로써 사업상 의사결정이 신속해지고, 좀더 유연한 사업의 진입 및 퇴출 등 그룹 내 사업 구조조정이 쉬워질 수 있다. 자회사별 책임경영 촉진, 자회사별 인사·노무 관리의 차등화 등을 가능하게 함으로써 경영 효율을 높일 수 있다.

외국의 사례를 보자. 일본은 1997년 지주회사를 제한적으로 허용했고 현재까지 3건의 설립 사례가 있다. 그중 다이와(大和)증권은 사장의 말에 의하면 "살벌한 금융환경 속에서 살아남기 위해서는 지주회사 체제로 전환, 경영의 기동성을 확보함으로써 인재 및 경영자원을 효율적으로 활용하는 것이 불가피"하였기 때문에 지주회사로 전환했다고 한다. 기존의 개인영업 부문, 법인영업 부문을 별도 자회사로 분리하면서, 개인영업 부문에는 스미토모은행의 금융파생상품영업 부문을 합쳐 전략적 제휴와 더불어 신속한 경영을 추진할 수 있는 터전을 마련하였다. 기존 회사는 다이와증권그룹 본사라는 명칭의 지주회사로 전환하면서 기획, 재무, 홍보 등 그룹 전체에 관련된 업무만 남겼다. 일본 최대 기업인 NTT 역시 같은 맥락에서 지주회사 체제로 전환한 것은 우리 기업이 눈여겨볼 대목이다.

한편, 지주회사는 M & A 기법인 합병의 대안이 될 수 있다. 즉, 인사·보수 체계, 분권화 정도 등 기업문화가 상이한 회사 간의 합병이 성공하기 위해서는 조직의 융화에 시간과 비용이 엄청나게 소요된다. 이 경우 합병 대상인 회사들을 나란히 지주회사의 자회사로 하면, 합병을 하지 않더라도 경영자원을 공유할 수 있어 합병과 유사한 효과를 거둘 수 있다.

또한 현재 우리 나라 대기업의 거미줄 같은 계열사간 상호출자 관계보다, 지주회사를 중심으로 하는 단순화된 출자 관계는 기업 소유 구조의 투명성을 높이는 바탕이 될 수 있다.

5-7-4 외국의 지주회사 규제 실태

유럽 선진국을 비롯하여 외국의 경우 지주회사를 규제하고 있는 국가는 거의 없다. 왜 그럴까? 이들 국가는 기업 경영에 대한 감시가 원활히 이루어져 지주회사로 인한 경제력 집중의 폐해가 발생할 가능성이 거의 없기 때문이다. 미국에는 은행 지주회사 및 전기·가스 산업을 영위하는 지주회사에 대한 규제가 있으나, 은행의 건전성 감독 및 공공서비스의 공익성 확보를 위해 필요한 최소한에 그치고 있다. 그래서 미국, 영국, 독일 등 선진국에서는 지주회사를 그룹 내 유사 업종 계열 회사의 통합 관리, 해외 사업의 총괄, M & A 등에 널리 활용하고 있다. 예를 들어, 미국의 GE, GM, IBM, P & G 등은 사업지주회사이고, Mobil은 순수지주회사이며, 독일 내 30대 상장기업 중 Hoechst 등 12개가 순수지주회사이다.

일본은 종전에는 우리 나라와 마찬가지로 지주회사를 금지

경쟁이 꽃피는 시장경제

하였으나, 1997년 6월 독점금지법 개정을 통해 과도한 사업 지배력의 집중을 초래하는 경우를 제외하고는 지주회사를 허용하였다. 과도한 사업 지배력의 집중을 초래하는 경우란 첫째, 구재벌형이다. 지주회사 그룹의 총자산이 15조 엔을 초과하고, 5개 이상의 사업 분야에서 자산 총액 3000억 엔을 초과하는 사업 회사를 자회사로 거느리는 경우이다. 둘째, 금융과 산업 사이의 결합형이다. 지주회사가 자산 총액 15조 엔을 초과하는 금융 자회사와 자산 총액 3000억 엔을 초과하는 비금융 자회사를 동시에 소유하는 경우이다. 셋째, 경쟁 제한형이다. 지주회사가 5개 이상의 대체보완관계에 있는 사업 분야에서의 유력한 독과점 회사를 동시에 소유하는 경우이다.

5-7-5 지주회사의 전면 허용은 시기상조

공정거래법 개정을 통해 1999년 4월부터 지주회사를 제한적으로 허용한 이유는 무엇일까? 한마디로 경제력 집중의 우려가 없는 범위 내에서 지주회사를 허용함으로써, 기업 구조조정 및 외국인 투자를 촉진하려는 데 목적이 있다.

공정거래위원회는 1997년부터 지주회사 허용 여부에 대한 연구 용역을 발주하는 등 검토를 시작하였고, IMF 금융지원으로 요약되는 경제위기를 극복하기 위한 작업의 일환으로 1998년 4월 아시아 – 유럽 정상회의(ASEM) 이후 이를 본격 추진하였다. 외국인과의 합작 지주 회사 설립을 통한 외자유치, 분사화를 통한 비주력 사업의 분리 및 매각 등 지주회사의 장점을 활용하여 기업 구조조정을 더욱 원활히 추진할 수 있도록 지주회사를 허용해줄 필요성이 대두하였다. 경제협력개발기구 (OECD), 세계은행(IBRD) 등 국제기구는 기업경영의 투명성 제고 및 기업의 구조조정을 촉진하기 위해서는 과도한 경제력 집중을 초래하지 않는 범위 내에서 지주회사를 허용할 필요가 있다고 보았다.

그렇다면 글로벌 스탠더드(세계표준)에 맞춰 우리도 지주회사를 전면 허용해야 하는 것 아닐까? 필자의 생각을 말하기 전에 먼저 우리의 자화상을 보자. 대기업들의 계열사들은 상호 채무보증과 상호 출자로 거미줄처럼 얽혀 있고, 재벌 오너는 소수 지분을 바탕으로 황제처럼 그룹 경영을 지배해왔다. 계열사간 부당한 자금 및 자산 등의 지원행위에 의해 우량 계열사의 에너지가 부실 계열사에게 부당하게 지원됨으로써, 한계 기업의 퇴출을 가로막고, 우량 기업의 성장 잠재력을 갉아먹고 있다. 이러한 기업에 막대한 자금을 대출해주고 있는 금융기관은 기업의 수익성과 위험에 기초한 여신 심사를 하지 못함으로써 기업경영 감시를 소홀히 했다. 이사회와 감사 등 기업 내부 경영 감시기구도 제 기능을 다하지 못했다. 이러한 구조의 결과는 다름아닌 한보, 삼미, 해태, 거평 등 대기업의 무모한 투자요, 연쇄 도산이었다. 최근 대우사태도 그 연장선상에 있음은 물론이다.

이러한 문제를 해결하기 위해 정부는 그동안 결합재무제표 작성, 신규 채무보증 금지, 외국인의 적대적 M&A 허용 등 제도 개선과 더불어 부당 내부거래를 근절하고, 사외이사 도입 및 소수주주권 강화 등 기업 지배구조 개선을 꾸준히 추진해왔다. 일부 시민단체들이 주주행동주의에 기초하여 대기업을 상대로 벌이고 있는 소액주주운동도 훌륭한 성과를 거두고 있다. 그러나 외국인 투자가들이 지적하듯이, 우리의 진짜 구조조정작업은 이제 겨우 첫걸음을 뗀 상태라고 할 수 있다.

이와 같이 기업 경영이 투명하지 못하고, 기업 경영에 대한 내·외부감시장치가 정착되지 못한 상황에서 지주회사를 전면 허용하면, 지주회사가 기업의 조직운영 효율성을 높이는 데 쓰이기보다 경제력 집중의 수단으로 악용될 수 있다. 대기업 오너는 적은 자본으로 지주회사를 설립한 후, 과도한 부채를 조달하여 손쉽게 계열사를 확장하려는 달콤한 유혹에 빠지기 쉽다. 그 결과는 불을 보듯 뻔하다. 국제사회에서의 신뢰 회복을 저해하게 될 것이다. 이는 우리 경제가 공멸하는 지름길이 될 수 있다. 따라서 지주회사의 전면허용은 기업 경영에 대한 감시장치가 정착돼 있어서 시장기능에 의해 지주회사의 폐해 발생이 억제될 수 있는 단계에서 이루어지는 것이 바람직하다. 현단계에서 제한적 허용이 불가피한 이유는 바로 그 때문이다.

5-7-6 보약은 쓰다

지주회사는 자회사의 어머니이다. 공정거래법은 가족의 건강을 위해 몇 가지 쓴 처방을 내렸다. 첫째, 지주회사(자회사 제외)의 부채비율은 순자산 대비 100% 이내로 제한하였다. '외상이라면 소도 잡아먹는다'는 속담이 있다. 자본 축적의 역사가 짧고 직접 금융의 기회가 적은 데에도 이유가 있지만, 우리 기업이 능력에 넘치는 부채를 동원하여 사업을 해왔음은 부인하기 어렵다. 부채에 의한 계열 기업 확장은 근본적으로 금융시장을 통해 제어하는 것이 바람직하다. 하지만 우리 나라의 금융기관의 기업경영 감시기능은 아직 정착돼 있지 않다. 그러므로 부채비율을 제한하지 않을 경우 부채에 의한 과도한 계열 기업 확장이라는 부작용이 초래될 수 있으므로 제한은 불가피하다. 미국도 은행지주회사법에 근거한 금융감독 규정에 의해 은행 지주회사의 부채 비율을 50% 이내(소형 지주회사의 경우는 30% 이내)로 제한하고 있는 점을 고려할 때, 부채비율 100%는 과도한 제한은 아니다.

둘째, 지주회사는 자회사 주식을 최소 50%(기존 상장자회사는 30%) 이상 보유하도록 했다. 현재와 같은 낮은 지분율로써 자회사를 그 이상으로 지배할 수 없도록 하기 위한 조건이다. 외국의 경우 통상 지주회사는 자회사 주식을 100% 소유하고 있는 점을 감안할 때, 자회사 지분율을 50%(기존 상장회사는 30%) 이상 유지하는 의무는 과도한 제한이 아니다.

셋째, 손자회사는 원칙적으로 금지하되, 관련 다각화를 위한 경우에만 예외적으로 허용하였다. 다단계에 걸친 지배범위의 확장을 방지하고, 손자회사를 통하여 지주회사에 출자하는 수직적인 순환출자(지주회사 →지회시→손자회사→지주회사)에 의해 지주회사의 부채 비율 요건을 편법으로 충족하는 것을 방지하기 위한 조건이다.

넷째, 금융 지주회사와 비금융 지주회사를 분리하여 1개 지주회사가 금융 자회사와 비금융 자회사를 동시에 소유하는 것을 금지하였다. 금융기관이 산업 재벌의 사금고가 되는 것을 방지하고, 산업의 위험이 금융 부문으로 파급되는 것을 막기 위한 조건이다. 미국과 일본에 이와 유사한 제한이 있음은 물론이다.

한편, 기업이 분사화하면서 지주회사로 전환하는 경우에는

경쟁이 꽃피는 시장경제

부채비율은 1년, 자회사 지분율은 2년간 유예함으로써, 기업들이 구조조정 목적으로 지주회사를 더욱 쉽게 만들 수 있도록 하였다.

5-7-7 사공이 많으면 배는 산으로

이러한 처방전에 대해 여러 의사들이 각기 다른 의견을 냈다. 재계에서는 기업의 자율성을 침해하므로 모든 요건을 폐지할 것을 주장했고, 시민단체 등에서는 경제력 집중의 우려를 들어 오히려 제한요건을 강화하라고 주장했다. 맥킨지 (McKinsey) 컨설팅사는 향후 우리 기업이 현재의 그룹 경영 체제에서 독립기업 경영 체제로 이행할 것이므로, 굳이 지주회사를 허용할 필요성이 있는가라며 의문을 제기하기도 하였다. 최근에는 기업의 소유·지배구조의 개선을 위해서는 현재의 선단식 기업구조를 소그룹 체제로 재편할 필요가 있으며, 이를 위해 지주회사의 제한 요건을 완화하자는 의견도 있다.

그러나 필자의 생각으로는 아직 선진국과 다른 우리의 기업 경영 여건을 감안하면, 지주회사를 전면 허용하는 것은 시기상조라고 본다. 공정거래법상 지주회사는 현재의 기업 체제보다 대기업 오너의 지배범위를 확장하는 데 불리하도록 되어 있으므로 제한요건을 더 강화할 필요도 없다. 따라서 재벌 총수가 구조조정을 위한 경우 외에는 스스로 지주회사를 설립할 유인은 희박하므로, 지주회사 허용이 현행 선단식 재벌구조를 독립 기업 체제로 전환하는 데 장애가 되지는 않을 것이다. 한편, 소그룹 체제는 현재의 선단식 재벌 체제보다 바람직한 것일 수 있다. 그러나 지주회사 제한요건을 완화한다고 해서 그러한 상태로 전환된다는 보장이 있는가? 필자가 보기에는 부작용이 발생할 가능성이 더 커 보인다.

5-7-8 바람직한 지주회사의 모습

부채가 적고 자회사 지분율이 높으며, 휘하 자회사 사업의 구조조정이라는 전략업무를 수행하는 지주회사, 주식시장에 상장되어 자회사들의 자금조달창구 역할을 수행하는 지주회사, 핵심 사업에 전념하여 세계 최고의 경쟁력을 보유하고 있는 제조업 위주의 사업 자회사, 이것이 바로 우리 기업이 추구해야 할 바람직한 기업구조가 아닐까?

정부는 생존 차원에서 구조조정을 추진하고 있는 기업의 노력을 뒷받침하기 위해 관련 제도 개선 등 소임을 다할 것이다. 정부는 구조조정을 위한 지주회사 설립을 도와주기 위해 지주회사와 자회사 간의 법인세 중복과세문제(자회사가 법인세를 납부한 후, 지급한 배당금을 받은 지주회사가 다시 법인세를 내는 현상)를 해결하기로 하고 세부방안을 검토하고 있다. 앞으로 지주회사가 기업 구조조정에 유용하게 이용될 수 있을 것으로 기대한다.

5-8 신진대사가 좋아야 경제가 건강

한보, 기아 등으로 대표되는, IMF 사태 직전의 대기업들의 연쇄도산은 지난 30여 년간 세계에서 유례가 없는 압축성장을 구가해 온 우리 경제에서 '설마' 가 현실이 되는 광경을 보여주었다. 국가의 외환보유액은 바닥을 드러냈고, 주가는 폭락했으며, 금리는 천정부지로 치솟았다. 거리에는 실업자가 쏟아져나왔으며, 그나마 운좋게 직장에 남은 사람들도 임금이 대폭 깎이는 사상 초유의 어려움을 겪었다. "봉급이란 내리기도 하는 것이로구나"라는 생각을 우리 근로자들은 이때 처음 갖게 되었다. 과거 경험에 비추어 볼 때 봉급이란 언제든 오르기만 하는 것이었기 때문이다.

이처럼 한반도 남쪽이 경제적으로 엄청난 곤욕을 치르고 있을 때, 우리와 함께 아시아의 용(龍)이라고 불린 대만은 이러한 위기를 어떻게 넘겼는가?

적자생존의 법칙이 통하는 대만 경제. 대만은 통화가치와 주가가 상대적으로 소폭 하락하였을 뿐 경제는 견실하게 성장하였다. 그 요인으로는 가벼운 외채부담, 상대적으로 바람직한 금융규제, 다른 아시아 국가에 비해 유연한 경제구조 — 기업의 진입 및 퇴출이 쉽다—등을 꼽을 수 있다.

진입·퇴출 장벽이 없으므로 기업들은 치열한 경쟁에 그대로 노출된다. 이 노출과정에서 효율성을 제대로 갖춘 기업들이 향상된 경쟁력을 가지고 살아남았다. 반면 낙후된 기존 기업은 자연스럽게 시장에서 퇴출되었다. 이로 인해 더욱 효율적인 곳으로 퇴출 기업의 경제 자원이 재배분되어 자원의 효율적 이용이 이루어짐으로써, 시장경제가 원활히 기능할 수 있었다.

기업간의 경쟁이 얼마나 치열했는가는 다음의 사례가 웅변해준다. 1991년 대만의 중화학제품 가운데 40%는 그 시점에서 불과 5년 전인 1986년에는 존재하지 않았던 기업들에 의해 생산되었다. 1981년 대만 화학제품의 전체생산량 기준으로 58%를 담당하였던 기업만이 1991년까지 생존하였다.

다른 통계를 보자. 1981년 기준 의류, 금속 제품, 섬유, 플라스틱 분야에서 생산을 한 기업의 80%가 그 후 10년 이내에 문을 닫거나 생산 라인을 바꾸었다. 이러한 창조적 파괴과정을 겪으면서 대만의 전기·기계산업에서 총요소 생산성(노동·자본 등 생산요소의 효율적 사용으로 인한 산출물 증가)은 23.6%나 증가하였고, 화학산업 분야에서도 이익의 60%가 효율적 기업의 신설과 낙후된 구식 기업의 퇴출에서 기인한다고 평가되고 있다. 이처럼 유연한 산업구조가 국제적 외환경제위기라는 태풍에도 꺾이지 않는 대만 경제의 건실성의 한 비결이라고 하겠다.

5-8-1 퇴출은 자연스런 경제의 흐름

우리의 현실은 어떤가? 대만과는 대조적으로 우리 경제는 과거 경쟁력을 잃은 산업 및 기업을 제때 퇴출시키지 못하고 문제를 누적시켜왔다. 중소기업은 설사 경쟁력을 잃더라도 중소기업보호 정책이라는 울타리 속에 안주할 수 있었고, 대기업

경쟁이 꽃피는 시장경제

은 대기업대로 대규모 실업 및 금융권의 부담을 우려하여 퇴출되지 않거나 퇴출이 지연되었다. 아울러 금융권도 부실 채권이 누적될수록 정부 지원에 대한 기대가 오히려 커진 나머지 부실 기업의 퇴출을 추진하는 데 소극적이었다. 그 결과 우리나라 기업 및 산업의 경쟁력이 저하되고 금융권에는 부실 채권이 누적되어, 우리 경제 전반의 신인도 하락을 가져와 외환위기의 한 원인이 되었다.

이제는 더이상 과거처럼 머뭇거려서는 곤란하다. 외환위기에서 완전히 벗어나고, 위기의 재발을 방지하는 측면에서, 그리고 더 나아가 우리 경제가 선진 경제로 도약하기 위한 경쟁력 배양 및 효율성 제고를 위해서는, 퇴출을 창조적 파괴로 보는 새로운 패러다임을 받아들이고 이에 적응해야 할 것이다. 회사정리제도는 그와 같이 바뀌어야 한다.

이와 관련하여 퇴출제도의 핵심인 회사정리제도의 개선 방향을 살펴보자. 회사정리제도는 재정적 궁핍으로 파탄에 직면하였으나 경제적으로 갱생의 가치가 있는 주식회사에 대해, 법원의 감독 아래 정리·재건을 도모하여 기업의 파산을 방지하는 제도이다.

그러나 현행 회사정리제도는 그 기본취지가 회사의 재건에 비중을 두는 관계로 여러 가지 취약점이 있어 보인다. 즉, 기업경영을 장기간에 걸쳐 비전문가인 법원이 감독하는 것은 신속하고 적절한 의사결정이 필수적인 글로벌 경쟁시대에 적합하지 않다는 것이다. 실례로 지금까지 법정관리 아래에서 기업이 정상적인 영업활동을 통해 회생한 사례는 많지 않다. 둘째, 정리절차 개시요건(존속가치가 청산가치보다 클 것) 충족 여부의 판단이 쉽지 않아 자의적인 요소가 개입될 소지가 있다. 그리고 기업의 회생 여부에 대한 판단은 사법적 판단의 대상이 아니라 투자 또는 경영내용을 판단하는 것이므로, 법원이 아니라 관련 이해 당사자가 할 성격인데, 이것을 법원이 판단하도록 하고 있는 것은 문제가 있다.

아울러 현행 제도는 당초 제도 연혁에도 부합되지 않는 것 같다. 미국 철도회사가 파산했는데, 이것을 일반 파산재산의 매각방식으로 처리하는 것이 매각의 어려움 등으로 여의치 않자, 회사 재산에 대한 개별 채권자의 강제집행을 막아 계속 경영이 가능하도록 하면서, 회사 재산을 낙찰자인 채권자 집단에 일괄적으로 넘긴 데에서 재건형 회사정리 형태(Reorganization)가 등장하였다. 연혁적으로 보아 회사의 갱생 자체보다 채권회수 방안의 하나로 이 제도가 탄생한 것이다.

따라서 필자는 회사정리제도가 다음과 같이 개편될 필요가 있다고 생각한다. 즉, 부실 기업을 제삼자나 채권자 집단에게 일괄 매도하는 과정만을 규율하도록 회사정리제도를 재구성하는 것이다. 기업의 가치판단이나 경영에 대한 평가는 법원이 감독하기에 적합하지 않으므로 그에 대한 미련을 버리고, 새로운 기업주를 신속히 찾아주는 제도로 전환하고, 기업의 재건에 대한 책임은 새로운 기업주에게 맡기도록 하는 것이다.

물론 새로운 기업주 선정은 경쟁입찰방식을 원칙으로 하고, 법원은 위 매각과정의 공정한 진행 및 매각대금의 공정한 분배만을 담당하도록 한다. 이럴 경우 신속한 절차와 진행으로 회사의 자산가치의 훼손도 최소화될 뿐만 아니라, 정리절차 개시 요건 판정 및 회사의 경영감독에 대한 법원의 부담도 최소화된다. 또 부실 기업 지원에 따른 논란의 소지도 불식시키는 장점이 있다.

경쟁이 꽃피는 시장경제

회사정리제도가 기업주를 살리는 것이 아니라 기업을 살리는 데 그 취지가 있음을 감안할 때, 충분히 고려해볼 만한 방안이라고 생각된다. 또 원활한 퇴출제도가 살아 움직이기 위해서는 금융기관의 기업 평가·감시 및 주인의식이 제고되고, 제도 운용면에서는 정치적 요소가 배제돼야 하며, 투명하고 신뢰성 있는 회계제도 역시 정비돼야 할 것이다.

제4부 | 경쟁이 보장되는 열린 시장

6-1 자유롭고 공정한 경쟁을 위하여

한때 항간에서 전직 고위층의 이름을 딴 'OOO장기'라는 것이 유행한 적이 있다. 장기를 두던 두 사람 가운데 한 사람이 몰리게 되면 마음대로 말을 바꾸거나, 수(手)를 물러달라고 떼를 쓰거나, 이도저도 안 되어 결정적으로 세가 불리해지면 급기야 장기판을 엎어버리고 경기를 무효화시켜버리는 것을 가리킨다. 쉽게 말하여 '깡패식 장기'를 점잖게 그러한 이름으로 부른 것이다.

6-1-1 경기의 기본은 공정

운동경기에서 좋은 성적이 나오려면 능력 있는 선수 누구나 운동경기에 참가할 수 있어야 하고, 참가 선수들은 경기규칙에 따라 자유롭고 공정하게 경쟁할 수 있어야 한다. 만약 출신, 학력 등에 따라 참가자격을 제한하거나 경기과정에서 특정 선수에게 혜택을 주거나 제한을 가한다면, 그 경기는 성공적으로 진행되기 어렵다. 사업자들이 이윤 획득을 목적으로 경쟁하고 있는 시장에서도 사정은 마찬가지이다. 사업 의지와 능력을 갖춘 사업자들에게 불합리하게 시장 참가를 제한하거나 시장의 내적·외적인 힘이 경쟁과정의 사업자들에게 제한을 가한다면, 사업자들간의 자유롭고 공정한 경쟁은 이루어지기 어렵게 된다.

　자유롭고 공정한 경쟁이 보장되지 않는다면, 마치 운동경기
에서 좋은 성적이 나오기 어렵듯이 시장에서도 좋은 성과를
기대하기 어렵다. 그런데 운동의 경우에는 성과가 좋지 않을
때 운동선수 개인의 손실로 귀착될 뿐이지만, 독과점시장에서
발생하는 손실의 경우는 그것이 고스란히 소비자와 국민에게
전가되므로, 시장의 경쟁은 더욱더 중요한 의미를 가진다.

6-1-2 선수층이 빈약한 시장구조

　독과점시장(monopolistic and/or oligopolistic market)에서는 시
장 지배력을 가진 1개 또는 소수의 기업이 자신들의 이윤 극대
화를 도모하는 수준에서 가격과 생산량을 결정하고 있어, 생산
량이 최적의 수준에 이르지 못하여 사회적 후생 손실이 발생
한다.

　이에 반해 경쟁시장에서는 수요자와 공급자, 이 양자의 팽팽
한 힘 속에서 가격과 생산량이 결정되기 때문에, 사회적 후생
이 극대화되는 생산 결정이 이루어진다. 독과점시장에서 공급
자측 힘의 우위로 인해 효율적인 자원 배분이 이루어지지 않
는 상태를 ‘시장실패(market failure)’라고 하는데, 공급자인 독
과점 사업자는 이러한 상태를 유지하기 위해 다양한 수단을
강구하므로 자칫 시장실패가 영구화할 위험성이 있다.

　우리 나라의 경우 오랜 정부 주도 경제개발의 역사로 인해
상당 부분의 시장이 독과점적 시장구조를 가지고 있다. 상위 3
사의 점유율이 50% 이상인 독과점적 시장의 비율이 1980년

88%에서 1996년 72% 수준으로 줄었지만, 이러한 비율은 다른 선진국에 비해 여전히 높다. 장기적으로 이러한 독과점 시장의 비율이 개선되리라고 기대하지만, 기업간의 흡수 및 합병, 경쟁업자의 도산 등 독과점화를 촉진하는 새로운 요인도 대두하고 있다.

오늘날 무역장벽 해소 등 국제경쟁 심화에 힘입어 국내 독과점의 폐해는 해외 요인에 의해 상당 부분 해소되고 있다. 해외 거대 기업들의 국내시장 진출, 무역업체의 증가, 인터넷 상거래의 발전 등으로 해외경쟁요인이 국내시장으로 끊임없이 유입되고 있다.

그러나 개별 품목 시장을 자세히 살펴보면 해외경쟁요인에는 여전히 한계가 존재한다. 문화적 관습에 의해 수요가 좌우되는 제품, 가격에 비해 부피가 크고 무거워 국제산 이동이 곤란한 제품, 통신, 전기, 운송, 서비스 산업 등 다수의 품목이 시장개방에도 불구하고, 해외로부터의 경쟁압력이 크지 않거나 해외요인이 경쟁압력으로 작용하기 어려운 실정이다.

또한 국내 사업자들에 의한 유통망 장악이나 정부의 암묵적인 차별행위 등으로 인해 해외요인이 경쟁압력으로 작용하기 어려운 경우도 있다. 이러한 산업의 독과점 사업자들은 제품 가격과 품질 등에서 경쟁력을 갖추고 있지 못하면서, 독과점적 지위를 이용하여 평균 이상의 이윤을 확보하고 시장에 안주하고 있는 상황이다. 이러한 산업의 경우 초기진입비용이 상당하거나 폐쇄적인 유통구조 등으로 인해 신규 사업자들이 진입하기가 쉽지 않아 독과점적 시장구조가 장기화·고착화할 우려가 있다.

6-1-3 정부는 최소한의 룰만 제시해야

1980년대 이후 정부는 독과점 형성의 주요 원인이 되었던 정부 주도의 산업정책을 지양하고 자율과 개방, 경쟁을 기조로 하는 민간 주도의 경쟁체제로의 전환을 추진하고 있다. 많은 산업에서 진입장벽, 수출입장벽 등의 규제적 요소가 개선되고 있다. 필자가 몸담고 있는 공정거래위원회는 경쟁정책 당국으로서, 경제규제완화작업을 적극 추진하여 수많은 분야에서 신규사업허가제도, 수출입승인제, 사업활동제한제도 등의 경쟁제한적규제를 개선해왔다. 이와 함께 1996년 12월 독과점시장구조 개선시책을 도입하여 독과점이 장기화, 고착화된 산업에 대한 경쟁촉진시책을 추진하고 있다. 독과점 사업자 중 시장점유율이 일정 규모 이상인 사업자들을 1981년부터 시장지배적 사업자로 지정하고 관리해왔는데, 안타깝게도 인력 부족 등 여건의 미비로 인해 주로 신고 건 위주의 단편적인 사건처리에만 치중하여 독과점시장 문제에 적극 대처할 수가 없었다. 예를 들면, 독과점시장의 구조적 병폐, 경쟁제한적인 행정규제, 불공정행위 관행 등 구조적·행태적인 문제점을 체계적으로 분석하고 개선하기보다, 신고 건 위주의 사건처리에 치중하는 식의 대응에 그쳤다.

이에 1996년 12월 독과점시장구조 개선시책을 도입하여 독과점의 폐해가 우려되는 다양한 품목들을 골라 해당 산업 전체에 대한 실태조사를 실시하고, 진입제한, 사업활동 제한 등 경쟁제한적인 규제와 독과점구조로 인한 주요 불공정행위에 대한 개선방안을 체계적으로 강구하고 있다.

6-1-4 다 함께 참여하여 경쟁하는 시장으로

독과점시장의 구조개선시책의 추진방향은 크게 2가지로 요약된다. 첫째는 시장에 참여할 수 있는 잠재적 경쟁자를 늘리는 것이다. 법령·사업자 단체에 의한 신규진입제한, 수입승인제 등 수입장벽, 기존 독과점 사업자에 의한 진입장벽구축 등은 진입규제로 작용할 수 있는 요소들이다. 그동안 이러한 진입 관련 규제들이 정부의 규제완화 노력으로 상당히 해소되었지만, 아직도 시설 기준, 품질, 안전, 환경 등과 관련하여 명시적이고 묵시적인 형태로 존재하고 있다. 이러한 진입 관련 규제는 나름대로 타당한 경우도 있지만, 시장의 경쟁 촉진 가능성을 봉쇄한다는 측면에서 경쟁제한성이 큰 요소라고 하겠다. 그러므로 이러한 진입규제를 조사검토하여 폐지하는 것은 독과점시장의 경쟁을 촉진하는 데 중요한 요소가 된다.

독과점시장의 구조개선시책 추진의 두 번째 방향은 참가 사업자들 사이에 자유롭고 공정한 경쟁이 보장되도록 하는 것이다. 이는 독과점 사업자들의 시장경쟁에 대한 왜곡된 시각을 바로잡고 불공정행위 관행을 체계적으로 개선함으로써 비로소 가능한 작업이라고 하겠다.

이러한 작업의 일환으로 1998년 철강산업에 대한 실태조사를 실시하였는데, 원재료 수급단계에서부터 최종 판매단계에 이르기까지 불공정행위가 만연해 있었다. 원재료인 고철을 구매하는 철강업체들은 고철공급업체들을 전속화(專屬化)하여 자사와만 거래하도록 강제하고 있었으며, 고철을 싸게 구매할 목적으로 고철 구매가격의 가이드라인 설정, 국내 고철 구매 비율 설정 등의 담합행위를 하고 있었다.

고철 공급업체들은 고철업에 새로운 사업자가 진입하려고 하자, 업계 전체 차원에서 고철 납품 중단 결의를 하는 등 방해행위를 일삼고 있었다. 또한 유통단계에서 독점 사업자가 다수 유통 업체의 지분을 상당히 확보하여 유통 업체를 종속화하고, 이들 유통업체가 타사제품 및 수입제품을 취급하는 행위를 제한하고 있었다.

제품 판매단계에서는 독과점 사업자들이 가격에서부터 운송비, 시장점유율에 이르기까지 수년 동안 담합행위를 하고 있었다. 이와 같이 원재료 구매단계, 판매·유통 단계 등 철강 산업 전반에 걸쳐 불공정행위가 구조화·고착화돼 있음에도 불구하고, 업계 관계자는 정당성을 항변하는 등 경쟁에 대한 왜곡된 시각을 보여주기도 하였다.

공정거래위원회는 실태조사 결과를 바탕으로 18개 철강 사업자와 2개 협회에 총 163억 원의 과징금을 부과하는 등 철강 사업자들의 불공정행위를 강력히 제재하였고, 그동안 묵시적인 형태로 존재해온 철강산업에 대한 정부의 신규진입 제한제도를 철폐하도록 하는 의견을 관계부처에 제시하였다. 이와 같이 독과점시장구조의 병폐가 누적되고 있는 시장에 대해 원재료 수급에서부터 최종 판매에 이르기까지의 불공정 관행과 행태, 경쟁제한적인 규제의 개선을 추진하여, 단기적으로는 공정거래 질서를 확립하고 장기적으로는 시장구조를 경쟁형으로 개선함으로써, 우리 산업의 경쟁력 강화에 기여하리라고 기대된다.

경쟁이 꽃피는 시장경제

6-2 기업결합도 심사대상

몇 년 전 미국의 양대 항공기 제조업체인 보잉사(Boeing Company)와 맥도널 더글러스사(McDonnel Douglas Corporation)가 합병하였을 때, 유럽연합(EU)에서 이것을 허용할 수 없다고 주장하여 미국과 갈등을 빚은 일이 있다. 결국 유럽연합이 여러 가지 전제조건을 붙여 이 합병 건을 승인하였지만, 이 사건은 우리 국민들 사이에서도 비상한 관심을 불러일으켰다. 미국 기업들 사이에 이루어진 합병에 대해 어떻게 유럽연합이 제동을 걸 수 있는가에 관심을 갖는 국민도 있었고, 기업들간의 합병이 경쟁을 제한할 수 있다는 이유로 국가로부터 금지당할 수 있다는 것을 처음 알게 된 국민들도 있었다. 사실 우리 나라 국민들 가운데 아직도 기업들이 인수 및 합병(M & A)을 할 때 공정거래위원회에 신고해야 한다는 사실을 모르는 이들도 적지 않다.

6-2-1 기업결합은 국가적 감시대상이다

기업은 많은 이익을 얻기 위해 기업의 효율성을 높이려고 하며 이를 위해 온갖 방법을 동원한다. 그 가운데 하나가 기업결합을 하는 것이다. 기업들이 결합하는 유형은 수직결합, 수평결합, 혼합결합으로 나눌 수 있다. 수평결합은 같거나 유사한 상품을 공급하고 있는 기업들 사이의 결합으로서, 주로 기업의 규모를 키움으로써 생산비용을 낮추려는 것을 목적으로 한다.

수직결합은 어떤 상품의 생산에서 판매에 이르는 여러 단계 중 다른 단계에 있는 기업들 사이의 결합(예:자동차제조회사와 부품업체 간의 기업 결합)으로서, 주로 원재료의 공급처나 제품의 판매망을 안정적으로 확보하기 위해 이루어진다.

혼합결합은 수평결합과 수직결합을 제외한 결합으로서, 주로 사업의 다각화를 목적으로 한다.

기업결합을 통해 실제로 기업들의 효율성이 높아지는 경우도 많이 나타난다. 그러나 시장에서 큰 비중을 차지하고 있는 기업들이 결합을 하는 경우, 결합 후의 기업이 시장에서 더욱 큰 영향력을 발휘할 수 있게 되므로 가격을 쉽게 올릴 수 있게 되거나, 경쟁 상대가 적어짐에 따라 연구와 개발을 소홀히 할 가능성이 커진다. 이러한 기업 결합을 경쟁을 제한하는 기업결합이라고 한다. 경쟁을 제한하는 기업결합으로 인한 피해는 모두 소비자들에게 돌아가게 된다. 따라서 세계 각국에서는 경쟁을 제한하는 기업결합을 법으로 규제하고 있다. 우리 나라도 공정거래법을 통해 경쟁을 제한하는 기업결합을 하지 못하도록 하고 있다.

공정거래법에서는 어떤 회사가 ①다른 회사의 주식을 취득하는 것, ②다른 회사와 합병하는 것, ③다른 회사 영업의 전부 또는 주요 부문을 양수(讓受)하는 것, ④임원이나 종업원으로 하여금 다른 회사의 임원 지위를 겸임하게 하는 것, ⑤다른 회사와 합작하여 회사를 설립하는 것을 기업 결합으로 규정하고 있다. 그리고 법에서 정하고 있는 요건에 해당하는 기업결합에 대해서는 일정한 기한 내에 공정거래위원회에 신고하도

록 하고, 신고내용을 바탕으로 공정거래위원회가 기업결합의
내용을 심사하여 경쟁을 제한하는 기업 결합에 해당하는 경우
에는 시정조치를 취하도록 하고 있다.

기업결합이 이루어지고 난 후에는 다시 원래의 상태로 되돌
리는 것이 어려워진다. 마치 달걀의 노른자와 흰자를 섞은 후,
다시 노른자와 흰자로 나누는 일이 매우 어려운 것과 같다. 따
라서 공정거래법에서는 되도록 이른 시일 안에 기업결합이 경
쟁을 제한하는 기업 결합인지 여부를 판단하도록 하고 있다.
특히, 기업결합이 이루어진 후에 원상으로 회복시키기 어려운
대규모 회사의 기업결합 즉, 다른 회사와 합병하는 것, 다른 회
사의 영업을 양수하는 것, 합작회사를 설립하는 것에 대해서는
실제 기업 결합이 이루어지기 전에 신고하도록 하여, 경쟁을
제한하는 기업결합인지 여부를 심사받도록 하고 있다.

6-2-2 기업결합의 심사 잣대는 다양

공정거래위원회가 경쟁을 제한하는 기업 결합인지 여부를
판단할 때에는 기업결합을 하는 회사들의 결합 전과 후의 시
장점유율, 그 품목이 많이 수입되고 있는지 여부, 새로운 사업
자가 그 시장에서 쉽게 사업할 수 있는지 여부 등을 두루 살
피게 된다. 경쟁을 제한하는 기업결합이 아니라고 판단되는
경우에는 15일 이내에 승인하지만, 그렇지 않을 때에는 최장
90일에 걸쳐 정밀심사를 한다.

공정거래법에서는 일정한 요건에 해당되는 경우에는 경쟁을
제한하는 기업결합이 아니라는 것을 그 회사들이 입증하도록

하고 있으며, 이를 입증하지 못하는 경우에는 경쟁제한성이 있는 것으로 판정하도록 하고 있다. 예를 들면, 기업결합을 하는 회사들의 시장점유율 합계가 50% 이상이고, 시장점유율이 두 번째로 큰 회사와의 시장점유율의 차이가 기업결합을 하는 회사들의 시장점유율 합계의 100분의 25 이상인 경우에는, 기업결합을 하는 회사들이 경쟁을 제한하는 기업결합이 아니라는 것을 입증하지 못하는 이상, 경쟁을 제한하는 기업결합으로 판정한다. 계열사의 자산총액 또는 매출총액이 2조 원 이상인 회사가 중소기업의 시장점유율이 3분의 2 이상인 시장에서 100분의 5 이상의 시장점유율을 갖게 되는 기업결합을 하는 경우에도 마찬가지이다.

공정거래위원회가 기업결합의 내용을 심사한 결과, 실질적으로 경쟁을 제한하는 기업결합이라고 판단되면 시정조치를 내린다. 시정조치는 기업결합을 못 하도록 하는 것에서부터, 기업결합은 허용하되 경쟁제한으로 초래될 수 있는 부작용을 방지하기 위해 경영방식을 제한하는 것에 이르기까지 여러 가지 방법으로 한다.

1998년에 피 앤 지(P & G)가 쌍용제지의 주식을 인수하고 이것을 공정거래위원회에 신고한 사건이 있었다. 공정거래위원회에서 검토한 결과, 그 기업결합이 이루어지는 경우에는 종이생리대시장에서 두 회사의 시장점유율이 매우 높아져 경쟁을 제한할 가능성이 높다고 판단하여, 쌍용제지가 가지고 있는 종이생리대 부문의 기계설비 일체와 산업재산권을 제삼자에게 매각하도록 명령하였다.

또한 질레트(The Gillette Company)가 로케트코리아주식회사의 주식을 취득하고 신고한 사건의 경우, 건전지시장에서 경쟁을 제한할 가능성이 있는 것으로 보고, 향후 5년 동안 로케트사가 생산하는 일부 건전지제품의 가격이 일정 수준을 넘지 않도록 명령하였다.

6-2-3 기업결합 심사에도 예외는 있다

기업결합의 내용을 검토한 결과 경쟁제한성이 있다고 판단되더라도, 모두에게 시정명령을 내리는 것은 아니다. 기업결합의 내용에 따라서는 경쟁제한성이 있다고 하더라도 부실 기업과의 기업결합으로서 이러한 기업결합을 하지 않으면, 그 부실 기업이 시장에서 사라져 결국 생산과 고용에 좋지 않은 영향을 미칠 것으로 판단되는 경우에는 예외적으로 기업결합을 허용한다. 또한 기업결합으로 대규모의 경제를 살리고 생산비용을 낮추는 등 효율성을 매우 높이면서 가격을 인상시킬 가능성이 적은 경우 등에는 경쟁을 제한하는 기업결합이더라도 예외적으로 이를 승인한다.

1998년 두산전자주식회사가 코오롱전자주식회사를 인수하고 공정거래위원회에 이를 신고한 사건이 있었다. 공정거래위원회에서 기업결합 내용을 검토한 결과, 시장에서 경쟁을 제한할 가능성이 높지만 코오롱전자주식회사의 재무상태가 극히 악화된 상태였으므로, 기업결합이 없다면 코오롱전자주식회사가 시장에서 퇴출될 것으로 보여, 그 기업 결합으로 나타나게 될 효율성증대효과가 매우 클 것으로 판단해 예외적으로 이를 승인하였다.

6-2-4 기업이 서로 잘 싸워야 나라가 잘된다

일각에서는 수출을 늘리고 일자리를 더 만들기 위해서는 국제적으로 경쟁할 수 있는 회사를 만들 수 있도록 기업결합 승인기준을 완화해야 한다고 주장한다. 그러나 보잉사가 맥도널더글러스사를 인수하였을 때 미국연방거래위원회(Federal Trade Commission)가 언급한 것처럼, 수출을 늘리고 일자리를 늘리는 가장 좋은 방법은 기업들이 국내에서나 국외에서나 치열하게 경쟁하도록 하는 것이다. 먼저 국내에서 치열한 경쟁을 통해 성장하는 기업이 국제적 경쟁력을 갖춰 결국 수출도 늘릴 수 있고 일자리도 늘릴 수 있는 것이다.

공정거래위원회는 효율성을 높여서 소비자들에게 이익을 주면서 시장점유율을 높이는 기업을 바람직한 기업으로 평가한다. 기업결합을 하더라도 효율성을 높여서 소비자에게 이익을 나누어줄 가능성이 큰 기업결합에 대해서는 반대하지 않는다. 공정거래위원회가 반대하는 것은 시장을 지배하게 되어 소비자의 희생을 딛고 기업의 이익을 도모할 가능성이 커지는 기업결합이며, 오늘도 그러한 기업 결합이 나타나지 않도록 감시를 게을리하지 않고 있다.

6-3 독점 자체는 인정, 폐해를 규제

흔히 공정거래법(그 정식 명칭은 '독점규제 및 공정거래에 관한 법률'이다)의 제정 목적을 독(과)점을 규제하기 위함이라고 한다. 이런 연유로 학계에서는 공정거래법을 독점규제법이라고 부른다. 한편, 경제학자 힉스(Hicks)는 독점기업의 가장 큰 장점은 경쟁에 시달리지 않고 안락한 삶을 누릴 수 있다는 점이라고 말한다. 그렇다면 독점(여기에서는 편의상 과점을 아우르는 의미로 사용한다)이 단지 나쁜 것만도 아닌데 어째서 규제해야 하며, 만약 규제해야 한다면 어떻게 규제하는가?

6-3-1 독점은 왜 나쁜가

경제학에서는 경제적 효율이 극대화(이를 '파레토 최적'이라고 한다)되는 이상적인 시장으로 완전경쟁시장을 상정한다. 완전경쟁시장에서는 많은 수요자와 공급자가 가격을 주어진 것으로 받아들인다. 그러므로 시장가격은 한계비용과 일치하는 점에서 결정된다. 그래서 어느 기업도 초과이윤을 얻지 못하며 따라서 소비자이익은 극대화된다.

이와 반대로 시장이 독점(monopoly : 독점의 어원적 의미는 판매자가 단 하나밖에 없다는 뜻)인 경우, 독점기업은 공급량 조절을 통해 시장가격의 결정에 영향을 미칠 수 있다. 그러므로 그 기업은 이윤극대화를 위해 완전 경쟁 시장보다 생산량을 줄여 시장가격을 높이게 된다. 그 결과 소비자는 완전경쟁시장에서 보다 손해를 보게 된다. 이것을 경제학에서는 독점의 사회적비용(social cost of monopoly) 또는 후생손실(deadweight loss)이라고 부른다. 바로 이 때문에 독점이 바람직하지 않다는 것이다.

이밖에도 여러 학자들이 독점이 사회적으로 바람직하지 못하다는 논거를 제시하고 있다. 라이벤슈타인(Leibenstein)은 독점기업은 비용최소화의 노력 없이도 높은 이윤을 누리는 것이 가능하므로, 비용절감을 등한시하게 되어 독점기업 내부에서 상당한 사회적 낭비가 발생한다고 한다. 예를 들어, 독점 기업은 대체로 임원들이 지나치게 넓은 사무실이나 많은 판공비를 사용하는 등 불필요한 비용을 지출한다는 것이다.

경제학자 포스너(Posner)는 지대추구이론으로써 독점의 폐해를 지적한다. 즉, 독점이윤이라는 것이 기업들로 하여금 상품시장에서 경쟁을 하게 하는 대신, 독점권을 확보하기 위한 경쟁에 치중—이른바 지대 추구—하게 하여, 그 과정에서 적지 않은 사회적 손실이 발생한다는 것이다.

또한 독점은 이와 같은 경제적 비효율을 초래할 뿐만 아니라, 시장에 단지 독점기업이 만들어내는 상품밖에 없어서 소비자의 선택권을 제한하며, 소수기업에게 과도한 경제력 집중을 초래하는 등 분배상의 형평을 저해하기도 한다. 이처럼 독점은 장점보다 폐해가 큰 시장이라는 데 학자들 대부분이 동의하고 있는 듯하며, 이런 관점에서 보면 앞에서의 힉스(Hicks)의 말은 독점이 독점기업에게는 좋지만 사회적으로는 바람직하지 않다는 것을 역설적으로 표현하고 있는 것이라고 볼 수 있다.

6-3-2 독점은 형성도 정부 책임, 규제도 정부 책임

독점은 어떻게 형성되며, 일단 형성된 독점은 어떻게 시정할
수 있는 것일까?

일반적으로 독점은 큰 규모의 경제가 작용하는 자본집약적
인 장치산업의 비용구조상 독점구조가 형성되기도 하고, 시장
경쟁과정에서 일부 사업자가 기술혁신과 자본축적 등을 통해
시장점유율을 확대해감에 따라 형성되기도 한다. 하지만 우리
나라의 경우 과거 개발연대에 정부가 전략산업의 성장을 촉진
하기 위해 자원을 직접 배분하는 불균형 성장전략을 추진하는
과정에서 어지간히 많은 독점이 형성되었다는 특징이 있다. 즉
1960－1970년대의 압축성장기에 제한된 자원을 경쟁적으로 투
자하는 데 따른 사회적 낭비를 방지하기 위해 정부가 대내적
으로는 각종 인·허가 제도를 통한 제도적 진입장벽을 구축해
주고, 대외적으로는 유치산업의 국내시장 확보를 지원하기 위
해 고율관세와 수입선다변화제도 등의 수입제한조처를 병행
하는 등 수입장벽을 구축해준 결과, 독점이 형성될 수 있었다.

그러다가 1980년대 들어서 경제운용의 기본기조가 정부 주
도에서 민간 주도로, 기업육성에서 소비자보호로 바뀌면서, 정
부는 독점규제법을 통해 독점형성의 책임을 뛰어넘어 독점을
방지하고, 형성된 독점의 폐해를 치유하는 데 더욱 많은 역량
을 집중시키게 되었다. 구체적으로 살펴보면, 여러 사업자들이
뭉쳐서 독점력을 행사하는 것에 대해서는 공동행위금지제도
로, 독점의 형성을 사전에 막기 위해서는 기업결합심사제도로,
이미 형성된 독점에 대해서는 시장지배적 사업자제도로 시장
에서의 독점을 막고 있다.

6-3-3 시장지배적 사업자란?

이제 독점규제법에서 독점을 어떻게 정의하고 판단하는가를 보자. 독점규제법 제2조 제7호에는, 시장지배적 사업자를 '일정한 거래 분야의 공급자나 수요자로서, 단독으로 또는 다른 사업자와 함께 상품이나 용역의 가격·수량·품질 기타의 거래 조건을 결정, 유지 또는 변경할 수 있는 시장 지위를 가진 사업자'라고 정의하고 있다. 간단히 표현하면, 시장지배적 사업자란 시장을 자기 마음대로 좌지우지할 수 있는 사업자를 말한다.

그렇다면 시장지배적 사업자를 도대체 어떻게 판정할 수 있는 것일까? 종전에는 시장지배적 사업자 지정제도라는 것이 있어서 정부가 일정한 시장규모(1000억 원)와 시장점유율(1사 50% 또는 상위 3사 75%) 요건에 해당하는 사업자를 사전에 지정·고시하는 제도를 운영하였다. 그러나 시장지배적 사업자 사전 지정제도는 개별 사건과는 별개로 시장을 획정하고, 지역 독점과 수요독점을 규율하지 못하는 등 실질적인 시장지배력을 기준으로 시장지배적 사업자 여부를 판단할 수 없다는 문제가 불거졌다.

이에 따라 최근 독점규제법 개정에서는 시장지배적 사업자를 사전에 지정하지 않고 시장지배력의 추정요건만을 명문화한 다음, 개별 사건 조사시 실질적인 시장지배력 유무에 의해 사후에 판단하도록 제도를 전환하였다. 개정법에 의하면, 시장지배적 사업자를 판단하는 데 시장점유율, 진입장벽의 존재 및 정도, 경쟁사업자의 상대적 규모 등을 종합적으로 고려하도록 하고 있다. 즉, 시장지배적 사업자란 일정한 거래 분야에서 시

경쟁이 꽃피는 시장경제

장지배력을 가진 사업자를 말하는데, 시장지배력 유무를 판단할 때에는 시장점유율뿐만 아니라 시장진입의 용이성 등과 같은 질적 변수도 포함하여 종합적으로 판단해야 한다는 것이다. 이제 실질적인 시장지배력에 따라 시장지배적 사업자를 규율할 수 있게 된 것이다.

6-3-4 독점 자체는 인정하되 폐해를 규제

세계 각국의 독점규제법은 독점사업자를 다양한 방법으로 규제하고 있다. 그 규제원리는 크게 2가지로 대별된다. 하나는 독점적 시장구조 자체를 금지하는 원칙금지주의이며, 다른 하나는 독점 자체는 인정하되 그 폐해만을 규제하는 폐해규제주의이다. 미국과 일본은 전자의 방식을 채택하고 있고, 우리 나라와 독일은 후자의 방식을 따르고 있다. 우리 나라나 독일이 폐해규제주의를 따르게 된 것은 독점금지법 제정 당시 이미 독점기업이 국민경제에서 높은 비중을 차지하고 있어, 독과점의 존재 자체를 부인하는 원칙금지주의를 채택할 수 없었기 때문이라고 볼 수 있다. 반면, 일본의 독점금지법은 제2차 세계대전 후 연합군에 의한 재벌 해체로 독과점이 존재하지 않는 것으로 가정하여 독과점을 원칙적으로 금지하였다.

어떤 규제원리를 채택하느냐에 따라 독점사업자에 대한 규제수단도 달라진다. 원칙금지주의를 따르는 미국과 일본의 경우, 행태규제뿐만 아니라 시장구조로서의 시장지배력이 형성되는 것을 규제하고, 나아가 기업분할명령 등 독과점적 시장구조 자체를 직접적으로 배제하는 구조규제방식까지 채택하고 있다. 반면, 폐해규제주의에 입각하고 있는 우리 나라와 독일의 경우에는 행태규제와 성과규제방식을 통해 시장지배적 지위의 남용행위를 규제하는 데 중점을 두고 있다.

독점규제법에서는 독과점의 폐해를 시장지배적 지위의 남용금지제도를 통해 시정하고 있다. 즉 사업자가 시장지배력이 있으면 이를 남용하여 시장을 좌지우지하려는 욕구가 생기는데, 독점규제법에서는 이러한 남용행위의 유형을 구체적으로 유형화하여, 가격남용행위(1호), 출고조절행위(2호), 타사업자사업활동방해행위(3호), 신규진입방해행위(4호), 경쟁사업 배제행위 및 소비자이익저해행위(5호) 등 5가지로 규정하고 있다. 이러한 남용행위들은 유효경쟁이 이루어지고 있는 시장에서는 감히 할 수 없는 행위로서, 소비자와 거래기업에 대해 우월적 지위남용과 경쟁사업자에 대한 방해적 남용 행위를 5가지로 유형화한 것이라 볼 수 있다.

시장지배적 사업자제도는 이미 형성된 독점에 대한 규제이므로 독점규제법상 독점에 대한 최후의 감시장치가 된다. 따라서 공정거래위원회도 이를 엄격히 집행해야겠지만, 처벌 이전에 독점기업들이 스스로 위의 5가지 남용행위의 유형을 '해서는 안 될 5계명'으로 받아들여 이를 철저히 준수하는 자세가 필요하다고 하겠다.

6-4 금융 서비스

우리 귀에 아주 익숙한 말로 '관치금융' 이라는 단어가 있다. 그러나 필자의 생각에는 관치금융이란 용어는 정확한 말이 아니고, '관치금융산업(官治金融産業)'과 '정치금융(政治金融)' 이 더 정확한 표현이 아닌가 한다. 거시경제정책 측면에서 통화량과 금리 등을 조정하는 통화신용정책 문제는 별론으로 하고, 우리가 금융에 대해 이야기할 때에는 금융산업, 즉 금융기관의 경영에 관한 문제와 자금의 융통, 즉 돈의 흐름에 관한 문제를 구분하여 생각할 필요가 있다.

6-4-1 대출의 관건은 로비력

자금의 융통 즉, 대출문제에 관한 한 그동안 관의 입김보다는 정치권의 입김이 더 컸다고 할 수 있다. 물론 일부 관료들이 금융기관의 대출문제에 개입하는 경우도 있었으나, 공식적인 부실 기업 정리의 경우를 제외하면 그 개입 규모가 컸다고 할 수는 없다. 규모가 큰 대출은 대부분 정계 실력자를 겨냥한 기업주의 로비에 의해 이루어졌다고 해도 과언이 아니다. 또한, 정계에 로비할 능력이 없는 중소기업들의 경우에는 은행 임직원에 대한 로비를 통해 대출을 받아냈다. 즉, 은행의 자율적인 여신심사기능은 거의 발휘되지 못하였고, 차입자들의 정치권에 대한 로비와 은행 임직원에 대한 로비라는 2가지 정치적 작용에 의해 자금 배분이 이루어졌다는 점에서 정치금융이라고 할 수 있는 것이다.

한편, 금융산업은 철저하게 관의 지배하에 있었다고 할 수 있다. 1997년 경제위기 발생 이전까지 우리 나라 금융 행정당국이 주로 개입한 부분이 무엇이었는가를 살펴보면 주로 금융산업에 대한 개입이었다는 것을 알 수 있다. 즉, 금융기관 경영진의 임면(任免)에 영향력을 행사하였을 뿐만 아니라 각종 금융기관의 업무영역을 엄격히 제한하는 칸막이를 설치함으로써, 금융기관 사이의 경쟁이 이루어지기 어렵게 하였다. 은행, 증권회사, 투자신탁회사, 종합금융회사 등 금융기관의 종류별로 취급할 수 있는 금융상품을 일일이 제한함으로써, 이들 금융기관이 소비자의 입맛에 맞는 금융서비스를 개발, 판매하는 것이 어려웠던 것이다.

6-4-2 관치금융 체질에서 하루 빨리 벗어나야

우리 나라의 금융산업은 관에 의해 설치된 칸막이로 인해 금융기관 사이의 경쟁이 제한되었고, 자금을 배분하는 데에도 시장원리가 작동하지 못하였다. 관이 정해준 범위 내에서 영업을 하고, 정치권에서 지시하는 대로 돈을 배분하면 그만이었다. 금융기관 입장에서 보면, 관과 정치권의 개입이 귀찮은 간섭이기도 하였지만 일종의 보증수표와도 같은 것이었다. 대출을 부탁한 실력자가 버티고 있고 모든 국민의 머리 속에 대마불사의 신화가 있는데, 돈 떼일 염려는 없지 않은가?

그러나 이제 시대가 달라졌다. 업종간의 칸막이가 많이 낮아졌고 대출심사과정에서 외부의 압력도 거의 사라졌다. 정보통신의 발달과 더불어 다양한 소비자 욕구의 변화에 맞추어 금융기법도 크게 발전되었고, 수많은 금융신상품이 개발되었다. 금융의 증권화현상이 계속 심화되어 저금통장과 도장으로 대표되는 전통적인 예금에서 한 걸음 더 나아가, 양도성예금증서(CD)와 같이 개인과 개인 사이에 자유롭게 거래되는 금융상품의 비중이 크게 늘어났다.

6-5 카르텔, 왜 유죄인가

카르텔은 공정거래법상 '부당한 공동행위'로서 흔히 담합이라는 용어와 혼용되어 사용되고 있다. 부당한 공동행위는 둘이상의 사업자가 계약과 협정, 결의 기타 어떠한 방법으로든 다른 사업자와 공동으로, 일정한 거래 분야에서 경쟁을 부당하게 제한하는 가격결정 등의 행위를 할 것을 합의하는 행위를 말한다.

6-5-1 담합은 광범하고도 근원적으로 경쟁을 제한

담합은 어제오늘의 문제가 아니고 인류의 역사와 함께 계속돼왔다고 할 수 있다. 문헌에 의하면 기원진 수천 년 전의 페니키아에서도 카르텔이 존재하였고, 기원전 3000년경 이집트에서는 양모에 관한 가격협정이 행해졌다는 기록이 있다.

담합이 그토록 오랫동안 인간사와 함께해왔다는 것은 담합을 통하면 그만큼 인간에게 유효한 그 무엇이 있다는 것을 입증하는 것이 아닐까? 경쟁관계에 있는 사업자들은 담합을 함으로써 당장은 피곤한 경쟁을 피할 수 있고, 가격을 높여서 더큰 이득을 볼 수 있다. 그러나 담합은 여러 가지 경제윤리적인 폐해를 유발하는데, 그중 가장 직접적인 해악은 경쟁조건을 저해한다는 점이다.

담합에 참가하는 사업자간의 가격 또는 서비스에 관한 경쟁을 중지하는 것이기 때문에 결과적으로 경제의 효율성이 떨어지게 된다. 경쟁이 활발하여 시장원리가 정상적으로 작동하고 그에 따라 가격이 결정된다면, 자원이 효율적으로 배분될 것이다. 그러나 담합은 가격을 인위적으로 결정하므로 효율적인 자원배분을 기대할 수 없게 된다. 또한 담합은 윤리적으로도 비난을 받는데, 그 이유는 생산한 판매자는 높은 가격을 받아 초과이윤을 획득하는 반면, 구매자는 그만큼 소득을 박탈당하게 되기 때문이다.

6-5-2 카르텔 옹호론과 그 오류

경쟁관계에 있는 사업자들이 부당한 공동행위를 하면, 가격이나 품질 면에서 상호경쟁을 할 필요가 없고, 시장을 자신들의 의사대로 지배할 가능성이 매우 높다.

그러나 한편에서는 부당한 공동행위가 필요하다고 보는 견해도 있다. 그 이유로는 첫째, 동업자간의 경쟁이 과열되면 그로 인해 원가 이하의 가격으로 떨어질 수도 있으며, 이렇게 되는 경우에는 한두 업체만 살아남게 되고 오히려 시장이 독과점으로 흐를 수 있다. 둘째, 산업의 합리화와 불황 극복을 위해서는 일정한 경우 부당한 공동행위를 인정하여, 기업의 도산을 방지하고 대량 실업을 막아야 한다. 셋째, 사업자간의 공동 출연으로 기술개발, 품질개선을 위한 공동 연구개발이 가능하다. 넷째, 과도한 가격경쟁으로 제품의 품질이 나빠질 수 있는데, 동업자간에 자율조정을 거쳐 품질 수준을 떨어뜨리지 않는 적정가격을 유지하는 데 카르텔이 필요하다(이러한 주장은 특히, 저가입찰은 부실공사로 이어진다는 건설업체들이 주장과 일치한다). 다섯째, 수요나 공급이 독점돼 있는 경우에 상대방은 카르텔을 통해 교섭력을 강화하여 독점기업에 대항할 수 있다(중소기업 및 관련 협동조합에서 주장한다).

그러나 위와 같은 카르텔 옹호론은 다음과 같은 점에서 모두 배척되어야 마땅하다. 첫째, 원가 이하의 경쟁으로 독과점이 된 후 그 기업들이 초과이윤을 얻더라도, 진입만 자유로우면 새로운 경쟁자가 나타난다. 둘째, 경쟁력 없는 기업은 경기의 좋고 나쁨과 관계 없이 퇴출돼야 하고, 남는 자원은 보다 효율적인 사업에 투자돼야 한다. 셋째, 공동 연구개발 등은 부당하게 경쟁을 제한하지 않는 한 인정된다. 넷째, 품질 수준은 소비자 또는 수요자가 판단할 문제이다. 다섯째, 독점의 폐해는 카르텔 이외의 다른 방법으로 풀어야 할 문제이다.

6-5-3 각국은 담합을 엄격히 규제

앞서 살펴본 것처럼 담합의 폐해 때문에 각국의 경쟁 당국은 물론, 국제적으로도 담합을 방지하는 데 큰 노력을 경주하고 있다. 미국 등 선진국은 각각의 독점금지법 또는 경쟁법제도 아래에서 담합을 엄격히 규제하고 있으며, 경제협력개발기구(OECD)는 1998년에 경성카르텔(hard core cartels)을 금지하기로 결정하고 이것을 각 회원국들로 하여금 준수하도록 하였다. 경성카르텔이란 경쟁제한의 정도가 매우 큰 카르텔의 유형으로서 가격담합, 입찰담합, 생산량제한 및 시장분할을 말한다.

우리 나라의 경우 공정거래법은 사업자들 또는 사업자단체가 행하는 담합을 부당한 공동행위로 규정하고 이것을 금지하고 있는데, 그 구체적인 유형은 가격 결정 및 유지, 거래조건 제한, 생산 및 출고 제한, 거래지역 제한, 설비의 신·증설 제한, 상품의 종류와 규격 제한, 공동회사 설립과 타사업자 활동의 제한 등이다.

이와 관련하여 특기할 사항은 종전의 공정거래법이 합리의 원칙(rule of reason)에 의거하여 담합행위를 규제하는 성격이 강하였으나, 1999년 4월 1일부터 시행된 개정법률은 당연위법(perse illegal)의 성격을 도입하여 경쟁의 '실질적' 제한성 여부에 관계 없이 경쟁을 부당하게 제한하는 합의만으로 위법이 되도록 함으로써, 담합 규제를 강화하였다는 점이다.

6-5-4 명백한 증거 없이 정황만으로도 담합 추정이 가능

공정거래법이 시행된 1981년 4월 1일 이후 담합에 대한 규제가 강화됨에 따라, 과거와 같은 노골적인 담합행위는 많이 없어진 대신 은밀하게 이루어지는 경우가 증가하였다. 증거를 남기지 않고 공동행위를 행하기 때문에 경쟁 당국이 이를 적발해 처벌하기가 매우 어려워졌다.

사업자들의 행위의 결과가 외형상 일치하는 것으로 의식적 동조행위(Conscious Parallelism)가 있다. 이것은 사업자간에 직접적인 의사 연락을 하거나 명시적 합의를 한 것은 아니지만, 다른 경쟁 사업자의 행동을 인식하고 그러한 인식을 바탕으로 경쟁사업자들이 하는 대로 따라서 행동하는 것을 말한다. 이의식적 동조행위는 경쟁사업자간 행위의 일치와 경쟁제한에 대한 공동인식이 있다는 점에서 부당한 공동행위의 소지가 크다. 그러나 현실적으로 특정 사업자 특히, 가격 선도자(Price Leader)가 가격인상을 발표하면 후발 업체들은 이와 유사하게 따라가는 사례가 자주 발생하는데, 이러한 행위가 우연의 일치인지, 영업전략이 상대방과 같은 가격으로 가는 것이기 때문인지, 사업자 사이에 의사의 연락이 있었기 때문에 일어난 결과인지 쉽게 판단하기 어렵다(의식적 동조 행위).

이러한 배경에서 공동행위 규제의 실효성 확보를 위해서는 공동행위의 성립요건 중 공동성(의사의 합치)의 입증요건을 완화하는 것이 필요하다는 판단 아래, 1987년 4월 1일부터 공정거래법에 추정(推定)제도를 도입하였다. 즉, 둘 이상의 사업자가 경쟁을 제한하는 행위를 하고 있는 경우, 그러한 행위를 할 것을 약정한 명시적인 계약이 없는 경우에도 부당한 공동행위를 행하고 있는 것으로 추정한다(공정거래법 제19조 제5항). 시장에서 나타난 결과와 시장의 구조적 특징 또는 시장행태의 변화를 전후한 경쟁사업사간의 동향 등을 감안할 때 각 사업자가 개별적으로 행동했다고 보기 어려울 경우, 그들의 시장행동은 공동행위, 즉 합의에 따른 것이라고 추정한다는 취지이다.

공동행위추정제도는 경쟁 당국이 공동행위에 참가한 사업자간의 합의를 입증할 책임이 면제되는 반면, 공동행위가 없었다는 입증 책임이 공정거래위원회 심결의 피심인이나 재판의 피고에게 전가됐다는 점에 그 의의가 있다.

6-5-5 정황증거로 공동행위 합의를 추정

합의를 추정하기 위해서는 어느 정도의 정황증거 (circumstantial evidences)가 필요한지가 실제로 중요한 과제이다. 가격 변동폭 및 시기가 동일한 점 등 행위의 결과가 외형상 일치하거나 매우 유사할 경우, 이것이 단순히 의식적인 동조행위에 그치지 않고 부가(附加)적인 요인(plus factors)이 있다면 공동행위를 추정할 수 있다고 해석된다.

공정거래위원회의 심결례에 의할 경우 경영수지상황 및 제조원가가 상이한데도 제품가격이 동일한 점, 평소 영업 책임자들이 거래처에서 만나거나 전화 등을 통해 수시로 정보 교환을 한 점, 영업 담당자들이 원자재 가격 상승에 따른 어려움과 이것의 가격 반영의 필요성을 수시로 교환한 섬, 과점 또는 복점(duopoly) 등 담합을 통해 경쟁을 회피할 가능성이 크다는 시장구조적 특징 등이 유력한 추가적 요인으로 인정되고 있다. 이밖에도 비수기에 가격이 상승한 점, 생산품의 인위적 규격화 등도 공동행위 합의를 추정할 수 있는 추가적인 요인이 될 수 있다는 견해도 있다.

6-5-6 추정에 의한 공동행위의 규제 사례 증가

공동행위의 추정제도가 도입된 1987년 이후 1998년까지 공정거래위원회에서 부당한 공동행위로 조치된 138건 중, 추정조항이 적용된 것은 37건으로 26.8%를 차지하고 있다. 이것을 연도별로 보면 도입 첫해인 1987년부터 1993년까지는 매년 1

건 이하에 불과하였으나, 1994년부터 추정 건수가 증가하기 시작해 1998년에는 부당한 공동행위 총 34건 중 44.1%인 15건이 추정조항이 적용돼 조치되었다. 앞으로도 이 추정제도는 담합규제의 실효성 제고에 크게 기여할 것이다.

부당한 공동행위의 추정 사례에 해당하는 법원의 판례 하나를 소개한다. 서울고등법원은 1996년에 5개 PC 제조업체의 부당한 공동행위에 대한 행정소송사건 판결(94구36751 서울고법 특별11부)에서 '단가 입찰에서 여러 차례 투찰을 거듭할 때마다 각사의 입찰 가격이 동일하거나 근사한 사실, 각사의 입찰 담당 직원들은 입찰장 등지에서 수시로 대면해왔으며 입찰 기일에 앞서 매번 조달청의 예정가격을 추정하여 상급자에게 보고하는데, 그 가격이 정확하지 아니하였음에도 투찰 가격이 다른 업체와 동일하거나 유사한 사실, 입찰 수량에 관한 한 실무자의 재량에 맡겨져 있음에도 불구하고 낙찰 당시 각사의 입찰 수량이 동일한 사실, 조달청으로부터 연간 단가 계약을 체결할 것이라는 공문을 받고 각사 입찰 실무자들이 조달청 지하식당에 모여서 조달물자 확보방안, 자재 및 재고 수량, 계약 해지 후에 발생할 수 있는 문제 등에 대해 의견을 나눈 사실' 등을 기초로 공동행위가 있었음을 추정하였다.

경쟁이 꽃피는 시장경제

제5부 │ 소비자가 만드는 우량 기업

7-1 소비자가 먼저다

싸움은 말리고 흥정은 붙이라는 말이 있는데, 경쟁정책을 집행하는 공정거래위원회로서는 시장 참여자, 그 가운데에서도 대부분 기업으로 이루어져 있는 공급자들 사이에 끼여들어 싸움을 부추겨야 할 경우가 많다. 기업들이 미워서가 아니라 소비자가 더 중요해서이다. 고대 로마의 브루투스(Brutus)가 황제 카이사르를 암살한 뒤 "왜 카이사르를 죽였느냐?"라고 묻는 원로들에게 "카이사르를 덜 사랑해서가 아니라 로마를 더 사랑했기 때문(Not that I love Caesar less, but that I love Rome more)."이라고 변명했다는 것은 유명한 사실(史實)이다. 공정거래위원회가 기업들간의 싸움, 정확하게 말하면 경쟁을 부추기는 것은 기업을 덜 사랑하기 때문이라기보다 소비자를 더 사랑하기 때문이라고나 할까. 더 사랑하고 덜 사랑하고를 떠나 소비자는 다수요, 기업은 소수이기 때문이라고 해도 어느 정도 답은 되지 않을까 싶다.

7-1-1 경쟁과 소비자는 동전의 양면

소비자에게 가장 좋은 벗은 경쟁이라는 말이 있다. 경쟁적 시장에서 소비자의 이익이 가장 잘 보호된다는 뜻이다. 다양한 기업들이 시장에 들어와서 서로 경쟁하게 되면 소비자들이 선택할 수 있는 상품의 범위가 늘어나고, 그 결과 소비자는 품질이나 서비스가 좋은 상품을 더 싸게 살 수 있기 때문이다.

경쟁정책의 궁극적인 목적은 소비자의 후생을 증진시키는데 있다. 소수의 사업자가 가격결정과 물량공급을 좌우하는 독과점(monopolistic and/or oligopolistic) 시장구조를 경쟁형(competitive) 시장구조로 개선하고자 하는 이유도 경쟁적 시장에서 소비자의 이익이 가장 잘 보호되기 때문이다.

독과점시장구조에서는 소수의 독과점 사업자들이 자기의 이윤추구를 위해 소비자의 욕구나 의사는 아랑곳하지 않고 가격이나 품질을 마음대로 결정한다. 그러나 시장진입과 퇴출이 자유롭고 기업간에 경쟁이 활발한 경쟁형 시장구조에서는 소비자의 욕구 충족 여부에 따라 기업의 성패가 좌우된다. 기업은 소비자가 원하는 상품을 개발하고 이를 경쟁기업보다 싼값에 공급하기 위해 노력하게 된다. 소비자의 욕구와 수요에 맞는 상품을 싼값에 공급하지 못하는 기업은 시장에서 축출될 수밖에 없기 때문이다.

우리 국민이 지난 1960 – 1970년대에 사용했던 치약을 한번 생각해보자. 당시에는 치약을 만드는 국내 업체가 한 군데밖에 없었기 때문에 품질이 좋건 나쁘건 그 치약을 사서 쓸 수밖에 없었다. 신축성이 떨어지는 알루미늄제 튜브를 힘들게 비틀어 치약을 짜던 기억을 누구나 갖고 있을 것이다. 그런데 지금은 어떤가? 치약을 생산하는 국내 업체가 많아진데다 수입품이 늘어남에 따라 치약을 생산하는 업체들간의 경쟁도 활발하게 진행되고 있다. 치약의 종류가 많아졌고 품질도 좋아졌으며, 치약 튜브도 소비자가 사용하기 편리하게 만들어지고 있다. 프라그 형성을 방지하는 치약, 잇몸 질환을 예방하는 치약, 풍치

경쟁이 꽃피는 시장경제

제거에 효과가 있는 치약 등 각종 용도에 맞는 치약들과 함께 죽염, 인삼, 감초 등 각종 한방 생약을 넣은 치약, 어린이가 좋아하는 향료를 첨가한 치약 등 셀 수 없을 정도로 다양한 치약이 쏟아져나오고 있다. 소비자들은 품질이 좋아지고 다양한 치약 중에서 자신의 기호와 용도에 맞는 치약을 구입할 수 있다. 이처럼 경쟁은 소비자에게 많은 이득을 준다.

그렇다면 사업자간의 경쟁만 촉진시켜주면 소비자 이익이 저절로 보호되는 것일까? 물론 시장 규모가 작고 소수의 기업이 시장을 좌지우지하는 생산자 위주의 시장구조에서는, 사업자만을 규제함으로써 경쟁을 촉진하고 소비자의 이익을 보호할 수 있었다. 그러나 시장 규모가 커지고 시장에 출하되는 상품이 다양해짐에 따라, 소비자의 이익과 사업자간의 경쟁은 소비자가 어떤 상품을 선택하느냐에 따라 크게 솨우된다.

시장에 품질이 가장 좋고 값이 싼 A라는 제품, 품질과 가격이 중간인 B라는 제품, 그리고 품질이 가장 나쁘고 값이 비싼 C라는 제품이 유통되고 있다고 하자. 소비자가 만약 품질이 가장 좋고 값이 싼 A라는 제품을 선택해주지 않으면, 사업자들은 품질을 높이고 가격을 낮추려는 경쟁을 하지 않을 것이다. 경쟁정책도 공급자 규제 위주의 방식에서 벗어나 소비자의 합리적인 선택을 보장함으로써, 경쟁을 촉진하는 방향으로 그 범위를 넓혀가고 있는 것이 세계적인 추세이다.

사업자의 사기나 부당한 유인행위에 의해 소비자가 입는 재산상의 피해나 안전상의 위해 등 소비자문제의 대부분은, 소비자가 전문성이나 정보력이 부족하여 잘못된 상품을 구매·사용하기 때문에 발생한다. 소비자의 피해는 소비자가 정확한 정보를 가지고 올바른 상품을 선택할 수 있도록 여건을 조성할 때 방지된다.

경제협력개발기구(OECD)의 소비자정책위원회에서는 이 문제와 관련하여 "소비자문제는 불완전경쟁과 소비자의 정보 부족에서 비롯된 시장실패에 의해 발생하며, 소비자정책의 궁극적인 목적은 시장에서 소비자들이 합리적인 구매의사를 결정할 수 있도록 지원하는 데 있다"라는 견해를 내놓고 있다. 이것은 소비자 정책의 목적이 소비자에게 정확한 정보를 제공하여 소비자가 올바른 상품을 선택할 수 있도록 함으로써, 소비자문제를 소비자 스스로가 해결할 수 있도록 시장에서 소비자주권(consumer's sovereignty)을 보장하는 데 있다는 것을 강조한 것이다.

미국연방거래위원회(FTC)는 소비자들이 충분하고 정확한 정보를 가지고 있어야 시장경제가 효율적으로 작동한다는 전제 아래, 소비자에게 최신의 정보를 효율적으로 생산, 제공하는 전략개발을 가장 중요한 사업의 하나로 추진하고 있다. 소비자가 상품을 선택하는 데 필요한 정보를 충분히 가지고 있어야, 시장에 공급된 여러 상품들의 가격과 품질을 비교할 수 있게 되어 품질이 가장 좋고 값이 싼 상품을 선택하게 된다. 또한 소비자가 시장에서 가장 바람직한 상품을 선택해 주어야 사업자들이 품질과 가격을 놓고 활발하게 경쟁하게 된다. 예를 들면, 가전제품의 에너지효율에 관한 정보가 소비자에게 제공되면 소비자들은 에너지효율이 가장 높은 제품을 구매하게 될 것이며, 이는 다시 에너지절약형상품을 개발하기 위한 사업자들간의 경쟁을 유도하게 된다.

이와 같이 소비자가 시장에서 가장 바람직한 상품을 선택할 수 있도록 소비자의 주권을 확립하게 해주어야 경쟁이 촉진되므로, 경쟁과 소비자보호는 마치 동전의 앞뒷면처럼 상호 불가분의 관계를 이룬다고 하겠다.

7-1-2 소비자가 원하는 것을 만들어야 기업이 산다

우리 나라는 과거 1960–1970년대 정부 주도의 압축성장과정에서 특정 산업을 보호·육성하는 정책을 추진해 옴에 따라 공급자 위주의 시장구조와 관행이 고착화되었다. 이러한 경제구조에서 정부와 기업은 소비자를 보호의 대상이나 객체로 생각하고, 소비자문제를 산업정책을 추진하는 과정에서 나타나는 부수적인 문제로 취급해왔다. 특정 산업을 육성하기 위해 정부가 제품의 품질기준을 정하고 이를 준수하도록 강제하는 정책을 추진한 것이다. 소비자문제를 바라보는 시각도 소비자가 품질기준을 위반한 제품을 구매해 사용하여 신체적으로나 재산상의 피해가 발생하는 경우, 사후에 이를 구제해주면 된다는 식이었다.

또한 소비자문제를 해결하기 위한 정책도 개별 산업을 관장하는 여러 부처에서 소관 법령에 따라 서로 다른 논리와 시각에서 추진돼 왔다. 그런데 이처럼 분산 수행되는 소비자보호업무를 통합하고 조정할 수 있는 정책적 틀이 없는 상황에서는, 정책이 서로 상충되거나 어느 부처도 담당하지 않는 사각지대가 생기는 등 문제가 발생할 수 있다.

특히 개별 산업을 보호·육성하는 데 중점을 두고 있는 부처는 소비자보호를 위한 제품의 품질이나 안전기준을 설정할 때, 시장경쟁에 미치는 영향을 고려하지 않고 과도한 기준을 설정하여 이를 강제하는 경우가 있다. 그런데 이런 기준들은 단기적으로는 소비자의 이익을 보호하는 것 같지만, 장기적으로는 오히려 소비자의 이익을 감소시키는 역효과를 초래할 수도 있다. 소수의 대기업만이 충족시킬 수 있는 과도한 품질 및 안전 기준을 설정하는 경우, 당해 시장에의 신규 사업자 진입이 어려워진다. 또한 기업은 정부에서 설정한 기준만을 충족하면 된다는 식으로 경영을 하게 되므로, 소비자의 기호에 맞추어 품질을 차별화한 다양한 제품의 개발이 이루어지기가 어렵다. 소비자는 품질이나 안전성이 다소 떨어지더라도 값이 싼 상품을 원하는 경우도 있는데, 이런 상품은 시장에 나올 수 없기 때문에 소비자는 원하는 상품을 사용할 수 없게 된다. 결국 소비자 보호를 위한 기준이 오히려 소비자의 후생을 감소시키는 역효과를 초래하게 될 수도 있는 것이다.

세계무역기구(WTO) 체제의 출범으로 시장개방이 가속화되면서 전세계가 경제적 국경 없이 하나의 시장으로 점차 통합돼가고 있다. 이로 인해 기업의 성패가 국적에 관계 없이 소비자의 욕구를 충족시킬 수 있는 능력에 따라 좌우되는, 소비자 중심의 시장구조로 변해가고 있다. 소비자가 원하는 상품을 공급하지 못하는 기업은 살아남기 어려운 시대가 된 것이다. 또한 소득 수준이 높아져 중산층의 범위가 늘어나면서 소비자들의 품질이나 안전에 대한 욕구가 전반적으로 커지고 있다.

특히 정보통신수단의 급속한 발달에 따라 소비자가 시장 정보를 얻을 수 있는 기회가 늘어나고 있어, 시장에서 소비자의 압력이 크게 증가하고 있다. 이제 기업의 경영방식이나 정부의 정책이 이러한 소비자의 욕구와 압력을 제대로 반영하지 못할 경우, 글로벌화(Globalization)된 무한경쟁시대에 경쟁력을 유지하기 어렵게 된다. 따라서 소비자 문제를 바라보는 기업과 정부의 시각도 변해야 한다. 기업은 소비자의 다양한 욕구를 경영에 반영할 수 있도록 그 경영 방식을 바꾸어야 할 것이다. 정부는 소비자를 보호의 객체로만 생각할 것이 아니라 시장에서 소비자 주권을 확립하여, 소비자 스스로가 소비자문제를 해결하는 방향으로 정책을 전환해야 한다. 다시 말하면, 경쟁을 촉진하여 소비자의 후생을 극대화할 수 있는 여건을 조성하고, 소비자가 올바른 상품을 선택할 수 있도록 지원함으로써 경쟁을 촉진하는 데 중점을 두어야 한다.

7-2 광고의 소비자에 대한 예의

지난 1995년 모 방송사가 유방염에 걸린 젖소 문제를 방영한 적이 있다. 모 유가공업체는 이 방송내용을 이용하여 "우리는 고름우유를 팔지 않습니다"라는 광고를 여러 일간지에 대대적으로 실었다. 당시 이 광고를 본 대부분의 소비자들은 기존 유가공업체의 우유가 고름이 섞인 우유라고 생각하였고, 우유 구매가 현저히 준 적이 있다. 이로 인해 경쟁 사업자들의 매출액은 그 광고가 나온 전달에 비해 10% 정도, 금액으로는 약 139억 원이 줄었다고 한다.

7-2-1 광고는 정확한 사실에 바탕을 두어야

공정거래위원회는 광고내용이 마치 시중에 고름이 섞인 우유가 판매되고 있는 것처럼 소비자를 오인시킬 우려가 있다고 판단하여, 당해 광고를 중지하고 사과광고를 내도록 하였다. 광고를 낸 유가공업체는 이 같은 공정거래위원회의 처분에 불복하여 행정소송을 제기하였다. 그러나 서울고등법원과 대법원에서는 이 광고가 위법하다고 최종 판결하였다. "시중에 판매되고 있는 우유에 고름 그 자체가 섞여 있다고 볼 수 없으며, 고름 찌꺼기가 섞여 있을 가능성이 있다 하더라도 그 분량이 인체에 해를 끼칠 정도인가에 대한 검증 없이 광고한 것은, 경쟁사업자의 우유제품에 고름 또는 인체에 해를 끼칠 정도의 고름 찌꺼기가 섞여 있는 것처럼 사실을 과장하여 소비자를 오인시킬 우려가 있다"라는 것이 판결의 요지였다. 우리는 일상생활 주변에서 무수히 많은 표시나 광고를 접한다. 표시란 사업자가 상품내용 등을 소비자에게 알리기 위해 용기나 포장에 붙인 문자나 도형을 말한다. 광고는 사업자가 상품내용 등을 신문·방송·잡지 등의 매체를 통해 소비자에게 널리 알리는 행위를 말한다. 이처럼 표시와 광고는 사업자가 자기 상품을 알리고 소비자의 구매를 유인하는 중요한 판촉수단이며, 소비자는 이러한 표시와 광고를 보고 자신이 사려고 하는 상품에 관한 정보를 얻는다.

7-2-2 광고는 종종 야누스의 얼굴

그러나 소비자가 원하는 정보를 사업자가 정확하고 충분하게 제공해주는 것은 아니다. 사업자는 소비자를 유인하기 위해 사실과 다른 허위의 내용을 표시, 광고하기도 한다. 소비자가 상품을 선택하는 데 필요한 중요한 정보를 누락시킴으로써 소비자를 착오에 빠뜨리는 기만적인 표시 및 광고를 하는 경우도 있다. 또한 객관적인 근거 없이 경쟁사업자의 상품과 비교하거나, 심지어 경쟁사업자의 상품을 비방하여 소비자를 오인시키는 경우도 있다. 이처럼 표시 및 광고는 소비자에게 상품 선택에 필요한 정보를 제공해주는 좋은 면과, 소비자를 속여 피해를 주는 나쁜 면을 가지고 있기 때문에 선과 악이라는 두 개의 얼굴을 가진 야누스와 같다.

7-2-3 광고는 소비자의 신뢰를 얻는 지름길

사실과 다른 부당한 표시 및 광고는 소비자로 하여금 잘못된 상품을 선택하도록 만들기 때문에, 소비자에게 안전상으로나 재산상의 직접적인 피해를 준다. 또한 시장에서는 품질이 좋고 값이 싼 상품이 선택되지 않게 되어 사업자간의 경쟁유인도 사라지게 된다. 소비자는 상품에 관한 정확한 정보를 가지고 있어야 올바른 상품을 선택할 수 있다. 이에 따라 소비자의 상품 선택에 커다란 영향을 미치는 표시 및 광고의 공정성을 확보해주는 것이 경쟁정책의 중요한 과제가 되고 있다. 그러나 공정거래법에 의해 소비자를 속이는 부당한 표시 및 광고를 사후 규제하는 것만으로는 소비자 중심의 시장구조에서 소비자의 합리적인 선택을 보장하고 경쟁을 촉진하는 데 한계가 있다.

그렇다면 어떻게 하면 우리가 매일 접하고 있는 표시 및 광고를 통해 소비자에게 더욱 정확한 정보를 제공해줄 수 있을까? 소비자를 속이는 부당한 표시 및 광고를 못 하도록 미리 예방하는 제도적 장치는 없을까? 그리고 불특정 다수의 많은 소비자에게 피해를 주는 부당한 표시 및 광고를 즉각 중단시킬 수 있는 방안은 무엇일까?

7-2-4 표시·광고법의 탄생

이와 같은 배경과 고민 속에서 탄생한 법률이 바로 '표시·광고의 공정화에 관한 법률(이하 '표시·광고법'이라고 함. 1999년

2월 5일 공포되고, 같은 해 7월 1일 시행됨)'이다. 표시·광고법은 부당한 표시 및 광고 행위를 사후 시정하는 데 그치는 공정거래법과 달리, 소비자에게 정확한 정보를 제공해주기 위한 3가지 선진제도를 담고 있다.

먼저, 소비자가 상품을 선택하는 데 반드시 알아야 할 중요한 정보를 사업자의 표시 및 광고에 포함하도록 하는 주요정보공개제를 도입하였다.

사업자는 자기에게 유리한 정보만을 표시 및 광고에 담으려고 하며, 상품의 결함이나 한계 등 불리한 정보는 숨기려고 한다. 소비자는 사업자에게 유리한 정보만을 담은 표시 및 광고를 보고 상품을 사서 사용하기 때문에, 상품의 결함이나 한계를 몰라 피해를 보는 경우가 많다. 국민들 사이에 해외여행 붐이 일어 여행사들의 고객유치경쟁이 치열했던 시절에 '50만 원으로 6박 7일 유럽순회관광'과 같은 광고들이 일간 신문의 광고란에 빽빽이 실린 적이 있다. 이러한 광고를 보고 소비자들은 비교적 싼 가격으로 유럽여행을 할 수 있겠구나 생각하고, 여행사와 계약을 맺어 관광을 떠난 경우가 많았다. 그러나 현지에서 여행사들이 식사를 1일 1회만 제공하거나 싸구려 숙박시설에 투숙시킴에 따라 여행객들의 불만과 피해가 속출하였다. 만약 해외여행 광고에 식사제공 횟수와 숙박시설의 등급을 실었더라면, 소비자들은 다른 여행사의 가격과 여행 코스 등을 비교하여 더욱 합리적인 선택을 할 수 있었을 것이다.

둘째, 소비자의 선택에 영향을 미치는 사실과 관련된 주장을 표시 및 광고하려면 미리 실증자료를 갖추고 하도록 하고, 사업자가 실증한 자료 중 소비자의 선택에 필요한 정보를 공개하는 광고실증제가 도입되었다.

과학기술의 발달로 신소재와 신기술을 적용한 상품이 대거 등장하고 이들 상품의 전문적인 성능이나 효능 등을 강조하는 광고들도 많이 나타나고 있다. 그런데 전문지식이 없는 소비자는 이러한 광고내용의 사실 여부를 알기 어렵다. 예를 들면, 특정 건강보조식품을 복용하면 항암효과가 있다든지, 특정 윤활유를 사용하면 10%의 연료절감효과가 생긴다는 등의 광고내용이 사실인지를 확인하기는 매우 어렵다. 광고실증제란 사업자가 이러한 내용을 광고하려면, 학계 또는 산업계에서 일반적으로 인정된 객관적이고 타당한 방법에 의해 입증한 자료를 가지고 하라는 것이다.

광고는 그 속성상 어느 정도의 과장된 표현을 사용할 수밖에 없다. 그러므로 모든 광고 표현에 대해 실증자료를 갖추도록 하는 것은 광고를 하지 말라는 것과 같다. 따라서 사업자가 실증해야 하는 광고내용은 소비자의 선택에 영향을 미치는 사실과 관련된 사항으로 정하고 있다. 예를 들면 PCS 광고에서 '소리가 보인다'라는 표현이나 음료수 광고에서 '가슴속까지 시원하다'라는 표현처럼 과장이 명백하여 누구라도 오인할 우려가 없는 광고적 표현(Puffing)까지 실증해야 된다는 것은 아니다.

7-2-5 긴급한 경우에는 광고에도 중지 명령

셋째, 불특정 다수인의 피해를 신속히 방지하기 위해 임시중지명령제가 도입되었다. 표시 및 광고는 그 특성상 짧은 기간에 불특정 다수인에게 광범한 영향을 미친다. 미국의 한 연구 결과에 의하면 일반적으로 상품광고가 소비자에게 충분히 영향을 미칠 수 있는 기간 즉, 수명기간은 10주 정도이다. 그런데 공정거래위원회가 부당한 표시 및 광고 행위를 조사하여 최종 판단하기까지는 2-3개월의 기간이 걸린다. 공정거래위원회는 합의제행정기관으로서, 당사자가 심판정에서 서로 다툴 수 있는 대심구조를 갖춘 준사법절차에 따라 신중하게 사건을 처리하기 때문이다.

이처럼 공정거래위원회에서 부당한 표시 및 광고를 조사, 시정하는 데 많은 기간이 걸리므로, 그동안 당해 표시 및 광고는 불특정 다수인에게 이미 광범한 영향을 끼친 후이다. 따라서 소비자를 속이는 부당한 표시 및 광고를 사후에 시정하더라도 소비자나 경쟁사업자는 회복할 수 없는 피해를 입게 된다.

지난 1995년에 있었던 고름우유 광고의 예에서처럼, 공정거래위원회의 조사과정에서 당해 광고가 계속됨에 따라 우유 소비가 현저히 줄어들었다. 이로 인해 국민건강과 경쟁사업자의 사업활동에 회복할 수 없는 피해를 줄 수 있다. 이러한 사정을 감안하여 부당한 표시 및 광고로 명백하게 의심이 되고 소비자나 경쟁사업자의 피해를 긴급하게 예방할 필요가 있는 경우에는, 공정거래위원회의 정식의결이 있을 때까지 문제의 광고를 일시중지시키는 임시중지명령제를 도입한 것이다.

이제 우리 기업들은 국내 상품뿐 아니라 외국 상품과도 경쟁해야 하는 글로벌화된 시장환경에 처해 있다. 기업의 성패가 소비자의 만족과 신뢰에 따라 좌우되는 시대가 된 것이다. 소비자에게 정확한 정보를 제공하는 광고는 기업이미지와 상품에 대한 신뢰를 높여주는 효과가 있다. 기업은 광고를 단지 소비자의 구매를 유인하는 판촉수단으로 생각해서는 안 된다. 광고를 통해 소비자에게 유용한 정보를 제공해줌으로써, 기업이미지와 상품에 대한 소비자의 신뢰를 높이는 길이 무한경쟁시대에 대응하는 기업의 경영전략이 될 것이다.

7-3 현대사회는 계약사회

근대 이후의 사회를 '계약사회'라고 한다. 신분적 예속에서 벗어나 평등한 지위에서 서로 이익과 대가를 주고받는 계약 관계가 형성되고, 자유로운 계약에 따라 '보이지 않는 손'에 의해 시장이 작동하는 사회가 그것이다. 그런데 계약이라고 하면 우리는 대개 집을 사고파는 것이나 은행으로부터 대출을 받는 것, 혹은 보험에 가입하는 것 등을 떠올린다. 그러나 좀 더 생각하면 출퇴근할 때 지하철을 이용하고, 집에서 케이블 TV를 보고, 아플 때 병원에서 치료를 받는 일상생활이 모두 계약을 통해 이루어진다는 것을 알 수 있다. 사소한 생활 하나하나가 타인과의 거래에 의존하지 않을 수 없는 현대에 이르러 계약은 삶 그 자체가 된 것이다.

7-3-1 현대는 약관사회

은행 대출을 받거나 그 돈으로 아파트 분양 계약을 맺어본 사람이면 누구나 알지만, 단지 빈칸에 시키는 대로 서명만 할 뿐 계약내용을 협의하는 경우는 거의 없다. 지하철을 탈 때 승차권을 내고 타면 그뿐이며 그 이면에 있는 운송 약관에 의한 계약 등은 염두에도 없다. 단지 원하는 것을 얻고 대가를 지불하면 그만이다. 우리는 끊임없이 계약을 생산하면서도 그 내용에 거의 신경을 쓰지 않는다. 현대사회의 대량적이고 반복적이며 신속한 거래에서 계약내용을 거래 때마다 정할 수도, 그럴 필요도 없다. 거래 당사자의 의사를 추정하여 미리 마련된 내용, 즉 약관에 따라 계약을 체결하는 것이 효율적이며 또한 그렇게 하는 것이 불가피한 세상인 것이다. 우리는 '보이지 않는 약관' 속에서 살아가고 있다. 이런 점에서 현대사회는 말 그대로 '약관사회'라고 할 수 있다.

7-3-2 '계약은 죽었다'

야구경기를 보던 중 공에 맞아 얼굴을 다친 사람이 있었다. 병원 치료를 하고 난 뒤 치료비를 받으러 경기 주최측을 찾은 그는, 관람 약관에 따라 치료비를 줄 수 없다는 이야기를 듣게 된다. 건네받은 경기입장권 뒷면을 보니 주의사항이라고 하여 '운동장에서 파울 볼, 기타에 의해 부상을 당한 경우 주최측은 현장의 응급치료만 책임을 지고 그 뒤의 책임은 지지 않는다' 라고 적혀 있었다. 그 사람은 잠시 머뭇거리다 이건 당신들이 일방적으로 정한 것이며 불공정하다고 따져보았지만 소용이 없었다. 억울하면 법대로 하라는 면박을 당한 채 돌아설 수밖에 없었다.

수년 전 공정거래위원회에 신고된 이 사례처럼 약관에 소비자에게 불리한 내용이 담긴 불공정한 사례들이 흔히 있으며, 바로 이 점 때문에 약관이 관심의 대상이 되고 있다. 불공정 약관이 발생하는 것은 사업자가 법률에 어둡거나 혹은 거래 관행을 무심코 따랐기 때문이기도 하지만, '착수금은 위임 해

제 기타 어떠한 사유가 발생하여도 그 반환 청구를 하지 않는다'라는 변호사 약정서의 불공정 조항과 같이 전문 분야에 사용되는 약관에도 이러한 문제가 있는 것은, 약관을 작성하는 사업자가 자신에게 유리한 내용으로 약관을 작성하는 경향이 있기 때문이다. 더욱이 약관이란 대량의 반복적인 거래에서 사용되므로 잘못된 약관으로 인한 소비자의 피해가 크다는 점에서, 약관이 이를 작성하는 사업자에 의해 악용될 수 있다는 것은 심각한 문제이다.

이러한 약관의 문제점과 관련하여, 산업사회를 거치면서 부당한 약관이 계약 자유의 이름으로 남용되는 것을 목격한 서구에서는 일찍이 법률적 검토가 시작되었다. 어느 법학자의 "계약은 신과 마찬가지로 죽었다"는 문제의식이 대변하듯, 기업이 우월한 지위를 이용하여 자신에게 유리한 약관을 소비자에게 강요하는 현실에서 당사자간의 자유의사의 합치라는 계약은 이미 그 의의를 잃어버렸다. 바로 그러한 지점으로부터, 계약의 진정한 의미를 되살리기 위해서는 대등한 내용의 진정한 합의로 볼 수 없는 약관의 법적 효력을 부인하고, 소비자 보호를 이념으로 해야 한다는 현대계약이론이 발전하게 되었던 것이다.

그 결과 독일, 영국, 프랑스 등 주요 선진국의 경우 불공정 약관의 효력을 제한하는 약관규제법이 1970년대 후반부터 입법되기 시작하였으며, 우리 나라에서도 학계, 소비자단체, 행정부 등의 적극적인 노력이 결실을 맺어 1986년 12월 31일 '약관의 규제에 관한 법률(이하 '약관법'이라 함)'이 공포되기에 이르렀고, 경제기획원 약관심사위원회가 그 운영을 맡아오던 중 1993년 공정거래위원회로 이관되어 오늘에 이르고 있다.

7-3-3 '나는 약관이 뭔지도 몰라요'

사업자가 일방적으로 만든 약관이 계약내용이 되기 위해서 뿐만 아니라 약관으로 인한 억울한 피해를 줄이기 위해서는, 먼저 약관이 어떻게 되어 있는가를 소비자가 알아야 할 것이다. 이를 위해 약관법은 사업자로 하여금 약관을 소비자가 알수 있도록 제시하거나 비치해놓아야 하며, 중요한 내용은 이해하기 쉽게 설명하도록 규정하고 있다. 또한 버스나 지하철을 타거나 전화를 거는 것처럼 거래 특성을 고려하여 예외로 인정된 것을 제외하고는, 사업자가 약관을 제시하거나 설명하는 의무를 다하지 않은 경우 소비자가 당해 약관이 법적으로 효력이 없음을 주장할 수 있는 권리를 약관법은 보장하고 있다.

그런데 약관심사를 청구하는 신고서를 보면 계약을 체결할 때 "그런 내용의 약관이 있는지도 몰랐다"거나 "약관은 본 적도 설명을 들은 적도 없다"는 하소연을 자주 접하게 된다. 그것이 전적으로 사실이 아니라고 하더라도 약관을 제대로 제시하거나 설명하지 않는 우리의 거래 현실을 짐작하게 한다. 이것은 사업자가 고의로 의무를 다하지 않거나 약관내용이 어렵고 복잡한 경우에 나타날 수도 있고, 모든 거래가 바쁘게 돌아가는 현대사회의 공통적인 현상으로 볼 수도 있다. 하지만 소극적인 소비자의식에서 기인한 면도 없지 않다고 생각된다. 법치(法治)보다는 덕치(德治)에, 계약보다는 정(情)에 이끌리는 우리 국민의 정서와 결부되어, 소비자의 계약에 대한 관심 부족이 사업자의 불성실을 초래한 일부 요인이 되었을 것이다. 좀더 세심하게 약관을 살피는 소비자의 노력이 필요한 대목이라고 하겠다.

7-3-4 불공정약관을 예방할 수 있다면

불공정약관은 무효이다. 그리고 공정거래위원회는 약관을 심사하여 무효로 판단되는 경우, 그 약관을 사용하는 사업자에게 수정 또는 삭제하도록 시정조치를 내린다. 그동안 공정거래위원회가 심사한 사례를 보면 불공정약관은 다양한 분야에서 다양한 모습으로 나타남을 알 수 있다. 항공사의 마일리지 보너스 약관 중 회사의 사정에 따라 예고 없이 보너스제도를 전면 중지할 수 있도록 '일방적으로 사업자에게 계약을 변경할 수 있는 권한을 부여'한 조항, 체육관 이용 회원권 약관에서 체육관 이용 중 발생하는 어떠한 부상, 사고 및 재난에 대해 책임을 지지 않는다는 '사업자의 고의 또는 중대한 과실로 인한 책임을 배제'하는 조항, 그리고 계약 해제시 손해배상으로 매매 대금의 20%를 손해배상금으로 정하여 '고객에게 과중한 손해배상 의무를 지우는' 주택용지 분양계약서 등이 그 예이다. 이밖에도 금융, 도산매업 등에서 계약 상대방의 '소송 제기를 금지'하거나 '제삼자와 계약 체결하는 것을 제한'하는 조항 등 여러 가지 불공정 약관이 무효로 판정되었다.

또한 약관법 제정 이후 십여 년 간 불공정약관을 적발하고 시정함으로써 약관의 중요성과 그 규제내용이 많이 알려져왔음에도 불구하고, 불공정약관으로 공정거래위원회에 심사청구되는 약관이 매년 300건을 상회하며, 경제난을 겪은 1998년에는 600건이 넘는 등 소비자들의 약관에 대한 불만이 끊이지 않고 있다.

혹자는 불공정약관이 빈발하고 그 피해가 광범하므로, 모든 약관을 사용 전에 공정거래위원회가 심사하거나 처음부터 약관을 만들어줌으로써, 불공정약관의 발생을 사전에 예방하는 방안을 제안한다. 물론 이런 취지에서 보험업, 수도・전기・가스, 대중교통 등의 분야에서 이를 관할하는 행정기관이 해당 분야의 약관을 사전에 심사하여 승인하는 제도가 현재에도 존재한다. 하지만 사회・경제의 발달로 많은 새로운 분야에서 약관이 무수히 발생한다는 점을 고려하면 이 방안을 전면적으로 채택할 수는 없다.

그러나 소비자 피해의 사전 예방과 공정한 거래질서를 확립한다는 목적에서, 약관법은 일정한 거래 분야에서 표준이 되는 약관을 사업자 또는 사업자단체가 정하여 청구하는 경우 이를 심사하는 제도를 두고 있다. 이에 따라 공정거래위원회는 1995년부터 일반 국민에게 밀접한 아파트 분양, 임대주택・백화점 상가 임대차, 은행 여신 및 수신 거래, 병원 이용, 주차장 관리, 휴양 콘도미니엄 분양, 여행업 등 9개 분야에서 20개의 표준약관을 심사, 보급하여 해당 분야의 약관으로 인한 분쟁을 상당 부분 해소하는 데 큰 기여를 하였다.

7-3-5 더 높은 곳을 향하여

불공정약관을 심사청구하는 것은 결국 이로 인한 손해를 배상받기 위한 목적 때문이다. 야구공에 맞아 피해를 입은 사람은 치료비를 받기 위해 경기입장권 약관을 심사청구한 것이다. 앞에서 공정거래위원회는 불공정약관 조항에 대해 시정조치한다고 하였다. 그러나 불공정약관으로 인한 피해에 대한 배상은 공정거래위원회의 시정조치와 별개의 절차를 거쳐야 한다.

소송을 제기하여 법원의 판결을 받거나 한국소비자보호원과 같은 분쟁조정기구의 조정을 통해야 하는 것이다.

물론 법원이나 분쟁조정기구를 통한 피해구제도 나름의 한계를 갖고 있다. 법원의 판단은 손해배상이라는 법률관계에 있어 최종적이며 강제력이 있는 판단이라는 장점은 있지만 소송을 통해야 한다. 그리고 잘 알려진 대로 소송은 복잡한 절차를 거치고 많은 시간과 비용이 들므로 일반인들이 선택하기가 어려운 것이 현실이다. 분쟁조정기구의 조정은 일반인이 쉽게 접근은 할 수 있지만, 당사자의 합의를 전제로 하므로 피해구제의 보장이 없다는 단점이 있다.

공정거래위원회의 약관심사는 복잡한 절차를 거칠 필요 없이 누구나 쉽게 청구할 수 있고, 전문가들로 구성된 약관심사자문위원회의 법률자문과 공정거래위원회 자체의 엄정한 심사절차를 거치므로, 그 결정은 사법부를 비롯한 여타 국가 기관으로부터 약관의 효력에 대한 중요한 판단으로 존중받는다는 점에서, 불공정약관으로 인한 피해의 구제에 큰 도움을 주는 것은 사실이다. 하지만 국민들이 바라는 만큼 공정거래위원회의 시정조치가 직접적인 피해배상으로 연결되지 않는다는 데 고민이 있는 것이다.

인간이 불완전하듯이 모든 제도 역시 불완전하다. 하지만 공정거래위원회는 새로운 천년을 맞아 다른 모든 업무와 마찬가지로 약관규제제도도 좀더 완벽하게 손질할 예정이다.

8-1 공정한 경쟁이 최선

외국영화, 특히 영국영화를 보면서 유심히 관찰해보라. 어머니가 아이들을 야단칠 때 쓰는 말 가운데 가장 흔한 것이 "그것은 불공정해(It's unfair)!"임을 알 수 있을 것이다. 어린이들의 세계에서일지라도 매사에 공정한 자세로 임해야 커서 훌륭한 사람이 된다고 생각하는 영국 어머니·아버지들의 훈육 정신이 이 꾸지람 속에 담겨 있다. 그래서 그런지는 몰라도 영국신사는 신사의 상징으로 통한다.

우리의 일상생활을 자세히 살펴보면 모든 것이 거래로 이루어져 있다는 것을 알 수 있다. 아침에 출근하기 위해 버스를 타는 것도 거래이고, 출근해서 납품업체로부터 물건을 납품 받고 대금을 지급하는 것도 거래이며, 퇴근하고 주점에서 술을 마시는 것도 술집주인과의 거래이다. 이러한 거래는 언뜻 무질서하고 불규칙하게 보이지만, 자세히 들여다보면 철저히 규칙적이고 질서정연하다. 만약 수많은 사람들이 살아가는 이 세상에서 일정한 질서와 규칙이 없다면 하루도 살아갈 수 없을 것이다. 그러므로 어떤 사회 구성원이 정연한 질서를 깨는 행위를 하는 경우에는 그 질서를 복원시키는 장치가 있어야 할 것이다. '사회가 있으면 법이 있다(ibi societas ibi ius)'라는 격언은 그러한 점을 지적한 말이다.

8-1-1 시장에서의 공정경쟁을 위한 정부의 역할

우리가 살고 있는 이 체제는 자본주의이고, 완전하지는 않지만 시장경제라는 틀 속에서 영위되고 있다. 자본주의는 시장경제를 전제로 하며, 시장경제는 보이지 않는 손에 의해 스스로 굴러간다고 모두들 믿고 있다.

20세기 말 사회주의가 붕괴하면서 사람들은 시장경제가 만능이라는 생각을 갖게 되었다. 심지어 프란시스 후쿠야마(Francis Fukuyama) 같은 학자는 자유민주주의와 시장경제가 현대 사회의 유일한 대안이며 진보의 최고점이라고까지 단정한다. 그러나 자유시장 경제질서는 기본적으로 강자에게 유리한 경제질서이다. 따라서 시장에서의 페어 플레이(fair play) 정신이 결여될 때에는 제 기능을 하기 어렵다. 시장경제란 아무런 조건 없이 던져두어도 유지되는 것이 아니라 끊임없이 보살펴주어야 제대로 성장하는 것이다.

시장경제가 원활하게 작동하려면 요구되는 여러 가지 조건이 있을 수 있는데, 무엇보다 중요한 것은 기업들이 시장에서 자유롭게 경쟁할 수 있는 여건을 만들어주는 것이다. 시장경제 체제의 기본은 모든 시장에서 원하는 사람들이 자유롭게 경쟁할 권리를 보장하는 것이기 때문이다.

오늘날 우리는 국가경제를 운영하는 데 있어서 국가나 정부의 역할에 대해 다시금 생각하게 하는 다양한 일들을 종종 겪고 있다. 1997년 11월 온 국민을 도탄에 빠지게 했던 IMF 구제금융사태도 따지고 보면 우리 경제의 경쟁력 저하에 그 원인이 있었고, 그것은 바로 시장경제의 작동 미흡에서 초래된 것이었다. 이어 정부의 지나친 시장개입에 대한 뼈아픈 반성이 뒤따랐다.

어쨌든 오늘날 우리는 시장경제를 지향해야 하며 거기에 맞추어 정부나 국가의 역할에 대해서도 재검토해보아야 할 시점이 되었다. 그렇다면 시장에서의 국가나 정부의 역할은 무엇인가? 바로 시장경제를 원활하게 작동하게 하는 감시자로서의 그것이다. 정부는 시장경쟁이라는 경기에 대한 규칙을 마련하고 그 규칙을 지키도록 심판하며 감시하는 역할을 해야 한다. 여기에서 감시는 '기업'에 대한 감시가 아니라 '경쟁'에 대한 감시가 되어야 함은 물론이다. 정부의 조직개편 논의가 한창이던 지난 1997년 12월, 부즈 앨런 보고서에서 공정거래위원회를 공정경쟁위원회로 바꿀 것을 권고한 것도 그러한 맥락에서 이해할 수 있을 것이다.

8-1-2 공정거래법은 공정경쟁의 파수꾼

오늘날 공정경쟁의 수호자로서 운동경기의 심판역할을 묵묵히 해내고 있는 것이 바로 '독점규제 및 공정거래에 관한 법률', 약칭하여 '공정거래법'이다. 경제적 강자에게는 다소 두려움의 대상이고, 경제적 약자에게는 그야말로 기대고 싶은 법인 것이다. 대기업들로 구성된 모 경제단체에서는 공정거래법에 대해 노골적인 반대입장을 견지하고 있고, 심지어 공정거래법에 규정된 불공정거래행위도 대부분 허용해야 한다고 주장하기도 한다. 이러한 기업들의 행태에 대해 서울대학교의 이면우 교수는 『신창조론』이라는 책에서 "우리 나라 재벌 기업들은 정부의 지원과 내수시장의 보호막 속에서 지내다보니 과잉

보호현상이 나타났고, 시장에서의 공정한 경쟁에는 신경질적인 반응을 보이고 있다"고 지적하고 있다.

공정거래법은 시장경쟁질서를 깨는 행위를 '불공정 거래 행위'라고 규정하고 있다. 부당하게 거래를 거절하거나 차별적으로 취급하는 행위, 부당염매행위, 부당하게 고객을 유인하는 행위, 끼워팔기행위, 배타조건부거래행위, 부당한 내부거래, 재판매가격유지를 강요하는 행위 등이 그 예이다.

그런데 어떤 기업의 행위가 불공정거래행위이며 시장에서의 반경쟁적 행위인가를 판단하는 것은 쉽지 않다. 1990년대의 가장 중요한 경쟁법 사건이라고 일컬어지는 미국의 마이크로소프트(Microsoft)사의 끼워팔기 사건을 살펴보자.

마이크로소프트사는 1995년 윈도우(Window)95를 출시하면서 웹브라우저인 익스플로러(Explorer)를 무료로 넣어서 판매하였고, 이에 대해 1997년 미 법무부(DOJ)는 마이크로소프트사가 PC 운영체계에서 독점적 지위를 이용하여 컴퓨터 제조업체에게 자신의 웹브라우저인 익스플로러(Explorer)를 채택하도록 강요했다며, 법원에 끼워팔기 금지 및 1일 100만 달러의 벌금 부과를 청구하게 되었다.

아직도 결론이 나지 않은 길고도 지루한 이 싸움에 임하는 미국정부와 마이크로소프트사의 입장차이는 극명하다. 정부에서는 마이크로소프트사의 행위를 컴퓨터산업과 정보산업의 발전을 위해 근절되어야 할 부당한 행위로 보고 있는 반면, 마이크로소프트사는 자신들의 행위가 기술혁신의 과정에서 자연스럽게 나타나는 '통합'의 한 예임을 강조하고 있다. 빌 게이츠는 1998년 1월 28일자 『뉴욕 타임스』 칼럼을 통해 "통합은 컴퓨터를 단순하고 강력하게 만들며, 이것이 바로 소비자가 원하는 것이고 마이크로소프트사는 이러한 소비자의 요구를 더 싼 값에 충족시켜주었다"라고 말하고 있다. 과연 어느 쪽이 진실인지 판단하기가 매우 어려운 것이 사실이다. 이처럼 큰 사건이 아니더라도 우리가 일상적으로 처리하는 조그마한 사건에서도 어떤 행위가 시장에서의 경쟁을 해치는 행위인가를 밝혀내는 일은 매우 어렵다.

한편으로는 극성스런 신고인들 때문에 불공정거래행위를 조사하는 조사관들이 곤혹스러움을 느끼는 일도 많다. 공정거래법의 목적은 "사업자의 시장지배적 지위의 남용과 과도한 경제력집중을 방지하고, 부당한 공동행위 및 불공정거래행위를 규제하여 공정하고 자유로운 경쟁을 촉진함으로써, 창의적인 기업활동을 조장하고 소비자를 보호함과 아울러 국민 경제의 균형있는 발전을 도모하는 것"이다. 즉 시장에서의 경쟁촉진을 통해 경제질서를 바로잡는 데 그 목적이 있는 것이다.

그런데 공정거래법의 목적을 자세히 알 리 없는 일반인에게는 이 법이 마치 국민들이 거래상의 억울함을 토로하는 신문고와 같은 법, 만능의 법처럼 인식돼 있는 점이 없지 않다. 당연히 국민들의 기대 수준이 높아질 수밖에 없고 신고한 내용대로 처리가 되지 않으면 불만을 품고 공정위 직원들을 괴롭히는 일이 비일비재하다. 일반인들이야 '경쟁'이니 '시장경제'니 하는 추상적인 언어에 관심이 있을 리 만무한 것이다.

국민들이 공정거래위원회에 목을 매다는 데에는 나름대로 이유가 있다. 우리 나라 법률서비스의 문턱이 너무나 높은 것이다. 변호사를 찾아가려면 거액이 드는 법률문화에서는 국민들이 당연히 적시에 법률서비스를 받을 수 없고, 당연히 한 맺힌(?) 사람들이 대다수 생기게 마련이다. 누구나 언제든지 저

경쟁이 꽃피는 시장경제

렴하게 법률서비스를 받을 수 있는 세상이 빨리 와야 공정 거래법도 경쟁법 본연의 모습을 되찾고 제자리를 잡을 수 있을 것이다.

8-1-3 기업 스스로 먼저

법은 엄격히 이야기하면 법을 위반한 사람을 처벌하기 위해서도 존재하지만, 사전에 법을 위반하지 않도록 계몽하고 예방하는 데 더 큰 목적이 있는 것이다. 공정거래법 역시 공정한 거래질서를 정착시키는 데 목적이 있는 것이며, 처벌이나 기업에 대해 부담을 주기 위해 존재하는 것이 아니다. '기업'을 감시하는 것이 아니라 '경쟁'을 감시한다고 하는 것도 바로 그러한 점을 나타내는 것이다.

화가 나면 주먹이 먼저 나가게 마련이듯이, 거래 상대방보다 힘이 세다면 부당하게 거래를 중단하거나 거래상 지위를 남용하는 불공정한 행위를 자행할 가능성이 커지는 것이다. 독점력을 이용하여 시장을 좌지우지하려는 욕구가 강해질 것이다. 이러한 행위에 대해서는 엄정한 심판과 제재가 따라야 한다. 처벌 이전에 이제는 기업 스스로가 이와 같은 행위들이 거래 질서를 어지럽히고 결국에는 시장경제를 뿌리부터 흔드는 독소가 되어, 그 피해가 결국 자신에게 되돌아온다는 사실을 인식해야 할 것이다. 최근에는 기업 자체적으로 직원교육 등 공정경쟁을 위한 많은 노력을 하는 것으로 알고 있다. 이러한 노력들이 모든 기업에 확산되어 공정경쟁 풍토가 정착돼 나갔으면 하는 바람이다.

정부와 기업이 모두 노력한다면 우리 경제에도 공정한 경쟁이 꽃피고 불공정한 거래 관행이 사라지게 될 것이다.

경쟁이 꽃피는 시장경제

8-2 유통시장에서의 힘의 이동

앨빈 토플러(Alvin Toffler)는 그의 유명한 저서 『권력이동』에서 오늘날 대형유통업체들의 제조업자에 대한 승리를 다음과 같이 묘사하고 있다.

"권력이 이동함에 따라 산매점들은 더욱 공격적인 요구를 한다. 미국에서 네 번째로 큰 체인점인 월마트(Wal-Mart)는 10만 개에 달하는 독립적 메이커 도매상들을 따돌리고 납품업체들과 직접 거래하면서, 질레트와 같은 회사들은 물건을 보내는 방법을 바꿔야 한다고 강력히 요구한다. 일단 납품업체가 고분고분해지면 월마트는 이번에는 제품의 수량·규격·모델 등에 이르기까지 납품을 정확하게 이행할 것과 제품을 납품 업체측의 일정이 아니라 자기 회사의 일정에 맞추어 인도할 것을 요구한다. 인도조건을 정확하게 이행하지 못하면 배상금을 요구하거나 납품업체에 지불할 금액 중 처리비를 공제하는 경우가 있다."

8-2-1 대형유통업체는 공룡?

월마트가 미국 최대의 유통업체가 된 현재 미국은 앨빈 토플러의 지적대로 유통업자가 제조업자에 대해 우위를 차지했다는 것이 일반적인 견해인 것 같다. 물론 미국의 그와 같은 현

상이 오늘날 우리 나라 유통 현실에 그대로 적용된다고 단언
하기에는 다소 무리가 있다. 아직은 제조업이 주도적으로 유통
계열화를 추진하는 과정에서 형성된 대리점 유통 체제가 존속
하고 있고, 그 경우 제조업체가 대리점과 같은 유통업체의 우
위에 서 있는 것이 현실이기 때문이다.

그러나 1996년 유통시장이 전면 개방되면서 그 해에 프랑스
의 까르푸가 단독투자의 형태로 국내에 진출하였다. 1998년에
는 월마트가 네덜란드의 마크로를 인수하면서 국내에 진출하
는 등 외국계 대형유통업체의 진출이 본격화되고 있다. 국내
기업으로는 신세계가 할인점 E마트를, 뉴코아가 할인매장인
킴스클럽을 개설하는 등 유통업에의 신규 진출이 확대되면서,
유통시장이 백화점과 대형할인점 등 대형유통업체 위주로 재
편되기 시작하였다. 1998년 6월 현재 전국에 120여 개의 백화
점과 100여 개의 대형할인점이 들어섰고, 앞으로도 100개 이상
의 대형유통업체가 들어설 예정이라고 한다. 이러한 변화는 우
리 나라 유통시장에 큰 변화를 일으키고 있는데, 이것은 바로
제조업체로부터 대형유통업체로 협상교섭력(Bargaining Power)
이 이동하고 있다는 것을 보여주는 현상이다. 즉 유통업체가
제조업체에 대해 힘의 우위를 보이고 있는 것이다.

유통업체가 대형화되는 것은 소비자의 구매활동의 반경과
구매단위가 커지는 데 따른 자연스런 현상이며, 유통시장에서
힘의 우위가 제조업체에서 대형유통업체로 이동하는 것 역시
거역할 수 없는 추세라고 볼 수밖에 없다. 한편, 많은 유통업체
가 생겨나 경쟁을 통해 값싸고 품질 좋은 물건을 소비자에게
제공한다면 그보다 좋은 일은 없을 것이다.

그러나 유통업체가 대형화하고 시장을 장악하면서 발생하

는 역기능도 무시할 수 없는 것이 현실이다. 바로 대형유통업체들의 입점·납품 업체에 대한 횡포가 그것이다. 지난 1999년 4월-5월 사이에 중소기업청에서 대형백화점과 거래하는 입점·납품 업체에 대한 설문조사를 한 내용을 보면, 응답업체의 35.2%가 일방적인 거래 중단을 당했고, 43.3%가 상품권 구매와 경품류 제공 등을 강요당했다고 응답하는 등 백화점을 포함한 대형유통업체의 입점·납품 업체에 대한 불공정거래행위가 매우 심각한 것으로 조사되었다. 조사결과가 어느 정도 사실이라면, 도심에 줄줄이 들어서는 휘황찬란한 대형유통업체는 영화 〈쥬라기공원〉에 나오는 공룡과 같은 모습이 아닐까?

8-2-2 처벌과 감시에는 한계

공정거래위원회는 지난 1999년 1월 26일-2월 8일 기간중에 수도권 및 광역시 소재 15개 백화점을 조사하여 13개 백화점에 대해 시정명령과 거액의 과징금을 부과하였다. 주로 입점·납품 업체에게 경품 및 광고 비용을 전가하거나, 판촉사원의 파견을 강요하거나, 부당하게 반품을 하거나, 대금을 깎는 행위를 하여 적발된 것이었다. 1999년 6월에는 대형할인점의 불공정거래행위에 대해서도 직권조사를 벌인 바 있다.

이러한 조사활동뿐만 아니라 불공정거래행위를 근본적으로 예방하기 위한 제도개선에도 힘쓰고 있다. 1998년 4월에는 그동안 운용해오던 백화점고시를 대규모 소매점업고시로 명칭을 변경하고, 대규모 소매점과 납품업체 사이의 모든 거래 내역에 대해 납품이나 입점 전에 서면계약을 체결하도록 의무화하였다. 특히 거래기간, 대금지급방법, 판촉사원파견, 광고비 부담 등 대규모 소매점과 납품업체 사이에 분쟁의 소지가 있는 사항에 대해서는 반드시 서면계약을 하도록 명시하였다.

그리고 그동안 백화점과 납품업체 사이에 논쟁이 되어왔던 '특정매입거래'나 '판촉사원'에 대한 개념을 분명히 정립함으로써, 중소 납품업체가 부당하게 피해를 입지 않도록 제도를 보완하였다. 즉, 특정매입거래를 '대규모 소매업자가 자기 책임하에 판매하되 재고품의 반품은 허용하는 거래'로 규정하여 허용하되 반드시 그 계약내용을 서면으로 명시하도록 하였다. 납품업체의 판촉사원에 대해서는 판매촉진업무 이외의 목적으로 파견을 강요하지 못하도록 규정하였다. 아울러 납품업체나 입점업체에게 경쟁관계에 있는 다른 백화점 등에 입점 및 납품 등을 방해하는 행위를 금지하도록 하였다.

이와 같이 공정거래위원회가 대규모 소매점업 규정이라는 고시까지 제정하여 대규모 유통업체와 입점·납품 업체와의 대등한 관계 설정을 위해 노력하고 있고, 수시로 직권조사를 벌이는 등 가능한 한 모든 수단을 동원하고 있음에도 불구하고, 불공정거래행위가 근절되지 않는 까닭은 무엇인가?

먼저 공정거래위원회의 노력이 부족했던 것이 아닌가 하는 생각이 당연히 든다. 처벌을 강화하고 직권조사를 철저히 하면 대형유통업체의 불공정거래행위를 근절할 수도 있을 것이다. 어떻게 보면 당연한 이야기이다. 그러나 불법행위에 대한 정부의 감시나 처벌에는 한계가 있는 것이다. 아무리 조사하고 처벌해도 이를 피해 가려고만 하거나, "그래도 나는 하겠다"라고 한다면 속수무책일 수밖에 없는 것이다.

대형유통업체들이 불공정거래행위를 일삼는 데에는 수단과 방법을 가리지 않고 자기의 이득만 취하면 된다는 기업들의 이기주의적 발상도 한몫한다고 보아야 한다.

모든 기업이 다 그런 것은 아니지만 우리 나라의 기업 풍토는 아직까지 그다지 건전한 편은 아니라고 생각된다. 사회적 책임의식으로 무장한 기업은 그렇게 많지 않다는 말이다. 몰래 폐수를 쏟아내는 기업, 잘못된 물건을 만들고도 소비자에게 책임을 떠넘기려는 기업, 남의 회사를 교묘히 깎아내리는 광고를 아무런 양심의 가책 없이 하는 기업 등이 모두 이러한 범주에 속한다. 그런데 이러한 그릇된 의식은 거래하는 업체와의 거래 관계에서도 그대로 나타나게 마련이다. 덩치가 큰 기업은 규모가 작은 거래 상대방에게 아무렇게나 해도 괜찮다고 여기고, 자기와 거래하는 것만도 감지덕지 생각하라는 그릇된 편견을 갖고 있는 것이다.

8-2-3 발상의 전환이 필요한 때

이제 덩치로 다른 기업을 누른다는 원시적인 생각은 버려야 한다. 대형유통업체들의 치열한 가격인하 경쟁이나 품질향상을 원가절감이나 생산성향상 노력에 의해 달성하려고 하는 대신, 거래하는 입점·납품 업체에게 부당하게 전가하는 것은 공정한 경쟁이라고 할 수 없다. 정보화가 급진전되어 전자 상거래가 일반적인 거래행태로 자리잡으면, 매장이나 점포 중심의 거래가 줄어들어 대형유통업체 중심의 유통 패러다임도 또 한 번 변화를 겪게 될 가능성이 크다. 이 경우 원가절감이나 생산성향상 노력을 게을리한 유통업체는 어려움에 빠지게 될 것이다. 이제는 새로운 방향으로의 발상의 전환이 필요하다.

프란시스 후쿠야마(Francis Fukuyama)는 저서 『신뢰 – 사회도덕과 번영의 창조』에서 "민주주의와 자본주의 제도가 제대로 작동하려면 그 기능을 원활하게 해주는 특정한 전근대적인 문화적 관습이 병행돼야 한다. 법률, 계약, 경제적 합리성 따위는 후기산업사회의 안정과 번영을 위한 필요조건이기는 하지만 충분조건은 아니다. 이밖에 합리적 계산이 아니라 관습에 바탕을 둔 호혜성, 도덕률, 공동체에 대한 의무, 신뢰 등이 가미되어야 한다. 후자는 현대사회에서 시대착오가 아니며 도리어 그 성공을 위한 필수조건이다"라고 말한다.

공정거래위원회의 시정명령에 따라 대형 백화점들이 협력업체에 대해 경품행사비 부담을 지우지 않기로 하고, 전가시킨 부담금도 모두 돌려주기로 했다는 내용의 기사가 대대적으로 보도된 적이 있다. 백번 바람직한 일이지만 실천 여부는 두고 볼 일이다. 앞으로도 공정거래위원회는 대형유통업체들이 중소 입점·납품업체에 대한 거래상의 우월한 지위를 남용하는 예 없이 공정하게 경쟁하는 풍토가 조성될 때까지, 감시자로서의 역할을 지속적으로 해나갈 것이다.

공정한 경쟁, 질서와 균형잡힌 거래 그리고 공동체에 대한 상호신뢰, 이것이 우리 경제를 뿌리부터 튼튼하게 하는 자양분이 될 것이다.

9-1 대기업과 중소기업의 협력관계 구축

중소기업이 우리 국민경제에서 차지하는 비중과 역할은 매우 크다. 1997년 말 기준으로 업체 수는 267만 3000개로 전체 기업의 99.1%, 종업원 수는 826만 명으로 74.4%, 생산액은 2015조 원으로 46.3%를 차지하고 있다. 수출 비중 또한 1991년 33.9%에서 1998년 12월 현재 43.1%로 지속적인 증가 추세를 보이고 있다.

우리 나라의 경우 그동안 대기업 위주의 고도성장전략을 추진하면서 중소기업 보호에 소홀한 측면이 있었다. 그 결과 일본, 대만 등 주요 경쟁국에 비해 중소기업 부분이 상대적으로 취약해지게 되었다. 국민경제의 건전하고 균형 있는 발전을 위해서는 중소기업 부분의 성장이 필수적임을 감안할 때, 경쟁력 있는 중소기업의 육성이 절실히 필요한 시점이라고 하겠다.

따라서 대기업 구조조정을 추진해 나가면서 이와 병행하여 중소기업보호시책을 강력하게 시행할 필요가 있다. 이와 관련하여 정부는 '대기업의 핵심사업 부문 설정과 중소기업과의 협력관계 강화'를 기업 구조조정 5대 과제의 하나로 설정하여 추진하고 있다.

9-1-1 대·중소기업간의 동반자적 관계를 조성해야

이를 실천하기 위해서는 다음과 같은 방향으로 대·중소기업간의 동반자적 협력관계를 조성해 나가야 할 것이다. 즉, 대기업은 핵심사업 부문으로 역량을 집중하도록 하고, 시너지효과 및 효율성제고와 관계없는 부문은 과감하게 아웃 소싱으로 전환함으로써 중소기업의 활동폭을 확대해주어야 한다.

이와 함께 대기업과 중소기업 간의 수직적 관계(하도급 또는 외주 거래)에서 나타나는 불공정한 거래 관행은 시장실패현상이므로 근절할 필요가 있다. 우리 나라의 경우 중소기업 중 하도급 거래에 의존하는 업체 수가 약 74%, 중소기업의 매출액 대비 하도급거래 비중이 약 85%에 달하는 등 산업구조의 수직계열화현상이 매우 심화되어 있는 상태이다. 또한 5개 이내의 대기업과 거래하는 업체 수가 62%로 매우 높은 전속도를 보이고 있으며(일본의 경우 26%), 총매출액 중 1개 주거래 대기업에 대한 의존도가 50%를 초과하는 업체 수도 42%에 달하고 있다.

특히, 1997년 말 외환위기에 따른 IMF 사태 이후, 하도급대금의 지급과 관련하여 어음결제 비중의 증가와 어음 만기일의 장기화로 많은 중소하도급업체들이 자금난과 연쇄 부도 위험 등 경영상의 어려움을 겪고 있다. 최근 들어 호전되고 있기는 하지만 어음결제 비중이 69% 수준에 이르고 있으며, 어음결제 기간은 100일을 넘고 있다. 그리고 하도급법이 시행된 지 약 15년이 지났지만 아직도 불공정한 하도급거래행위가 근절되지 않고 있는 실정이다.

공정거래위원회에서는 이러한 기본방향 하에서 중소기업 보

경쟁이 꽃피는 시장경제

호를 위한 시책들을 추진중에 있다. 부당 내부거래의 차단과 상호 채무보증의 조기 해소를 통해 대기업의 핵심 역량 집중을 유도하는 한편, 공정거래법과 하도급법을 적극 운용하여 대·중소기업간의 수직적 관계에서 발생하는 불공정거래관행을 치유해 나가고 있다.

9-1-2 중소기업 보호를 위한 공정거래 주요 시책

첫째, 하도급 대금의 결제방식을 크게 개선하여 1999년 4월 1일부터 시행하였다. 구체적인 개선내용은 하도급대금 지급과 관련하여 원사업자(주로 대기업)가 발주자로부터 현금 또는 단기어음으로 결제받고 하도급업체에는 장기 어음으로 지급하는 것을 방지하기 위하여, 원사업자가 발주자로부터 결제 받은 현금 비율 이상으로 하도급업체에 지급하도록 하고, 어음 만기일도 발주자로부터 원사업자가 교부받은 어음의 만기일을 초과하는 어음을 교부하지 못하도록 하고 있다. 또한 원사업자의 부도·파산 등으로 인한 하도급업체의 연쇄도산을 방지하기 위해 일정한 경우 발주자가 하도급 대금을 직접 지급하도록 의무화하고 있다.

우리 중소기업의 높은 하도급 거래 및 어음결제 비중, 어음결제 기간의 장기화추세 등을 감안할 때, 하도급대금 결제 제도의 개선은 중소기업의 자금난완화와 경영안정에 크게 기여할 것으로 기대되고 있다.

둘째, 불공정하도급거래행위의 근절을 위해 중장기 직권실태조사계획을 수립하여 직권실태조사를 지속적이고 체계적으로 실시해 나갈 계획이다. 하도급업체들은 하도급거래의 속성상 대기업의 보복조치, 거래단절 등을 우려하여 신고를 기피하는 경향이 있으므로, 불공정하도급거래행위의 근절을 통한 공정한 하도급거래질서의 정착을 위해서는 직권실태조사의 강화가 불가피한 실정이다.

1999년에는 자동차, 전자, 의류 등 하도급거래 의존도가 높거나 신고 사례가 빈번한 제조 업종을 위주로 실시하는 한편, 건설과 제조 분야의 원사업자 및 수급사업자를 대상으로 서면실태조사를 병행하여 실시할 계획이다. 또한 불공정하도급거래에 대한 실태조사와 관련하여 과거에는 법 위반사실의 적발에 중점을 두어 조사를 실시하였으나, 앞으로는 대기업과 중소기업 간의 원만한 협력관계 구축과 법위반행위의 사전 예방에 보다 중점을 두고 직권조사를 보다 확대 실시해 나갈 계획이다. 이를 위해 조사방식과 대상을 보다 다양화하고 관계기관과의 협조를 통해 조사대상 업체 수를 대폭 늘려나갈 계획이다.

법위반사업자에 대해서는 데이터 베이스화하여 중점관리하고, 상습 위반자에 대해서는 정부공사 입찰참가 자격제한, 영업정지요청, 과징금부과 등 강력한 제재조치를 계속 취해나갈 것이다. 이와 함께 하도급법의 적용대상을 현행 건설, 제조업 외에 용역위탁거래로 확대하는 방안도 검토해나갈 것이다. 이를 위해 1차로 방송 프로그램 제작, 화물자동차 운송 등 용역서비스업에서의 하도급거래실태를 파악할 예정이다.

셋째, 경제력이 취약한 중소기업이 하도급 계약의 체결과정에서 받게 되는 불이익과 분쟁발생요소를 제거하고, 불공정하도급거래행위를 사전에 예방하기 위해 표준하도급계약서의 작성 및 사용을 확대해나가고 있다.

1998년 말 건설, 건설 자재 등으로 표준하도급계약서를 확대 보급한 바 있으며, 1999년에는 이들 계약서의 사용실태를 점검하고 인센티브제도 등 사용확대방안도 마련할 계획이다.

끝으로 각종 불공정행위의 온상이 되고 있는 대기업의 전속적 하도급 관계 강요행위와 정부투자기관, 지방자치단체 등 공공사업자의 우월적 지위남용행위에 대해서도 철저히 감시·시정해나갈 계획이다.

9-1-3 중소기업 스스로 경쟁의 주체가 되어야

민주적 시장경제의 달성을 위해서는 대기업과 중소기업 간의 수직적 관계에서 나타나는 불공정거래관행을 철저히 방지하여, 중소기업이 건전하게 성장할 수 있는 여건을 마련하는 것이 무엇보다 필요하다.

공정거래위원회에서는 대기업과 중소기업 간의 거래, 특히 하도급 거래에서 나타나는 대기업의 횡포에 대해서는 공정거래법과 하도급법의 운용을 강화함으로써, '시장경제의 파수꾼'으로서 역할을 담당해나갈 것이다. 다만, 세계화 추세와 국제적인 기준은 무조건적인 중소기업 보호를 불가능하게 하고 있다. 최근 경제협력개발기구(OECD)의 경성카르텔금지권고와 카르텔일괄정리법에 의한 단체수의계약품목축소 등 각종 카르텔정비작업도 이와 같은 맥락에서 이해돼야 할 것이다.

세계무역기구(WTO) 체제 출범 이후 세계경제는 국경 없는 하나의 열린 시장경제로 무한경쟁상태로 돌입하고 있다. 급변하는 세계경제환경의 변화 속에서 살아남기 위해서는 국제적

시각으로 변모하는 한편, 경쟁력과 자생력을 키워나가는 것이 불가피하다고 할 것이다

　이제 중소기업들도 보호의 객체로서가 아니라 경쟁의 주체로서, 스스로 과감한 구조조정과 기술개발, 전문성제고 등 체질 및 경쟁력을 키워나가는 노력을 배가해나가야 할 것이다.

10-1 평생직장에서 평생직업으로

몇 해 전 '뉴질랜드에 자살과 범죄가 급증하였다'는 신문기사를 유심히 읽었던 기억이 있다. 뉴질랜드는 10여 년의 개혁 추진과정에서 실업자 수가 급격히 늘었다. 그 여파로 범죄율이 10년 사이에 50% 증가하고, 15 – 24세 여성의 자살률은 1990년도의 경우 경제협력개발기구(OECD) 국가 중 최고 수준에 이르렀다는 것이다.

10-1-1 구조개혁의 모범생 뉴질랜드

1990년대 중반 뉴질랜드는 구조개혁, 특히 공공 부문을 혁신적으로 개혁하여 글로벌시대의 최우등생으로 부각되었다. 스위스 세계경제포럼(WEF), 영국잡지 『이코노미스트』 등 세계적인 평가 기관들은 뉴질랜드를 '경제자유도' 1위, '정부 정책의 질' 1위, '국가경쟁력' 7위 등 여러 분야의 모범생으로 평가하였다. 그러나 뉴질랜드도 개혁이 시작되기 전인 1984년에는 외환부족으로 외환거래중지를 선언해야 할 정도로 경제상황이 심각하였다. 10여 년간 공공 부문 등의 비효율을 과감히 제거함으로써 뉴질랜드는 세계적인 모델로 부각될 수 있었던 것이다. 이처럼 구조개혁이 성공하고 사회 전체의 생산성을 높여가는 성과의 뒤안길에는 구조조정의 직접 당사자들의 어려움이 있었던 것이다.

우리의 경우 최근에 이루어지고 있는 구조개혁은 뉴질랜드보다 더 급박하고도 광범하게 다가왔다고 할 수 있다. IMF의 자금지원을 받아야 하는 외환·경제 위기 속에서 많은 기업들이 부도로 문을 닫았고, 많은 근로자가 정든 회사를 떠나야 했던 것이다. 한 번 취직하면 특별한 사유가 없는 한 10 – 20년씩 같은 직장에 근무하던 우리의 취업 관행상 특이상황이 대대적으로 발생한 것이다.

경제상황의 급격한 변화로 고용조정이 최근에 급격히 이루어졌는데, 노동시장의 탄력성 확보는 경제발전에 매우 중요하고 근래에 들어 더욱 중요해졌다고 할 수 있다. 상품을 생산하는 데 필요한 생산요소가 경제적 수요에 부응하여 원활히 이동하는 것은 자원의 효율적 배분, 경제효율의 극대화를 위해 절대적으로 중요하다. 상품시장에서의 경쟁이 치열해지면서, 이들 상품을 생산하는 데 필요한 생산요소 즉, 노동과 자본의 원활한 이동이 더욱 중요해지고 있는 것이다.

10-1-2 유연한 생산체제, 탄력적 노동시장

인터넷 등 정보통신 분야의 혁명적 발전은 상품에 대한 정보가 빛의 속도로 확산되는 것을 가능하게 하고, 세계무역기구(WTO) 체제의 출범 등 세계화의 진전으로 세계시장은 하나로 통합되고 있다. 소비자들의 기호는 개성화되고 있고, 소비자의 다양한 기호를 충족시킬 수 있는 기업이 나타나고 있으며, 이러한 기업들만이 성공할 수 있는 시대로 변하고 있다. 저부가 가치의 소품종 대량생산방식보다는 고부가 가치의 다품종 소량생산방식이 중요해지고 있는 것이다. 개개인의 개성과 창의력이 더욱 중요시되고, 이를 효과적으로 발휘할 수 있는 유연한 기업만이 살아남을 수 있게 되었다. 유연한 생산, 유연한 기업에게 가장 중요한 요소가 유연한 노동력의 공급이라고 할 수 있다.

미국은 1990년대 중반 이후 높은 성장률과, 낮은 물가상승률을 지속적으로 달성했으며, 불가사의하기까지 한 이 같은 경제현상을 조리 있게 설명하기 위한 새로운 경제이론마저 모색되고 있는 상황이다. 미국경제의 저물가, 고도성장의 중요한 원천의 하나로 꼽히는 것이 유연한 노동시장이다. 유럽 국가에 비해 임금상승률이 다소 낮지만 완전고용에 가까운 실업률을 기록하고 있기 때문에, 고실업의 유럽 국가에 비해 노동자그룹의 실질복지수준이 오히려 높다는 평을 듣고 있는 것이다.

최근에 IMF 위기상황에서 대규모 고용조정이 있었지만 우리의 노동시장은 여전히 경직돼 있다고 할 수 있다. 노동 공급 측면에서 볼 때, 전업주부가 줄어들고 맞벌이부부가 늘어남에 따라 앞으로 노동시장에의 인력공급은 지속적으로 증가할 전망이다. 또한 의학기술의 발달, 건강증진 등으로 평균 수명이 길어지고 그만큼 가용노동인력이 늘어날 전망이다. 이에 반해 전통적 산업에서의 노동수요는 자동화·기술화의 진전으로 감소하고, 새로운 성장 산업에서의 노동의 수요가 증가돼 나갈 것이다. 노동의 공급과 수요를 조절해주는 노동의 가격, 즉 임금은 생산에 따른 성과급 성격보다 생계비 지급 차원의 개념이 많이 남아 있어 개선의 여지가 크다.

10-1-3 노동에도 시장원리

우리의 노동시장이 제대로 작동하여 경제 발전을 뒷받침하고 개개인의 후생을 떠받치기 위해서는, 노동시장에도 시장원리가 원활히 작동돼야 한다.

첫째, 노동의 생산성을 반영하는 임금체계가 구축되고 임금의 탄력성이 확보돼야 한다. 회사 임원, 연구소의 박사, 고위 공직자들을 대상으로 연봉제가 속속 도입되고 있다. 매달 받는 월급을 합산한 개념이 아니라, 개개인의 실적, 생산성을 감안하여 연봉을 매년 새로이 책정한다는 것은 노동시장을 제대로 작동시키기 위한 첫걸음이라고 할 수 있다. 단순한 연공서열이 아니라 실적에 따라 봉급이 현실화될 때, 개인의 생산성도 향상되고 기업 전체의 생산성도 올라갈 수 있다.

임금의 탄력성이 확보되고 임금이 생산성과 긴밀히 연결될 때, 인구의 노령화에 따른 사회적 문제에 대한 해결의 실마리도 제공된다. 지금 미국, 유럽, 일본 등 주요 선진국은 인구의 고령화 추세에 있고, 우리도 급격한 경제 발전을 기초로 평균 수명이 늘어나고 있다. 건강하게 오래 사는 것은 인류의 가장 큰 소망이니 이러한 현상은 크게 환영할 일이지만, 노인인구의 비중이 커지고, 이들을 부양할 젊은 세대의 부담이 높아지는 것은 사회적 문제가 되는 것이다. 50대 중반에 은퇴하는 관행은 과거와 마찬가지인데, 70대 후반까지 여생을 즐기는 노인의 비중이 점점 더 높아지고 있다. 50대 중반에 은퇴하고 70대까지 직업 없이 소일하는 상황은 본인도 힘들고, 이들을 부양하기 위한 사회적 부담도 너무 커져서 문제이다.

삼미그룹 부회장이던 서상록 씨가 롯데호텔의 식당 웨이터로 취업하여 화제가 된 일이 있다. 대기업 최고간부가 웨이터로서 새로운 삶을 시작하고, 그 안에서 자유를 만끽할 수 있다는 면에서 매우 신선하게 느껴졌다. 그러나 사회 전체의 생산성 관점에서 보면 이보다 더 나은 대안이 있을 수 있다는 생각이다.

나이든 최고간부가 과거보다 생산성이 떨어졌는데도 높은 봉급을 받고 자리를 지키고 있으면, 기업의 입장에서는 비용이 상승하여 경쟁력이 떨어진다고 하겠다. 젊고 유능한 직원은 승진이 늦어지는 데 대해 답답해할 수 있다. 이러한 상황이 발생할 때 우리 사회에서는 고위간부가 그 회사, 그 직종을 완전히 떠나 은퇴하든지, 전혀 새로운 분야에서 처음부터 시작하는 대안만이 있을 뿐이다. 한 분야의 전문가가 노쇠하여 생산성이 지하되면, 높은 자리에서 지휘하지 않고 임시직으로서 낮은 급여를 지급받으며 자신이 근무하던 조직을 위해 일할 수 있는 시스템이 갖추어지면, 이러한 양자택일의 문제가 해결될 수 있다. 조직 전체로서는 더 적은 비용으로 높은 성과를 취할 수 있는 동시에, 원로의 경험을 활용함으로써 시행착오를 줄일 수 있을 것이다.

10-1-4 미국의 첫번째 성장산업은 직업알선업

노동시장이 제대로 기능하려면 임금이 탄력적으로 움직일 것과 더불어 직장을 자유롭게 옮길 수 있는 여건을 마련하는 것이 매우 중요하다. 1990년대 중반 '5년간 미국에서의 고용 증대 20대 산업 중 선두가 직업알선업' 이라는 글을 읽은 적이 있다. 정보·통신 분야의 혁명으로 산업구조가 활발히 개편되고 있는데, 성장산업에서의 인력수요와 새로운 직장을 찾는 인력들을 연결해주는 직업알선업이 이러한 구조개편을 가능하게 해주고 있는 것이다. 인터넷을 통한 구인과 구직도 대단히 활발하게 이루어지고 있다. 미국의 인터넷 관련 주가를 선도하고 있는 AOL(America on Line)사의 구인 및 구직 관련 사이트의 방문자 수는 1999년 5월 한 달만 해도 400만 건에 육박하였다.

우리의 경우 개인적인 이유로, 또는 산업구조의 재편에 따라 새로운 직장을 구하려고 해도 정보가 부족하여 직장을 구하지 못하고 어려움을 겪는 경우가 많이 있다. 반면, 기술자를 급히 필요로 하는데, 기술자들을 제대로 구하지 못하여 공정에 차질이 발생하는 회사들도 많이 있다.

우리의 노동시장도 이러한 직업소개의 인프라가 대폭 확충되고 활용될 필요가 있다. 직업소개소가 부녀자 매매의 수단으로 악용돼온 전례가 있어 아직도 영업활동에 대한 제한이 많이 있는데, 이에 대해 적극적으로 생각할 필요가 있다. 지금처럼 컴퓨터통신이 발달한 시대에는 인력수급의 연결이 인터넷을 통해 보다 신속하고 저렴하게 이루어질 수 있다. 이와 더불어 노동의 질에 대한 공인기관의 인증제도가 확충되면 인력수급의 연결은 더욱 원활히 이루어질 수 있을 것이다. 일반 상품과 달리 노동력은 개개인마다 차이가 있으므로 노동의 질을 객관적으로 평가할 수 있다면, 노동력의 거래가 보다 쉬울 것이기 때문이다.

10-1-5 사회보장제도의 확충을 기반으로

노동시장의 원활한 작동을 위해 우선적으로 전제되어야 할 것이 있다. 모든 사람은 인간으로서의 존엄성을 지킬 수 있는 정도의 생계가 확보되어야 한다는 것이다. 생활보호·의료보험·국민연금제도 등 사회보장제도가 확충되고 교육을 제대로 받을 수 있는 기회가 확보되어야 한다. 한 사람, 한 사람의 가치가 그 자체로서 존중되어야 한다는 면에서 그렇고, 사회가 통합된 가운데 발전해나가기 위해서도 그렇다.

이러한 기본적 수요의 충족을 전제로, 각자 자기 분야에서 열심히 일하고 기여하는 사람에게 큰 성과가 돌아가도록 하는 것이 중요하다. '기회의 평등'을 보장하되 열심히 일하는 사람들에게 더 큰 성과가 배분될 수 있도록 함으로써, 이늘이 좀더 사회에 기여하도록 유도할 필요가 있다고 하겠다.

10-2 교육에도 시장원리를 적용

몇 해 전 독일 출장길에 주말을 틈타 나치의 유태인수용소가 있던 작센 하우센을 둘러본 적이 있다. 높다란 담장, 그 위에 뾰죽뾰죽 얹힌 철조망, 넓은 운동장 끝에 서 있는 막사들, 햇빛을 철저히 차단시켜놓은 어둡고 좁은 독방, 인체 실험이 이루어졌다는 병원용 침대, 침대 건너편의 음산한 욕조……. 하루하루를 극도의 불안과 공포에 시달리며 지냈을 역사의 희생자 유태인들을 떠올리며 비감한 심정이 되어 수용소 문을 나섰던 기억이 새롭다.

10-2-1 교육은 최상의 투자

유태인은 나치 치하에서 특히 혹독한 시련을 겪었지만 이전에도 수천 년 동안 박해를 받으며 유랑생활을 했다. 나라를 잃고 온 민족이 이 나라 저 나라로 흩어져 방랑의 세월을 보내야 했던 것이다.

하지만 이처럼 참담한 세월을 살아온 유태인이지만 지금도 세계인으로 하여금 찬탄을 금치 못하게 만드는 유산을 남겨놓았다. 바로 이들의 뛰어난 자녀교육방법이다. 천재 과학자 아인슈타인, 금세기 최고의 영화예술가 스티븐 스필버그, 그리고 헤아릴 수 없이 많은 유태인 출신 노벨상 수상자들.

경쟁이 꽃피는 시장경제

유태인들의 교육방식을 소개하는 책들이 오늘도 서점의 육아·교육 코너를 점령하고 있다. 자신을 지켜줄 나라가 없었으므로 유태인들은 열심히 일을 해서 돈을 모으고 번듯한 집을 마련해놓아도, 하루아침에 모든 것을 빼앗겨버리곤 하였다. 모든 것을 다 빼앗겨도 죽지만 않는다면 남아 있는 것, 그것은 바로 사람의 몸, 사람의 머리이다. 사람의 머리 안에 집어넣은 지혜와 지식은 빼앗아갈 수 없다는 생각에 유태인들은 교육을 중시하였던 것이다. 경제학적 표현으로 인적 자본(人的資本, Human Capital)을 축적해나간 것이다. 유태인들의 자녀교육에 대한 열성은 그들의 역사와 환경을 고려해볼 때 합리적인 투자 활동이라고 할 수 있다.

10-2-2 세계 으뜸의 교육열

사실 우리 나라도 교육에 대한 부모들의 관심은 세계적인 수준이다. 세계 각국 초등학교, 중학교 학생들을 대상으로 한 수학 및 과학능력평가 시험에서 우리 나라 학생들이 세계 2위를 차지했다는 기사를 3년 전 영국에서 발행되는 『이코노미스트』 지에서 본 적이 있다. 빈한한 가정의 자녀가 온갖 어려움을 딛고 열심히 공부하여 좋은 대학을 나오고, 사회에 기여하였다는 성공담이 우리 주변에 많이 있다. 3년 전에도 막노동, 자장면 배달에 동생까지 돌보며 고생하던 재수생 장승수 군이 서울대학교에 수석 합격하여 장안의 화제가 되고, 그가 써낸 책이 한동안 베스트 셀러가 된 적도 있다. 이러한 성공담이 우리 부모들의 자녀교육에 대한 열의를 식지 않게 해주고 있다. 사실 우리 경제의 가장 큰 저력은 훌륭한 노동력, 두뇌이며 이는 뜨거운 교육열에서 온다고 생각한다. 우리 나라가 계속 발전해나가기 위해서는 교육이 어떻게 이루어지는가가 매우 중요하다고 하겠다.

10-2-3 창의력 교육이 중요한 시대

교육에 대한 열의에 비해 우리의 교육방식은 문제점이 많고 개선의 여지도 크다고 하겠다. 사회에서 필요로 하는 능력과 자질, 이러한 능력을 키우기 위한 교육에 대한 수요가 바뀌고 있는데, 교육의 공급방식은 큰 변화가 없다. 임금수준이 낮았던 시절 우리는 소품종 대량생산 체제를 갖추고 노동집약적 상품을 저렴하게 생산함으로써 경쟁력을 갖출 수 있었다. 그러나 이제는 우리의 임금수준도 선진국에 근접할 만큼 올라감에 따라, 노동집약적 상품의 경쟁력이 중국과 동남아 등 후발 개도국에 비해 떨어지게 되었다.

이제는 우리도 선진국처럼 다양한 종류의 고부가가치 상품을 개발하여 팔아야 한다. 소품종 대량생산 체제 시절에는 윗사람의 지시에 순종하고 작업지시서를 이해할 줄 아는 성실한 근로자이면 충분하였으나, 이제는 새로운 아이디어로 신상품을 개발하고 기발한 판매전략을 구사할 줄 아는 인력이 중요해지고 있다. 개인 한 사람 한 사람의 창의성을 개발하고 키워낼 수 있는 교육방식이 절실해지고 있는 것이다.

각자 자기 분야에서 창의력을 발휘할 수 있는 다양한 성격의 사람을 키워내는 것, 그것은 교육 분야에도 시장원리를 도입함으로써 가능하다고 생각된다. 첫째, 무엇을 배울지 수요자가 정할 수 있도록 하고 둘째, 교육서비스 공급자간의 경쟁을 촉진하는 것이다.

10-2-4 교육 수요자에게 선택권을

먼저, 배움이라는 교육서비스가 공급되는 데 있어서 수요자의 선택권이 회복돼야 한다. 우리의 교육은 사회가 필요로 하는 교육, 그래서 미래의 사회인이 자신의 능력을 키우기 위해 배우고자 하는 교육보다는 가르치는 선생님 위주로 되어 있는 측면이 크다. 현행 교과과정을 따르자면 고등학교 기술시간에 여학생들이 톱질하는 방법을 배워야 하고, 가정시간에 남학생들이 바느질하는 방법을 배워야 한다. 기술과목 선생님들에게 수업시간을 주기 위해 이러한 수업이 이루어진다는 지적이 있다. 사회생활을 하는 데 필수적인 교양교육, 감성과 체력 발달 등을 위한 교육 외에 무엇을 배울지 수요자가 보다 광범위하게 선택할 수 있는 방식의 도입이 필요하다.

우리에게 익숙한 학교교육이 본격적으로 도입된 것은 사실 산업혁명 이후의 일이다. 그 이전에는 교육이 개별적인 접촉을 통해 이루어졌다. 산업혁명 이전의 방식으로 돌아가는 것은 가능하지도 않고, 바람직하지도 않지만 수요자가 원하는 교육이 이루어져야 한다는 취지의 이야기이다.

우리 시대 경제학의 권위자 중 한 사람인 밀턴 프리드먼은 공교육시스템 아래에서도 수요자 위주의 교육이 가능하다고 하며, 수강권(受講券, 바우처)제도의 도입을 제안하고 있다. 국민들에게 교육받을 기회를 평등하게 부여하되, 교육받을 사람이 배울 내용을 스스로 선택할 수 있도록 하자는 것이다. 각 개인에게 일정한 금액의 수강권을 주면, 각자 수강권을 내고 자신이 듣고 싶은 강의를 선택하여 들을 수 있도록 하자는 것이다. 그렇게 하면 듣고 싶어하는 사람이 많은 과목의 강의는 늘어나고, 듣고자 하는 사람이 없는 과목은 자연히 폐강될 것이다. 교육서비스에 시장원리를 적용함으로써, 수요자가 필요로 하는 교육, 사회가 필요로 하는 교육이 이루어지도록 하는 것이다.

우리의 중·고등학교 교육도 획일화된 학교교육보다 경쟁과 시장원리가 더욱 중시되는 시스템의 도입이 필요하다고 생각된다. 학생들간의 과열경쟁과 과외수업의 폐해를 줄인다는 취지로 정규수업 외에 야간학습, 야자(요즘 학생들은 '야간자율학습'을 이렇게 줄여서 부른다)까지 하는 학교가 많이 있다. 이러한 방식이 저임국가 시절에는 바람직한 측면도 있고 개인간 우열의 격차를 줄이는 효과가 다소 있을지 모르지만, 개인의 창의와 효율이 중요시되는 이 시대에도 적절할지는 의문이다. 이제는 학생들에게 더 많은 자율을 주고 사회에서 유용한 교육을 학생들이 스스로 선택하여 배울 수 있도록 할 필요가 있다. 물론, 부모와 선생님들이 학생들의 선택을 도와주어야 하겠지만.

공직사회에서 성공하려면 업무와 관련된 자료를 광범위하게 읽고 분석하여 정책에 활용하는 능력이 중요하다. 외국 자료를 분석하기 위해서는 외국어 능력이 있어야 하고, 인터넷을 통해 자료를 파악하려면 컴퓨터도 잘 다루어야 한다. 여러 분야를 두루 잘하는 인력도 필요하지만 어느 한 분야의 진정한 전문가 또한 절대적으로 필요하다. 이러한 능력을 키워주는 학원

경쟁이 꽃피는 시장경제

들, 예를 들면 속독학원, 글짓기학원, 영어학원, 컴퓨터학원들이 생기고 번성하고 있는 점은, 우리 나라의 교육 분야에도 어느 정도 시장이 작동한다는 이야기가 될 것이다.

이러한 사교육 분야에 시장원리가 제대로 작동되지 않아 고액과외가 나타나기도 하지만, 더욱 효과적인 접근방식을 통해 문제를 완화시킬 수 있다고 본다. 시장경쟁이 제대로 작동한다면 턱없는 고액과외도 사라질 것이다. 프리드먼 교수가 제안한 수강권제도를 학교교육에 전면적으로 도입하는 것은 당분간 어렵겠지만, 부분적인 도입도 수요자선택권의 회복이라는 관점에서 바람직하다고 생각된다.

10-2-5 교육서비스 공급자간에 경쟁을

지금까지 이야기한 교육 수요자의 선택권 회복과 더불어, 교육서비스 공급자 사이의 경쟁 촉진은 바람직한 교육을 위해 중요하다. 교육시장의 경쟁을 촉진하는 방법으로 교육시장의 대외개방이 필요하다고 본다.

한동안 외국에 나가 있는 우리 유학생들의 비행이 사회적으로 크게 문제된 적이 있다. 유학생의 규모가 매우 크고 이들의 학비, 생활비로 매년 대규모의 외화가 송금된다고 하여 여론의 비판을 받았다. 이 학생들이 외국으로 내몰린 데에는 우리 나라 대학입시제도의 문제점이 그 밑바닥에 깔려 있지만, 이들이 외국에 나가서 받을 수 있는 교육을 국내에서는 받을 수 없다는 이유도 크게 작용하였다고 생각된다. 이들이 외국 유학을 하게 된 중요한 이유 중의 하나는 해외생활을 통해 외국어에

능숙해질 수 있다는 점도 들 수 있다.

외국어 능력을 향상시키기 위해서는 외국에 유학을 가야만 가능할까? 이들이 필요로 하는 교육을 국내에서 받을 수 있다면, 가족들과의 평온한 생활, 영어 능력의 개발, 과다한 외화 자산의 유출 방지 등이 모두 가능하다고 하겠다. 우리 나라 학생들의 외국어 능력 배양은 외국의 우수 대학교의 국내 분교 설립을 자유롭게 허용함으로써 가능하다고 본다. 이러한 학교들은 영어회화교육 분야에서 경쟁력이 있을 것이고, 영어 외의 다른 과목 강의도 영어로 진행할지도 모르겠다. 또 외국 본교에서의 학점 취득 프로그램, 방학 기간중의 영어 연수 프로그램이 개발될 수도 있겠다.

처음에는 외국 대학교의 분교가 우리 학생들의 영어능력 배양에 큰 기여를 하겠지만, 일단 시작되면 국내 대학교도 이들만큼 경쟁력을 갖추기 위해 외국어교육 프로그램을 혁신적으로 개선하고자 할 것이다. 외국 대학교와 자매결연을 맺어 기숙사를 교환해서 이용할 수 있도록 하고, 학점을 상호 인정하는 제도 등 다양한 방법을 개발하는 등의 운영 말이다.

외국 대학교의 분교 설립에 그칠 것이 아니라, 근본적으로는 대학교의 설립 자체를 자유화하고 정원도 자율화하는 방향으로의 정책 검토가 필요하다. 최근에 모 대학교가 재단 운영의 문제점 때문에 폐교 위험에 처한 적이 있다. 폐교 위기라는 사태는 교직원, 졸업생과 재학생들 모두에게 큰 어려움이겠지만, 내학 교육의 나아갈 방향과 관련해서는 오히려 긍정적인 자극을 준 측면이 있다.

대학교가 효율적으로 운영되지 못하고 경쟁력을 상실하게 됨으로써 폐교될 수 있는 상황은, 더 훌륭한 졸업생을 배출하

경쟁이 꽃피는 시장경제

여 많은 학생들이 입학하고 싶어하는 훌륭한 학교를 만들려는 노력으로 직결될 수 있기 때문이다. 근래에 신문과 방송에 유명 연예인, 스포츠맨이 등장하여 출신학교를 광고하는 장면을 자주 접하게 된다. 대학간에 경쟁이 시작되고 있다는 증거라고 본다. 이러한 경쟁이 좋은 학생, 좋은 인재를 사회에 배출하려는 노력, 더 좋은 학교를 만들려는 노력으로 연결돼 나가도록 밀어주고 도와야 할 것이다.

10-3 사이버 공정거래

전자상거래(electronic commerce)라는 용어는 1989년 미국의 리버모어 국립연구소(Lawrence Livermore National Laboratory)에서 국방부 프로젝트를 수행하면서 처음 사용하였고, 1993년 미 연방정부의 구매 및 조달 프로그램에서 이 용어를 채택하면서 일반화되기 시작하였다. 이러한 거래방식은 당초 인터넷과는 무관하게 정보기술을 이용하여 '종이 없는(paperless)' 환경을 달성하기 위해 기업과 기업 사이의 거래에서 시작되었고, 1993년 웹(web) 기술의 출현으로 인터넷이 대중화되면서 기업과 개인 사이의 거래로 확산되었다.

10-3-1 인터넷 시장, 국경이 사라진다

전자상거래가 시장을 바꾼다. 원하기만 하면 누구나 인터넷이라는 가상공간 속에 상점을 차릴 수 있고, 고객이 세계 어디에 있든 원하는 상품을 팔 수 있는 시대가 왔다. 온라인으로 상품과 돈이 오가는 전자상거래가 정보화시대 세계시장의 구조를 바꾸고 있는 것이다.

인터넷을 통한 국내 전자상거래 규모는 LG경제연구원 자료에 따르면, 1998년 94억 원 규모에서 2000년 450억 원, 2002년 2100억 원으로 확대될 전망이다. 국제적인 시장조사기관들은 국제

경쟁이 꽃피는 시장경제

전자상거래시장이 머지 않아 30배 이상 급성장할 것으로 내다
보고 있다.

전자상거래시장에서는 세계 인터넷 사용자가 모두 고객인
데, 1998년 말 현재 인터넷 이용자는 160여 개국 9400만 명이
며 2000년에는 2억 명을 넘어설 전망이다.

미국은 인터넷 이용자 10명 중 2명이 한 달에 한 번 이상 인
터넷에서 물건을 사고 있고, 전체 이용자의 60%가 인터넷에
들어가 물건값이나 상품의 기능을 조회한다.

국내에서는 한국통신, 데이콤, 메타랜드 등이 중심이 되어
신용카드회사, 유통업체와 공동으로 전자상거래를 추진하고
있다. 롯데, 현대, 신세계 등 백화점업계는 이미 회사별로 인터
넷 홈쇼핑을 운영함으로써 본격적인 전자상거래시대에 돌입
하였다. 종로서적 등 대형서점들도 인터넷으로 독자들의 주문
을 받아 책을 배달해준다.

전자상거래는 이제 기업들이 '해도 그만 안 해도 그만'인
전략적 선택의 대상이 아니라, 미리 준비해두지 않으면 생존
자체가 위협받을 수 있을 만큼 새로운 시장환경을 조성하고
있다.

10-3-2 국내 사이버 상점은 아직 시작 단계

전자상거래의 세계시장을 주도하는 미국에는 이 사업만으로
성공을 거둔 기업이 많은데, 국내에서는 이제 싹이 돋기 시작
한 초기단계라고 할 수 있다.

세계 최초의 인터넷 은행인 시큐리티 퍼스트 네트워크 뱅크

(SFNB)는 점포 없이 1995년 10월 영업을 시작하여 미국 전역에서 1만 3000여 명의 고객을 모았다. 연간 예금이 4800만 달러를 넘어섰고 인터넷 접속 건수는 하루 7만 건을 웃돈다.

기존 은행을 통해 거래할 때에는 송금 수수료가 건당 1.08달러가 들지만, SFNB를 통하면 건당 13센트밖에 들지 않으므로 고객이 증가하지 않을 수 없다. 이에 자극받아 미국 내 50여 개 일반은행도 이 같은 인터넷 거래를 시작했으며, 이용고객 수는 5000만 명, 수신고 8000억 달러를 기록하고 있다.

소규모 사이버 점포를 개설한 사업가를 위한 전자지불대행 서비스도 성업중이다. 인포하우스(InfoHaus)라는 서비스는 가입비 10달러를 받고 고객과의 과금(課金) 유통 등 골치아픈 문제를 해결해준다. 사이버 점포는 거래가 있을 때 건당 29센트와 거래금액의 2%를 인포하우스 측에 지불하면, 고객으로부터 돈 받는 일이 해결되는 것이다.

미국의 전자상거래가 본궤도에 올라섰다면 국내는 이제 시작단계이다. 현재 국내에서 전자상거래에 큰 관심을 기울이는 곳은 백화점과 서점이며, 주요 고객은 컴퓨터를 다룰 줄 아는 20, 30대 직장인이 압도적이다.

교보문고는 인터넷 매장(http//www.kyobobook.co.kr)에서 하루 200여 건의 주문을 접수한다. 실제 매장에서 하루에 직접 발생하는 거래 100만 건(약 3억 원)에 비하면 아직 보잘것없는 수준이지만, 지난해 9월 개점 당시보다 6배가 늘었다.

백화점의 경우 롯데, 신세계, 현대 등 '빅3'가 모두 인터넷 쇼핑몰을 개설한 상태이며, 이 가운데 1999년 2월 중순 개점한 현대 인터넷 백화점(www.hyundaidept.com)은 국내 기존 쇼핑몰보다 한 단계 앞선 '전자지갑'의 개념을 도입하였다. 회원으로

경쟁이 꽃피는 시장경제

가입하면 패션잡화, 가전제품 등 6백여 품목을 온라인으로 결제하여 구입할 수 있다. 서비스 초기단계로서 가입회원은 3,000명이다. 인터넷을 통한 월 매출액도 실거래 매출 1500억 원에 비해 1000만 원으로 아직 미미하다.

국내에는 아직 인터넷 뱅킹이 도입되지 않았다. 은행은 지점 중심의 영업형태에서 전화를 이용한 폰뱅킹, PC통신을 이용한 PC뱅킹을 서비스하는 수준이다.

10-3-3 전자상거래 국제규범 모색 활발

전자상거래 규모가 확대되고 국제교역에서 차지하는 비중이 높아짐에 따라, 이 새로운 교역수단에 대한 국제규범 제정작업이 미국 등 선진국을 주축으로 진행중이다. 우리 나라도 이와 같은 국제 추세에 부응하여 범정부적으로 거래의 안전과 신뢰성 확보, 그리고 소비자보호 등 전자상거래 활성화를 위한 방안들을 적극 모색하고 있다.

전자상거래는 거래 상대방을 직접 대면하지 않고 컴퓨터를 매개로 이루어지고 있으므로 거래 상대방의 진실성을 확인하기 위한 절차가 필요하다. 또한 계약의 성립, 의사표시의 존재, 의사표시의 하자, 계약의 철회방법 등을 명확히 함으로써 분쟁 발생시 책임의 한계를 분명히해야 한다.

이와 관련하여 산업자원부로부터 넘겨받아 공정거래위원회가 운영하는 '방문판매 등에 관한 법률'에는, 전자상거래 사업자로 하여금 사업자 명칭 및 주소 등의 정보와 계약의 철회방법 및 철회기한에 관한 정보 등을 소비자에게 제공하도록 규정하고 있다. 또 산업자원부가 운영중인 '전자거래기본법'에 근거하여 공정거래위원회가 고시하는 '전자거래소비자보호지침'에도 이와 같은 내용들이 포함될 예정이다.

또한 전자적 방식으로 대금지급이 이루어지게 되므로 거래와 관련된 개인정보가 우선적으로 보호돼야 하며, 이에 따라 전자자금이체, 전자자금카드, 전자화폐 등과 같은 지불수단이 안전하게 사용될 수 있도록 재정경제부 등 관계부처에서 전자자금결제 효율화방안을 적극 모색하고 있다.

또한 전자상거래가 국제거래의 새로운 형태로 발전하고 있는 점을 고려하여, 소비자 피해가 발생하였을 때 어느 국가의 법과 재판 관할을 인정할 것인지의 문제에 대해서도 국가간의 합의가 필요하다고 할 수 있다. 경제협력개발기구(OECD)가 제정을 추진하고 있는 '전자상거래상 소비자보호 가이드라인'에는 이와 같은 '재판 관할과 준거법' 항목을 규정하는 데 있어서 그 항목들의 명확한 정도를 놓고 미국, 영국, 프랑스 등 회원국간에 의견이 분분한 상황이다. OECD 논의내용이 정리되는 대로 앞서 언급한 '전자거래소비자보호지침'에 반영할 예정이다.

제6부 │ 세계 경제질서의 변화

11-1 국경 없는 대경쟁시대

얼마 전 미국 법무부 독점금지국(Department of Justice, Antitrust Division)은 스위스 및 독일의 비타민 제조회사에 대해 비타민 원료 가격 및 판매량 할당에 있어서의 담합을 이유로 총 7억 3000만 달러의 벌금을 부과하였다. 또한 미 법무부는 이 건과 관련하여 스위스 기업의 마케팅 이사에 대해 허위 및 사실 은폐 기도 등의 혐의로 10만 달러의 벌금과 4개월 징역형을 동시에 구형하였다.

이 벌금 부과 건은 지금까지 미국 경쟁 당국이 외국의 사업자에 대해 부과한 벌금액 중 최고에 해당되는 것으로서, 지금까지 최고액으로는 독일의 흑연 봉 제조회사에 대해 담합 혐의로 부과한 1억 1000만 달러였다. 또한 유럽연합(EU)에서는 1998년 9월 한국의 3개 해운회사에 대해 운송요금 담합을 이유로 약 6100만 달러의 벌금을 부과하였다.

11-1-1 경쟁법은 국경을 넘어 적용돼

이것은 경쟁법의 역외적용에 해당되는 것으로서, 역외적용이란 자국의 영토 바깥에서 행해진 행위에 대해서도 그 영향 또는 효과가 자국 내에 미치는 경우에는 자국의 경쟁법을 적용하는 것을 의미한다. 이러한 역외적용은 글로벌화되고 있는 세계경제의 한 단면으로서, 한 나라의 경제행위가 이제는 그 나라만의 문제가 아니라 다른 나라에 영향을 미치고 있으며, 불법적인 가격담합 등의 행위에 대해서는 다른 나라 기업에 대해서도 국경을 초월하여 경쟁법 집행이 적용될 수 있음을 보여주는 것이라고 하겠다.

기업의 규모가 커지고 거래 상대방이 여러 나라가 관련되는 것이 보통이므로 이제는 기업이 속한 나라의 법망만 피해가면 만사형통이라는 골목대장식의 기업경영 풍토는 위험천만한 발상이며, 자칫하면 힘들여 벌어들인 외화를 송두리째 외국 경쟁 당국에 갖다바쳐야 하는 억울한 사태가 생길 수 있으므로, 항시 외국 경쟁법에 대한 연구와 대비가 필수적으로 이루어져야 할 것이다.

앞에서 언급한 2가지 사례에서처럼 역외적용은 부과된 벌금 규모가 클 뿐 아니라, 일단 적용되면 시장 상실 등이 뒤따르므로 사실상 거부할 수 있는 수단이 없어 기업으로서는 치명적인 손실을 입게 되며, 경우에 따라서는 자금압박 등으로 인해 도산 위험에까지도 처하게 되는 것이다.

따라서 이제는 기업활동에 있어서 그 기업활동의 결과가 기업이 속하는 국가의 경쟁법에 저촉되지 않음은 물론, 수출 등 기업활동이 전세계적으로 확대되어 이루어지고 있으므로 다른 나라의 경쟁법을 위반하지 않도록 각별한 주의가 요망되고 있다. 이러한 현상은 결국 경쟁법 집행과 관련된 국가간의 공통된 규범 정립을 제기하고 있으며, 국제적 협력이 그 어느 때보다도 더욱 절실한 과제로 대두되고 있음을 나타내는 것이라고 하겠다.

11-1-2 대경쟁시대와 세계경제질서의 변화

세계무역기구(WTO) 체제의 출범으로 국가간 무역장벽이 낮아지고, 통신 및 교통의 발달로 국가간 경제적 거리가 단축됨에 따라 세계경제는 하나의 시장으로 통합되고 있다. 그에 따라 지역적으로나 거래 대상에 있어서나 비교적 제한된 범위내에서 이루어지던 경쟁인 '소경쟁'의 시대가 지나가고, 세계의 모든 나라들이 상품·용역·자본·기술·인력 등 거의 모든 분야에서 치열한 경쟁을 벌이는 무한경쟁의 시대, 즉 '대경쟁(Mega - Competition)'의 시대가 도래하였다고 할 수 있다.

이러한 대경쟁의 시대는 결국 '시장을 중심으로 하는 자본주의의 새로운 물결의 대두'라고 할 수 있을 것이며, 국경 없는 경쟁(borderless competition)이 가속화됨에 따라 자국 산업 보호 목적의 전통적인 산업·무역정책이 퇴조하고 경쟁정책이 무역자유화, 규제개혁, 민영화의 중심축에 자리잡는 새로운 경제질서가 형성되고 있음을 의미하는 것이다. 또한 국경 개념이 없어지면서 무엇보다도 특징적인 현상은 국제경제질서를 조율하는 정책과 규범이 표준화, 선진화되는 추세가 가속화되고 있다는 점이다.

국민국가 개념, 주권국가 개념이 퇴조하면서 앞으로 그 나라만의 독특한 규범이 아니라, 국제기구를 통해 마련된 국제규범에 입각하여 국제통상질서나 국제투자질서가 형성될 것이고, 그러한 국제규범들은 어느 국가에게나 무차별적으로 적용됨을 원칙으로 하게 될 것임이 예고되고 있는 것이다.

그러나 이러한 국제기구 차원의 통일되고 보편적인 규범화 작업의 당위성과 필요성이 인정됨에도 불구하고, 상이한 각국의 경쟁법 수준과 내용, 엄청난 시간의 소요 등 현실적인 문제로 인해 구체적 실현에는 많은 장애가 있는 것이 사실이다.

특히 미국은 다자 차원의 국제규범화 노력은 실현 가능성이 매우 낮다는 이유를 들어 원칙적으로 반대입장을 표명하고 있으며, 시간과 비용이 덜 드는 양자간의 대화와 협력을 추구하고 있다.

11-1-3 국제적 협력의 증대

최근 미국 경쟁당국에 의해 발표되는 주요 경쟁법 집행의 특징을 살펴보면, 수개 국이 관련되는 불법적 국제 카르텔과 수백 억 달러가 넘는 초대형 합병을 들 수 있다.

국제 카르텔의 경우에는 불법적인 담합으로 인한 소비자 피해가 전세계적으로 대단한 규모에 이르고 있어 경쟁법집행을 위협하는 가장 심각한 문제로 대두되고 있다. 앞에서 언급한 비타민 담합 건의 경우 약 5년간 미국 법무부의 집요한 증거 추적 끝에 적발된 경우로서, 벌금 규모가 역대 최고이긴 하지만 담합으로 인한 그동안의 소비자 피해는 수십 배에 이를 것이라는 추정이 제기되고 있다.

이처럼 소비자에게 막대한 피해를 야기시키는 국제 카르텔의 경우는 기업의 근거지가 수개 국으로 분산돼 있기 때문에, 국가를 초월한 국제적 협력이 이루어지지 않고서는 사실상 조사나 증거확보가 어렵다고 할 수 있다. 따라서 미국을 비롯한 선진 경쟁당국에서는 카르텔로 인한 각국 소비자의 피해를 예방하기 위해 양자간 협정을 체결하여 국제적 차원의 공조체제

경쟁이 꽃피는 시장경제

를 유지하고 있다. 미국은 양자 협정 체결에 가장 적극적인 입장을 견지하고 있으며, 지금까지 유럽연합(1991년)·캐나다(1995년)·독일(1976년)·호주(1997년), 이스라엘(1999년) 등과 협정을 체결하였으며, 최근 일본과의 협정을 추진하고 있다. 특히 유럽연합(EU)과는 1991년 체결된 미국-EU 양자간 협정의 부속형태로 적극적 예양을 위한 양자간 협정을 체결(1998년 6월)하였는데, 적극적 예양(積極的 禮讓, Positive Comity)이란 경쟁법을 일방적으로 역외적용하는 대신 외국 정부에 대해 자국 내 경쟁제한적 행위에 대해 조사, 규제해줄 것을 적극적으로 요청하고 피요청국에서는 이에 자발적으로 응하는 것으로서, 최근 들어 이것의 효용성이 한층 강화되고 있다. EU는 중·동 유럽 국가들과 양자 협정을 체결하였으며 폴란드(1993년), 헝가리(1993년), 체코(1994년), 불가리아(1994년), 루마니아(1994년) 등과 역시 협정을 체결하였다.

11-1-4 OECD에서의 논의

최근 경제협력개발기구(OECD) 경쟁정책위원회에서는 '적극적 예양'에 관한 보고서를 채택하였으며, 경제협력개발기구 이사회는 1988년 경성카르텔 금지권고안을 채택하여 회원국들로 하여금 자국의 경쟁법이 경성카르텔을 금지하도록 하고, 국제적 협력 노력을 전개할 것을 촉구한 바 있다.

또한 보잉-맥도널 더글러스 합병 건에서 볼 수 있는 것처럼 미국과 EU는 끊임없는 대화와 상호협력을 통해 양국의 국가원수까지 참여한 협상을 거쳐 결국 합병에 동의하는 결과를 도출하였다. 이것은 곧 경쟁적 시각에서의 글로벌화의 진전은 경쟁 관련 사안들 중 많은 부분이 월경(越境) 효과 등과 같은 국제적 성격을 지닌다는 것을 의미하며, 최근 들어 급증하고 있는 대규모 합병(Mega Merger), 엑슨-모빌, MCI-WORLD COM, 다임러 벤츠-크라이슬러 등의 사례에도 국제적 협력이 예외 없이 적용될 것임이 예상되고 있다.

결국 개방화 글로벌화 시대의 경쟁법과 정책의 실시는 사회적 효용의 저하를 가져오는 반경쟁적인 행위들에 대해, 종전의 일개 국 수준에서의 논의를 넘어 전세계적 차원의 협력시스템 구축의 필요성을 제기하고 있으며, 기업들의 반경쟁적 행위에 대한 보다 강력하고 효과적인 방지가 가능한 장치의 확립이 요청되고 있는 것이다.

11-2 뉴 라운드가 온다

1998년 3월, 세계무역기구(WTO) 분쟁해결작업반은 세계 무역 관계자들의 주목을 끄는 보고서를 공표하였다. '코닥-후지 사건'으로 일컬어지는 사례를 다룬 것이었다. 세계적인 필름 제조업체인 코닥을 가진 미국이 "일본정부가 거래조건의 표준화와 판매촉진비에 대한 규제 등을 통해 일본의 사진 필름 배급이 전속 대리점 체제로 운영되도록 함으로써, 외국 필름사가 일본시장에 진입하기 어렵게 한다"라며 일본을 세계무역기구에 제소한 사건이다.

11-2-1 코닥-후지 분쟁의 복잡성

세계무역기구는 일본측 손을 들어주었다. 일본의 사진 필름 전속 대리점 체제가 일본정부의 조치에 따라 생긴 것이라고 볼 수 없다는 것이 주요 이유였다. 이것은 현 세계무역기구협정의 한계를 극명하게 보여준 사례라고 할 수 있다. 세계무역기구협정은 기본적으로 정부간 협정이기 때문에 협상상의 의무를 부담하는 주체도 회원국 정부에 한정된다. 따라서 외국 기업의 시장진입이 제한되었다고 하더라도 법률·행정 지도 등 그 형태를 막론하고 정부조치에 의해 시장진입이 제한된 경우에만 세계무역기구협정이 적용되는 것이고, 순수하게 민간기업들의 행위에 의해서 외국 기업의 시장진입이 제한된 경우에는 세계무역기구협정 위반문제가 제기되지 않는 것이다.

사실 1947년 관세 및 무역에 관한 일반협정(GATT : General Agreement on Tariffs and Trade)이 발효된 이후, 여덟 차례에 걸친 다자간 무역협상—매번 협상의 주무대를 따서 '○○○라운드'라고 이름 붙여왔다—을 통해 관세, 수량제한(쿼터) 등 국경에서의 무역장벽은 많이 낮아졌다. 특히 제8차 다자간 무역협상인 우루과이라운드에서는 그동안 가트 체제 내에서 많은 예외가 허용되었던 농산물 교역이 대폭 자유화되었고, 가트에서는 다루지 않았던 서비스 교역 자유화에 관한 협정도 체결되었다.

11-2-2 이제는 경쟁 라운드

이와 같이 여러 차례의 다자간 협상을 거쳐 정부조치에 의한 무역장벽이 대폭 제거됨에 따라 민간기업에 의한 무역장벽이 크게 부각되게 되었다. 반경쟁적 거래관행이나 독과점적 시장구조가 실질적인 무역장벽으로 작용함에도 불구하고, 어떤 나라는 아예 경쟁법이 없거나 경쟁법이 있더라도 그 집행이 미온적이어서, 시장이 제대로 개방되지 않았고 공정한 경쟁 여건이 갖추어지기 어렵다는 인식이 확대되었다. 운동장이 네모 반듯하고 평평해야 제대로 경기가 될 수 있는데, 한쪽은 높고 다른 한쪽은 낮거나 지면이 울퉁불퉁해서 경기가 제대로 되지 않는다는 것이다.

나라마다 경쟁법 제도와 운용이 서로 다른 까닭에 여러 나라

경쟁이 꽃피는 시장경제

에서 영업을 하는 다국적 기업의 입장에서는 이 나라에서는 이렇게 맞추고 저 나라에서는 저렇게 맞추어야 하므로 적응 비용이 들 수밖에 없다. 따라서 국제경쟁규범을 제정하여 각국의 경쟁법 관련 제도와 운영을 어느 정도 통일해야 평평하고 네모 반듯한 운동장이 마련되고, 기업들의 거래비용도 줄어든다는 것이다. 기업의 거래비용의 감소는 곧 국제교역증대와 세계경제적 후생증대로 이어지게 된다.

또한 여러 나라에 소재하는 기업간의 국제 카르텔이나 다국적 기업의 경쟁제한행위는 관련 국가의 소비자이익을 침해하고 자원의 배분을 왜곡함에도 불구하고, 효과적인 제재가 이루어지지 못하고 있는 실정이다. 경쟁제한행위를 한 기업들이 여러 나라에 걸쳐 있을 뿐만 아니라, 그러한 행위 자체의 경제적 효과도 여러 나라에 걸쳐 있어 사실조사 및 증거확보 등에 어려움이 많고, 법적 관할권간의 충돌문제도 생기기 때문이다. 따라서 이러한 문제들을 해결하기 위해 국가간의 공조체제를 마련할 필요성이 크게 부각되었다.

11-2-3 덤핑, 이견 많아

경쟁정책과 관련하여 제기되는 또하나의 커다란 이슈는 반덤핑(anti-dumping) 문제이다. 반덤핑이란 어떤 수출품의 가격이 수출국 내에서 판매되는 정상가격보다 낮은 덤핑수출의 경우 그 차액을 반덤핑관세로 부과하는 제도를 말하는데, 이러한 반덤핑제도는 경제학적으로나 경쟁정책의 관점에서 볼 때 문제가 많다는 것이다.

즉, 반덤핑제도가 불공정한 가격으로 제공되는 수입품 때문에 받게 되는 피해로부터 국내 공급자를 보호하는 측면도 있지만, 국내 소비자로 하여금 값싼 수입상품을 살 수 있는 기회를 막고 국내 공급자의 이익보호에 치중함으로써, 외국 수출업자와의 경쟁을 가로막는 폐해가 더 크다는 것이다.

이에 따라 수입국 내의 경제적 후생이 오히려 저하되는 것은 당연한 결과라고 할 수 있다. 실제로 반덤핑제도를 제일 활발하게 사용하는 미국의 경우, 1991년에 부과된 총 90억 달러의 반덤핑관세가 미국경제에 15억 9000만 불의 순비용을 발생시켰다는 것이 미국국제무역위원회(ITC)의 연구결과이기도 하다. 따라서 반덤핑 제도는 경쟁법상의 약탈적 가격에 대한 규제로 대체되거나 그 발동기준과 절차가 대폭 강화돼야 한다는 것이 많은 경제학자들의 주장이며, 일본을 비롯하여 우리 나라, 아세아, 중남미 국가들이 세계무역기구에서 제기하고 있는 사항이기도 하다.

경쟁법상의 약탈적 가격에 대한 규제는 단순히 상품을 국내 정상가격이나 생산원가 이하로 판매한다고 해서 이를 규제하는 것이 아니라, 한계비용이나 평균가변비용 이하로 판매하여 물건을 팔면 팔수록 더 손해가 남에도 불구하고 경쟁사업자를 시장에서 쫓아낸 후 다시 가격을 올리려고 하는 경우에만 규제하는 것이다. 이러한 경우에는 경쟁사업자가 시장에서 쫓겨나고 독점적 지위를 가지는 사업자가 출현한다는 점에서 시장에서 경쟁이 크게 제한되고, 결국 경제적 후생도 저하되기 때문에 규제해야 마땅한 것이다.

이에 따라 현재 세계무역기구에서는 제9차 다자간 무역협상 즉, 뉴 라운드(New Round)에 경쟁정책 분야를 포함하는 문제를

경쟁이 꽃피는 시장경제

놓고 논의가 진행되고 있다.

11-2-4 뉴 라운드에 관심 쏟아야

뉴 라운드의 구체적 명칭, 협상 분야, 협상 기간 등은 1999년 11월 30일-12월 3일 미국 시애틀에서 개최되는 제3차 세계무역기구 각료회의에서 결정될 예정인데, 경쟁정책 분야의 포함 여부도 이때 함께 결정될 것이다. 현재 많은 개도국들이 국제 경쟁규범을 만드는 것이 시기상조라고 여기고 있고, 미국은 경쟁정책에 관한 협상으로 반덤핑규범이 강화될 것을 우려하여 이에 반대하고 있기 때문에, 뉴 라운드에 경쟁정책이 포함될지 여부가 불투명한 상황이기는 하다. 그러나 설사 이번 뉴 라운드에 경쟁정책 분야가 포함되지 않는다고 하더라도 머지 않은 시일 내에 어떤 형태로든 국제경쟁규범이 만들어질 것은 거의 확실하다.

이번 뉴 라운드 다음의 라운드에서 국제경쟁규범이 만들어지거나, 아니면 세계무역기구 체제 밖에서 지역협정이나 다른 형태의 협정이 만들어질 수도 있을 것이다. 어떤 형태가 되든 앞으로 만들어질 국제경쟁규범은 시장참여자(market player)들에게 지키지 않으면 안 될 경기규칙을 제공하게 되며, 21세기 경제질서의 중요한 한 축을 이루게 될 것이다.

11-3 기업지배구조의 선진화

국법 가운데 최상위법인 헌법은 국민의 기본권과 국가의 통치구조에 관한 사항을 주로 규정하고 있다. 헌법에서는 국가의 주인이 국민이고 국가는 국민의 권리를 보장하는 것이 주요 목적이므로, 국민의 권리에 관한 사항과 대의(代議) 민주주의 아래에서 국민의 의사를 올바르게 실현하고 국민의 이익을 극대화시키는 통치구조—각 기관간 권한 분배와 견제—에 대한 것을 주요내용으로 한다. 기업 경영에서도 이러한 논의가 가능하다. 기업의 주인은 주주이므로 주주의 권리를 보장하면서 소유와 경영이 분리된 가운데 주주의 의사를 올바르게 실현하고, 주주의 이익을 극대화시킬 수 있는 기업의 통치구조에 대한 논의가 가능한데, 이것을 기업지배구조(corporate governance)라고 한다.

11-3-1 기업지배구조는 기업경영의 헌법

기업지배구조란 이처럼 기업의 경영과 통제에 관한 시스템으로서, 기업경영에서 기업의 주인인 주주의 권리를 보장하며, 주주와 경영진, 기타 이해집단 사이의 이해관계를 조정하고 규율하는 제도적 장치와 운영 메커니즘을 말한다. 기업의 소유와 경영이 분리되기 전에는 소유주 또는 대주주가 경영의 주체였

경쟁이 꽃피는 시장경제

으므로 이해 상충이 발생할 가능성이 적어 기업지배구조에 관한 논의가 활발하지 않았으나, 기업의 규모가 확대되고 주식시장의 발달로 주식이 광범위하게 분산되어 소유와 경영이 분리됨에 따라, 주주와 경영자 간의 이해 상충 문제가 발생하게 되면서 기업지배구조가 중요한 관심사항으로 대두된 것이다.

최근에는 효율적인 기업지배구조가 기업경쟁력의 원천이며 장기안정성장에 기본요건이라는 인식이 확산된 데에다, 기업 활동의 세계화와 자본시장의 국제화 진전으로 기업지배구조에 관한 국제규범의 필요성이 대두되었다. 이에 따라, 경제협력개발기구(OECD)는 1995년부터 기업지배구조를 본격적으로 논의하기 시작하여 4년의 논의 끝에, 1999년 5월 26일 – 27일에 개최된 OECD 각료이사회에서 '기업지배구조원칙(OECD Principles of Corporate Governance)'을 확정하게 된 것이다.

11-3-2 OECD 원칙의 기본은 주주 중시 경영

OECD 기업지배구조원칙은 전문(Preamble), 본문(Principles), 주석(Annotations)으로 구성돼 있다. 본문은 다시 ① 주주의 권리, ② 주주의 동등 대우, ③ 기업지배구조에서 이해 관계자의 역할, ④ 공시 및 투명성, ⑤ 이사회의 책임 등 5가지로 나누어져 있고, 주석은 원칙을 이해하는 데 도움을 줄 뿐만 아니라 관련 사항들의 주요 동향과 원칙의 구체적 적용에서 활용될 수 있는 대안들을 담고 있다.

규정내용을 좀더 자세히 보자. 먼저, '기업지배구조의 틀'은 주주의 권리를 보호해야 하며, 기본적인 주주의 권리로서는 기업이윤향유권, 기업정보획득권, 주주총회참석 및 투표권, 이사선임권, 주식양도권 등이 보장돼야 한다. 상호지급보증 등 특정주주에게 과도한 지배권을 부여하는 자본구조와 보조장치는 공시돼야 한다.

둘째, '주주에 대한 동등한 대우'를 위해 소수주주와 외국인투자자를 포함한 모든 주주가 동등하게 대우받아야 하며, 모든 주주는 권리 침해에 대한 효과적인 구제수단을 가질 수 있어야 한다.

셋째, 기업지배구조가 이해관계자와 사회에 대한 기업의 책임을 인식하고 이해 관계자의 권익을 존중하는 틀을 갖추도록 명시하고 있다.

넷째, 기업의 재무상황, 경영성과, 소유 및 지배에 관한 실질적인 정보는 시의적절하고 정확하게 공시돼야 한다.

다섯째, 이사회의 경영감시기능과 주주에 대한 책임성을 강조하면서, 이사회가 경영진의 선임, 교체, 보수, 주요 경영 계획, 재무상황 등 핵심적인 사항에 대해 감독할 수 있도록 하고 있다.

OECD 기본원칙은 주주자본주의에 바탕을 둔 영·미식 기업지배모델을 기초로 하여 이해관계자모델을 다소 절충한 형태로 구성된 것이다. 즉, 주주 이익의 극대화, 이사회의 기능 강화, 공시 및 투명성 제고 등 기본 골격은 영·미식 기업 지배구조에 기초하되, 이해관계자의 권익보호, 기업경영에의 참여 기회 등 이해관계자의 자본주의 요소를 추가하였다.

11-3-3 한국의 경우 지배주주 견제가 중요

 이처럼 국제적으로 바람직한 기업지배구조를 모색하고 규범화하고 있는데, 그동안 우리 나라의 기업지배구조는 어떠했는가?

 우리 나라 기업지배구조의 가장 큰 특징은 지배권이 총수 한 사람에게 집중된다는 점이다. 이러한 지배권 집중현상은 기본적으로 우리 나라 기업의 소유구조에 그 원인이 있다. 공정거래위원회의 발표에 따르면, 1999년 6월 기준으로 30대 재벌의 경우 동일인 2.0%, 특수관계인 3.4%, 계열회사 44.1%, 자기주식 1.1%로 총 50.5%의 높은 내부 지분율을 보이고 있다. 즉, 우리 나라에서는 지배주주가 소유집중을 통해 강력한 지배권을 보유하고 있어, 자신이 추구하는 이익과 소수주주, 종업원 및 채권자가 추구하는 이익이 상충하는 경우 자신의 이익을 위해 소수주주, 종업원, 채권자의 이해를 희생시킬 가능성이 대단히 크다고 하겠다.

 우리 나라 기업지배구조의 또다른 특징은 지배주주의 절대적인 지배력을 견제할 만한 세력이 없다는 점이다. 광범한 소유분산이 이루어진 미국 기업에서는 M & A 등 기업지배권시장을 통한 견제와 기관투자자를 중심으로 한 견제가 강력하고, 독일의 경우도 채권은행과 종업원이 감독이사회에 참여하여 경영진에 대한 견제 역할을 수행하고 있다. 그러나 우리 나라의 경우 종업원, 채권자, 기관투자자, 소액주주 등 어느 주체도 지배주주를 제대로 견제하지 못하는 것이 사실이다.

 특히 차입 위주의 경영 풍토에서 기업의 자본 조달에 주요 역할을 담당하였던 금융기관들이 막대한 자본력에 기초하여 기업경영을 감시할 수 있는 위치에 있었음에도 불구하고, 이자만 받을 뿐 채권 확보 차원에서 지배주주를 견제하는 기능을 전혀 수행하지 못했던 것이다.

11-3-4 기업지배구조 선진화를 위한 제도 개선

그러던 중 IMF 이후 정부는 기업 구조조정의 핵심과제가 바로 기업지배구조 선진화라는 것을 인식하고, 상법과 증권 거래법 등 관계 법령을 개정하여 기업지배구조 개선을 위한 제도를 개선하기 시작하였다.

예를 들면, 기업경영의 투명성과 책임성 제고를 위해 결합 재무제표제도를 도입하고, 상법과 증권거래법을 개정하여 대표소송제기권 등 소액주주권을 강화하였다. 또한 총이사 수의 4분의 1 이상 사외이사의 선임이 의무화되었고, 이사 선임시 집중투표제, 사실상 이사제, 이사의 충실의무 등이 도입되었다.

자본시장의 견제기능을 활성화하기 위해 투신사와 은행신탁계정이 신탁재산으로 보유하고 있는 주식에 대한 의결권 행사제한(Shadow – voting)을 폐지하였고, M & A 활성화 차원에서 의무공개매수제도 폐지, 적대적 M & A의 전면 허용(외국인이 기존 주식 10% 이상 취득시 이사회 사전동의제 폐지), 합병 절차 간소화 등이 이루어졌다.

최근에도 OECD 기업지배구조 기본원칙 제정에 맞추어 기업지배구조의 개선을 조속히 달성하기 위해, 상법상 감사위원회제도 도입이나 민간 차원의 '기업지배구조 모범규준제정' 등 기업지배구조개선제도의 보완 및 발전 방안이 논의되고 있다.

이처럼 최근에 우리 나라에서 기업지배구조가 강조되고 있는 이유는 우리 나라의 비효율적인 기업지배구조가 외환위기를 초래한 중요한 원인이었다는 인식에서 비롯된 것이다. 우리 나라 기업의 의사결정 체계가 지배주주 또는 지배주주에 의해 선임된 경영자를 중심으로 기업 내부와 외부의 견제나 감시 없이 독단·독점적으로 이루어지고 있어, 과잉투자 및 과오투자가 발생했다는 것이다. 이것을 시정하는 방법은 기업의사결정에 대한 기업내부통제와 외부감시가 제대로 작동되게 함으로써 실패한 경영진이 그에 따른 책임을 지도록 시스템을 구축하는 것이며, 바로 이것이 기업지배구조의 선진화이다.

11-3-5 OECD 원칙을 개선의 준거로 활용

OECD 기업지배구조원칙은 회원국을 구속하는 규범이 아니다. 하지만 국제적으로 통용될 수 있는 내용들을 담고 있기 때문에 상당한 영향력을 지닐 것으로 전망된다. 특히 IMF와 세계은행이 OECD 기업지배구조원칙을 회원국에 대한 정책권고의 준거로 활용할 것으로 예상되면서 OECD 원칙은 사실상의 구속력을 가질 것으로 예상된다.

이러한 상황에서 우리 경제의 체질을 강화하고 대외신인도를 회복하기 위해서는, OECD 기업지배구조원칙을 적극적으로 수용해야 할 필요가 있다. 즉, IMF나 세계은행의 정책권고에 대한 수동적인 대응의 수준을 넘어서, 기업지배구조개선을 위한 자발적인 개혁의 준거 기준으로 OECD 원칙을 활용하는 적극적인 자세가 필요한 것이다.

이러한 입장은 기업지배구조의 선진화를 위한 정부 차원의 개혁정책의 수립과 시행뿐만 아니라 개별 기업 차원의 기업지배구조의 개선과정에서도 수용돼야 할 것이다. 구체적으로 정부는 사외이사의 독립성 강화, 감사위원회의 도입 등 기업지배구조개선과 관련된 제도 개선을 서둘러야 할 것이고, 기업도 정부가 재촉하기 이전에 스스로 기업지배구조개선을 위해 미진한 사항을 적극 개선해야 할 것이다.

12-1 결론은 자본주의

근년 들어 독일, 프랑스, 영국 등 주요 유럽 국가에서는 중도좌파가 대거 집권하였다. 현재 유럽연합(EU) 15개 회원국 중 11개국의 정부수반이 중도좌파 정당 소속이며 무려 13개국에서 중도좌파 정당이 내각에 참여하고 있다. 영국의 토니 블레어, 독일의 게르하르트 슈뢰더, 프랑스의 리오넬 조스펭 등 유럽 주요국 정상들은 사회민주주의의 새로운 희망으로 떠올랐다. 이들은 제3의 길(블레어), 새로운 중도(슈뢰더) 등의 구호를 내세우며 사회민주주의의 개혁과 새로운 중도좌파 성치의 구현을 약속하고 나섰다.

12-1-1 시장경제의 한계가 중도좌파 집권 불러

중도좌파의 정치적 이념의 핵심은 형평성과 경제성장의 조화이다. 무한경쟁으로 인한 시장경제의 폐단을 막기 위해 정부가 간여하는 신혼합경제를 추구한다는 것이 그 골자로서, 복지국가를 목표로 하는 사회민주주의(제1의 길)와 시장의 자유를 극대화하고, 국가의 간섭을 최소화하려는 신자유주의(제2의 길)를 극복한다는 의미에서 제3의 길이다. 이는 철저한 시장경쟁을 지향하는 미국식 시장경제가 글로벌 스탠더드로 부각되고, 특히 경제위기를 계기로 IMF가 내린 처방에 따라 미국식 기준으로 각종 제도와 규범을 재정비하고 있는 시점에서, 새로운 대안으로서의 가능성 때문에 크게 주목받았다.

그러나 영국의 좌파 학자와 이론가들이 토니 블레어 정권의 1년 공과를 좌파 시각에서 평가한 자체 결론조차 "제3의 길은 없다"이다. 이들은 토니 블레어가 제3의 길을 정치이념으로 채택했다고 선전하지만 실제로는 우파 위주의 시장중심적 정책을 펴고 있다고 비판한다. 현실 정치에서 이러한 초월적 프로젝트는 처음부터 존재하지 않는 것이고, 결국 좌파와 우파를 넘어선다는 것은 정치적 수사에 불과하다는 것이다. 제3의 길이 이론으로서는 매력적일지 몰라도 실제 경제에서는 현실에 밀려 사실상 맥을 못 추고 있다는 결론이다. 이들은 블레어 정권이 세계화와 세계자본주의의 대세를 주어진 환경으로 받아들인 점을 태생적 한계로 지적하고 있지만, 이를 반대로 해석하면 그만큼 어느 국가와 정부도 세계화와 세계자본주의의 대세를 거스를 수 없다는 점을 웅변적으로 대변한다고 볼 수 있다.

12-1-2 미국, 미국식 시장경제 확산에 주력

이와 관련하여 세계화를 이해하고 21세기 한국경제를 논하기 위해서는, 먼저 미국경제와 미국식 시장경제에 대해 이야기해야 한다.

1970년대 이후 구조적인 문제점을 노출하면서 침체를 지속하던 미국경제는 1980년대에 강력한 구조조정을 거치면서 회생의 기틀을 마련하고, 1990년대 들어서는 매년 2-3%대의 안정적인 성장, 3% 이내의 물가 상승률 등 인플레이션 압력이 없는 완전고용에 가까운 성장을 지속하고 있다. 일부 학자들은 미국경제가 경기변동이 없어지고 실업과 인플레이션 사이의 상충관계가 존재하지 않는 신경제(New Economy)시대에 진입했다고 주장한다.

경제호황에 따라 미국의 대외경제정책의 특징도 변화하였다. 1980년대까지 미국은 일본, 독일 등 교역 상대국들과의 적자를 줄이기 위해 시장개방과 공정한 무역관행을 요구하는 데 주력하였다. 통상압력에도 불구하고 무역적자가 줄어들지 않자, 1980년대 후반에 미국은 일본에 대해 내수(內需) 진작, 계열거래개선 등 상대국가의 경제시스템을 수정하도록 압력을 강화하였다. 그러나 1990년대 들어서는 그 방식이 바뀌고 있다. 국내의 경기호황에서 오는 자신감과 특히 최근 아시아의 외환위기사태를 계기로, 상대국들에 대해 미국식 시장경제의 도입을 강하게 요구하는 것으로 기본전략이 바뀌고 있다. 미국식 경제시스템을 전세계에 확산시킨다는 대외전략으로 바뀐 것이다.

12-1-3 미국 자본주의는 개인주의와 자유주의가 근간

미국식 시장경제의 핵심은 개인주의와 자유주의에 기초한 철저한 시장원리의 신봉이다. 미국식 시장경제는 개인의 자유를 최대한 보장하고 모든 영역에서 시장경쟁을 선호하며 시장원리를 적용한다. 자유시장경제가 자원배분 및 소득분배를 가장 효율적으로 수행하고 따라서 정부의 시장개입은 최소한에 그쳐야 한다고 믿는다.

이러한 미국식 시장경제는 밝은 면과 어두운 면을 함께 가지고 있다. 개인의 창의와 자유를 강조하여 경제 활력은 매우 높다. 특히 벤처기업의 발달은 미국식 시장경제의 상징으로 표현된다. 매년 장외시장인 나스닥(NASDAQ)에 400-600개의 신생기업이 상장되고 300-400개의 업체가 퇴출당한다. 반면에 경제의 과실이 소수에게 집중되고 불균형이 심화되는 점이 한계로 지적된다. 마틴(Martin)과 슈만(H. Schumann)은 『세계화의 덫』이라는 저서에서 미국식 시장경제는 20%만이 높은 경제수준을 향유하고, 나머지 80%는 상위층에 의존하여 사는 '20-80 사회', 즉 빈익빈 부익부의 경제라고 강하게 비판하고 있다.

12-1-4 '얼굴 없는 세계화'에 대한 비판 제기돼

1999년 2월 스위스 다보스에서 개최된 세계경제포럼 언치총회(일명 다보스회의)에서도 미국식 시장경제, '얼굴 없는 세계화'에 대한 비판이 강하게 제기되었다. 클로드 스마자 다보스회의 의장은 "국제통화기금이 미국식 금융자본주의 모델을 전세계에 이식시키려는 오만을 부렸으며 이것이 경제위기를 악화시켰다"고 비난하였다. 전 지구적 경제위기는 제대로 통제되지 못한 세계화에 그 원인이 있다는 것이다. 물론 루빈 미재무장관은 이 같은 비판을 근거 없다며 일축했다.

그러나 다보스회의에서도 언급되었듯이 이제는 더이상 글로벌라이제이션(globalization)이 아니다. 자본과 상품의 거래가 빛

경쟁이 꽃피는 시장경제

의 속도로 이루어져 더이상 세계화의 과정이 아니라 이미 세계화된 글로벌리티(globality)의 시대이다. 아난 유엔 사무총장의 말대로 "글로벌리티(globality)는 이제 삶의 엄연한 현실이 돼버렸다." 이제 세계화는 운명처럼 받아들일 수밖에 없다. 21세기에 들어서도 미국경제가 계속 세계패권을 유지할 것으로 전망된다는 점에서 더욱 그러하다. 최소한의 정부규제, 고도로 발달한 금융시스템, 고급인력과 유연한 노동시장 등 최상의 여건을 가지고 있으며, 끝없는 경영혁신과 기업구조, 정보화기술 때문에 미국의 세계경제 주도는 지속될 것이라는 것이 많은 미래학자의 공통된 의견이다. 미국이 세계경제를 주도한다면 21세기도 이와 같은 세계화는 더욱 진전될 것이고, 시장경제도 그러한 방향으로 급속도로 진전될 수밖에 없다.

12-1-5 세계사의 조류를 타야

따라서 앞으로 이 조류에 처지는 국가와 기업은 낙오할 수밖에 없다. 자칫 제도와 규범의 혁신에 소극적이거나 기본역량이 부족한 경우에는 엄청난 코스트를 부담하게 된다. 우리 나라의 경제위기도 세계화의 조류에 뒤처졌고 금융 운용에 필요한 기본역량을 갖추지 못하였기 때문이다.

1980년대 말 이후 국내 기업들의 해외진출이 크게 늘어나고 지난 1994년 말 정부가 세계화 선언을 한 바 있지만, 이 선언은 주로 해외진출과 국내시장 개방에 초점이 맞추어진 것으로서 진정한 의미에서 세계화 주창이 아니었다. 그러나 이제는 국가 제도와 기업경영을 세계에서 통용되는 방식인 글로벌 스탠더드에 부합되도록 바꾸는 것을 더이상 피할 수 없다. 글로벌 스탠더드는 우리 경제에 위협이면서 동시에 기회이기도 하다. 미국식 시장경제와의 접목은 그동안 누적돼온 구조적 모순을 해소하고, 우리의 시스템을 세계에서 통용되는 국제적 기준과 조화시킬 수 있는 좋은 기회로 활용할 수 있다.

국가경제와 기업활동방식을 글로벌 스탠더드에 맞추려고 혁신하는 과정에서 질적인 도약이 이루어지는 것이다. 다행스럽게도 IMF 경제위기를 계기로 그러한 방향으로 가야 한다는 데, 국민들 사이에 어느 정도 합의가 이루어진 것으로 보인다. 많은 진통이 따르더라도 목표를 명확히 하고 역량을 결집한다면, 21세기에는 일류 국가로서 한국의 위상을 자리매김할 수 있을 것으로 본다.

경쟁이 꽃피는 시장경제

12-2 경쟁이 꽃피는 경제를 위하여

IMF 위기를 극복하기 위해 현재 추진중인 구조조정의 배경에는, 무리한 사업확장과 과다한 차입경영에 의존한 대기업의 경영부실이 신중한 평가 없이 대출해준 금융기관의 부실화를 심화시키고, 나아가 국민경제적 위기를 초래하였으므로, 차입경영에 따른 기업과 금융기관 사이의 도덕적 해이를 개선하지 않고는 우리 경제의 체질을 강화시킬 수 없다는 인식이 있다.

그렇지만 우리가 추진하고 있는 구조조정이 성공적이기 위해서는, 과거 세계경제사에서 유례가 없는 괄목할 만한 성장을 단시일 내에 달성한 우리 경제가, 왜 하루아침에 대외적인 신뢰와 경쟁력을 잃고 몰락하게 되었는가에 대해 철저하게 분석하고, 이를 토대로 문제에 대한 해결책을 강구해나가는 것이 필요하다.

12-2-1 규제와 보호 속에 안주해온 우리 경제

그동안 우리 경제는 기업에 대한 각종 규제와 보호 속에 시장경쟁이 불충분한 상태였고 토지 및 자본 등 생산요소가격이 왜곡되어 합리적인 경제활동이 이루어지지 못했으며, 기업은 생산성향상이나 기술개발 등을 통해 경쟁력을 향상시키기보다 각종 인·허가를 통해 진입장벽이 구축된 시장 내에서 지대(Rent)를 추구하는 프리미엄 체질이 고착되었다고 볼 수 있다. 1980년대부터 우리는 '시장경제의 창달'이라는 목표 아래 경제의 개방화, 자율화라는 기치를 높이 내걸었으나, 정부와 기업, 국민 모두 각자의 영역에서 개방과 자율을 거부하고 보호와 타율이라는 관성에서 벗어나지 못하였다. 정치가, 관료, 경제학자, 소비자 등 많은 사람들이 우리 경제의 효율을 증진시키기 위해서는 시장경제시스템으로 과거의 정부 주도 시스템을 대체해야 한다고 역설했음에도 불구하고, 제대로 작동하는 시장경제를 만들려는 의지나 행동은 부족하였다.

12-2-2 급격히 변하는 국제환경

한편, 우리 경제가 정부 주도의 성장전략에서 탈피하여 민간 주도의 시장경제로 전환하는 데 어려움을 겪고 있는 동안 국제적인 경제환경은 급변하였다. 1990년대 들어 미·소 강대국의 이념 대결이 끝나면서 과거의 군사력 대결로부터 경제력 대결로 국가간 경쟁의 양상이 바뀌게 되었고, 통신과 기술의 비약적인 발전으로 세계경제의 글로벌화가 촉진되어 이제 세계경제는 국경 없는 무한경쟁시대로 돌입하게 되었다.

이에 따라 세계시장을 지배하는 게임의 법칙은 더이상 국가가 자국 기업을 지원하는 정책행위를 허용하지 않고 있으며, 적자생존(Survival of the Fittest)의 법칙이 국가와 기업의 운명을 결정하게 되었음에도 불구하고, 우리 경제는 필요한 개혁을 제때에 행동으로 옮기지 못하고 과거 수십 년간 지속돼온 관민 합작의 성장 패러다임을 뿌리뽑지 못하였다.

결론적으로, 우리 경제가 겪고 있는 어려움을 국제금융자본의 투기적 이동 등 외부적인 요인으로 돌리려는 주장도 있지만, 내부적이고 구조적인 요인이 더욱 크다고 볼 수 있다. 그 내부적인 요인은 한마디로 경제시스템의 실패라고 단정할 수 있다.

12-2-3 경제시스템을 바꿔야 산다

우리가 당면하고 있는 경제위기의 근본원인이 시장경제시스템이 제대로 정착되지 못한 데 있다면, 대외신인도와 경쟁력을 제고시켜나가기 위해서는 시장경제원리에 입각하여 경제정책을 일관성있게 추진해나가야 한다.

우선적으로 현재 추진되고 있는 구조조정과 관련하여 공정거래정책은, 구조조정이 법과 제도의 틀 내에서 예측 가능한 가운데 이루어질 수 있도록 여건을 조성하는 데 중점을 두어야 한다.

오늘날 소위 재벌문제라고 우리가 생각하고 있는 문제의 뿌리에는 첫째, 기업지배구조의 실패 둘째, 금융의 실패 셋째, 대마불사(Too Big to Fail)의 인식에 따른 기업과 금융기관의 도덕적 이완 넷째, 정경유착, 마지막으로 기업에 대한 천민자본주의적 국민인식 등이 자리잡고 있다. 이러한 요인들이 복합적으로 작용하여 공생공멸의 정부-금융-기업 관계가 형성되었던 것이라고 볼 수 있다.

따라서 기업 구조조정의 과제는 장기적으로 이러한 5가지 문제를 치유하면서 이 땅에 시장경제시스템을 정착시키고, 정부-금융-기업의 관계도 각자의 본분에 충실한 모습으로 정상화시켜야 하는 것이다. 그러나 무엇보다도 중요한 것은 이러한 변화를 선도하는 것은 정부여야 한다는 인식의 확립이다. 정부는 시장이 작동하도록 법과 제도를 개량하고, 시장에서의 경쟁과 도산의 위협이 기업을 규율하도록 해야 할 것이다. 이것을 위해 먼저 재벌구조의 개혁을 통해 대기업구조의 비효율성을 제거하고 재벌과 독립기업과의 공정한 경쟁기반을 마련해나가야 한다.

12-2-4 공정거래위원회가 앞장설 터

이러한 문제를 근원적으로 해결하기 위해, 공정거래위원회는 1997년 2월 6일 정부와 대기업 간에 합의된 5가지의 개혁과제가 기업의 자발적인 노력에 따라 철저히 이행되도록 법과 제도의 틀을 개선하고 감시를 강화하였다. 특히 상호 채무보증 해소가 법에 정해진 일정대로 차질 없이 추진될 수 있도록 재벌에 대한 감시를 강화해나가는 한편, 지주회사를 제한적으로 허용하여 기업들이 지배구조를 스스로 선택할 수 있는 폭을 넓히며, 기업결합 심사제도를 보다 투명하게 운영함으로써 M&A가 활성화될 수 있도록 유도할 계획이다.

이와 함께 경쟁제한적인 법령과 제도를 지속적으로 개선하고 독과점시장구조를 개선하여 시장경쟁을 활성화해나가야 하는 것도 공정거래위원회의 주요과제이다.

시장구조는 점차 경쟁형으로 변화하고 있지만, 진입규제와 같은 정부의 시장보호조치가 아직 존재하고 있고, 담합행위 등

경쟁이 꽃피는 시장경제

기업들의 경쟁제한적인 행태도 적지 않게 나타나고 있는 실정이다.

이러한 경쟁제한적인 시장구조와 관행은 과거 정부 주도의 성장정책을 추진하면서 고착화된 것이지만, 무역장벽이 무너지고 정부개입의 축소가 불가피한 오늘의 경제환경에서는 기업들의 자유로운 경쟁을 촉진하여 경쟁력을 높일 수 있는 방향으로 개선돼야 할 것이다. 또한, 내국인과 외국인에 대해 차별 없는 공정한 경쟁 기반도 보장돼야 할 것이다.

12-2-5 시장구조의 선진화를 서둘러야

그리고 독과점을 심화시키고 경쟁을 저해하는 기업의 불공정거래관행을 적극적으로 시정해나가야 한다. 사업자들이 독과점적 지위를 남용하는 행위, 카르텔을 통해 경쟁사업자를 배제하거나 부당한 가격조절을 하는 행위, 사업자단체가 경쟁제한적이거나 위임받은 권한을 남용하는 행위를 할 경우 이를 철저하게 규제해나갈 계획이다.

시장구조가 공급자 중심에서 수요자 중심으로 전환됨에 따라, 소비자의 올바른 상품 선택이 시장경쟁을 촉진하는 관건이 되고 있다. 따라서 시장경제의 효율적인 작동을 유도하기 위해서는 소비자의 구매 선택에 필요한 시장정보를 원활하게 소비자에게 제공할 수 있도록 제도를 마련하는 것이 중요해지고 있다.

그런데 현실은 상품이 다양화, 고기술화(高技術化)되고 있고 대부분의 상품정보를 사업자가 보유하고 있어서, 허위·기만 광고 등 왜곡된 정보공급행위가 급증하고 있는 실정이다. 이러한 현상을 계속적으로 방치할 때 소비자 피해가 급증할 뿐만 아니라, 사업자는 가격 및 품질 경쟁보다 부당광고를 통한 소비자 유인행위에 치중하게 됨으로써, 시장경제가 제대로 작동하지 않는 문제가 발생할 수 있다.

이에 따라 공정거래위원회는 상품에 관한 정보가 소비자에게 보다 원활히 제공되고 부당한 표시 및 광고를 효율적으로 규제할 수 있도록 '표시·광고의 공정화에 관한 법률'을 제정한 바 있다. 공정거래위원회는 이 법을 통해 소비자의 선택에 중요한 정보는 의무적으로 공개하도록 하고, 광고주의 사실 주장에 대해 이를 입증하는 책임을 광고주에게 부과하며, 부당한 표시 및 광고로 불특정 다수인의 피해를 신속히 방지할 수 있는 제도 등을 도입하였다.

우리가 지향하는 경제의 모습은 '민주주의와 시장경제의 동시 달성'이어야 한다. 이러한 목표는 정부의 노력만으로는 달성하기 힘들며, 모든 경제 주체의 의식과 행동양식이 전환돼야 하고, 지식·정보화사회에 맞는 경제 주체들 사이에 새로운 관계가 정립돼야 달성이 가능하다.

설령 우리 경제가 IMF가 요구하는 시스템으로 전환했다고 하더라도 자동적으로 우리의 생존이 보장되지는 않는다. IMF가 제시하는 시스템을 소화하고 활용할 수 있는 힘과 의지가 있어야 다가오는 21세기에 대한 도전이 가능할 것이다.

경제·사회 전반에 걸쳐 공정성이 보장되도록 하여 투명하고 공정한 경쟁이 이루어지고, 기여도에 따라 공정하게 보상이 주어지며, 공정한 원칙에 의해 사회적 갈등이 해소될 수 있도록 각종 제도를 정비해야 할 것이다. 이와 함께 경제 제도와 관행을 국제 기준에 부합되도록 전세계를 대상으로 한 경쟁과 협력 역량을 배양하는 데도 심혈을 기울여, 우리 경제에 경쟁이 꽃피도록 해야 할 것이다.

단 상(斷想)

밀레니엄의 파고를 넘어

제2차 세계대전 직후 일었던 '베이비 붐'이 반세기를 건너뛰어 재연되고 있는 듯하다. '천년둥이'를 점지받기 위한 출산 경쟁이 전세계적으로 확산중이고, "올해를 놓치면 천년을 기다려야 한다"며 결혼을 서두르는 젊은이도 많다. 인구 감소로 고심해온 경북 봉화군은 2000년생 모두에게 선물을 주겠다고 나섰다.

켜켜이 쌓인 역사의 무게로 새 천년이 다가오고 있다. 여덟 달만 지나면 2000년이다. 여느 해가 아니다.

새로 태어날 아기에게 멋진 숫자를 생년으로 만들어주는 것만이 전부가 아니다. 새 천년이 던지는 도전을 어떻게 받아넘기느냐에 지혜를 모으는 일이 더 급하다.

뉴 밀레니엄을 눈앞에 둔 '지금 이곳'의 상황은 어렵다. 현명한 지도력과 단합된 노력으로 다행히 고비는 넘겼다. 한때 우리를 업신여기던 외국인들도 우리 경제의 놀라운 복원력에 새삼 모자를 벗어 경의를 표하고 있다. 하지만 자만하기에는 지난날 우리 어리석음의 그림자가 너무 짙고 앞으로 넘어야 할 산이 너무 많다.

변화와 적응을 강요하며 무시로 밀어닥칠 밀레니엄의 거센 파고를 슬기롭게 극복하기 위한 준비를 튼튼히 하는 일이 긴요하다. 이것을 위해서는 무엇보다 과거 반성에 바탕을 둔 발상의 전환(paradigm shift)이 요구된다.

경쟁이 꽃피는 시장경제

경제에 국한시켜 말하자면 서울-부산 간 물류비가 부산-로스앤젤레스 간 운임보다 비싸게 먹히는 현실에서 사회 간접 자본을 확충하는 일도 시급하며, 한국을 노크하는 외국인 투자가를 실망시키는 각종 경제 규제를 정비하는 일도 화급하다. 종래의 팽창 지향형 성장 신화에서 벗어나 내실 위주의 발전 전략을 추구하면서 민간·공공 부문이 합심하여 우리 경제의 체질을 고비용 저효율에서 저비용 고효율의 선진형으로 바꿔나가는 일은 시간 여유가 많지 않은 국가적 과제이다.

바깥의 도전도 만만찮다. 탈냉전 이후 세계 곳곳에서는 갈등과 반목이 더 자주 불거지고 있으며, 지역 단위로 경제에 울타리를 치는 경향도 심화되고 있다. 무한경쟁시대의 지구촌에서 경쟁력이 낮은 국가가 시장 밖으로 영영 밀려날 위험성도 갈수록 커지고 있다.

안팎의 도전을 극복하고 밝은 미래를 일구자면 각오만으로는 부족하며, 아예 발상을 바꿔 달려들어야 한다. 그렇게 한다면 충분히 승산이 있다.

계절의 여왕 5월을 열며 뉴 밀레니엄의 파고를 넘어 뻗어갈 조국을 생각한다. 등교길 개구쟁이들의 얼굴이 유난히 밝다. (대한매일, 1999. 5. 7.)

풀뿌리 시장경제

시인 김수영은 '바람보다도 더 빨리' 눕고 '바람보다도 더 빨리' 일어난다고 풀의 기민함을 노래했다. 시인이 작품에서 풀로 비유한 대중은 오늘날 민주주의에서는 정치의 주인이자, 자본주의에서는 경제의 핵심 주체로 자리잡았다. 소수의 정치 엘리트와 구분하여 대중을 가리키는 서양식 용어 '풀뿌리'는 이제 우리 나라에서도 민주주의의 기초를 이루는 일반 대중이라는 의미로 널리 쓰이고 있다.

새 천년을 앞두고 지난 천년에 걸쳐 인류가 이룩한 위대한 업적과 발명, 발견 등이 언론 매체들에 종종 순위가 매겨져 나열된다. 같은 맥락에서 관찰의 범위를 지나간 백년으로 줄여잡을 때, 필자는 금세기 후반 집중적으로 진행돼온 정보통신의 발달에 주목하고 싶다. 그 가운데서도 특히 지난 80년대 이래 하루가 다르게 발전해온 컴퓨터 기술은 인류의 생활 양태를 가히 혁명적으로 바꾸었을 뿐만 아니라 지구촌의 민주 주의 확산에 크게 기여했다는 평가를 받고 있다.

오랜 세월 정치학 교과서에서 금과옥조로 다뤄온 국민국가(nation state)라는 개념은 이제 갈수록 빛이 바래가고 있다. 노동력은 다소 예외이지만 재화와 용역이 사실상 무한정 국경을 넘나들게 된 오늘날의 지구촌에서, 사람들의 생각도 전화선을 타고 컴퓨터가 창조한 사이버 공간을 자유로이 이동하고 있다. 사이버 공간의 놀라운 전파력에 힘입어 민주주의가 급속히 넓은 지역으로 파급되었다. 이름하여 '사이버 민주주의'이다.

서독의 민주주의가 동독의 공산 독재를 압박한 끝에 마침내 통일을 끌어내기까지에는 동독 주민이 시청한 서독 TV방송이 결정적인 역할을 했다는 것이 정설이다. 아직 권위주의 정권이 통치하고 있는 일부 국가들에서도 '사이버 민주주의'는 '풀뿌리' 속으로 침윤(浸潤)되고 있으며, 이는 궁극적으로는 '풀뿌리 민주주의'로 승화할 것으로 기대되고 있다.

필자가 현재 책임을 맡고 있는 공정거래위원회는 경쟁정책의 집행을 통해 시장경제의 창달에 기여하는 것을 지상의 목표로 삼고 있다. 이를 위해 '독점규제 및 공정거래에 관한 법률'(약칭 공정거래법)을 비롯한 5가지 법률을 운용하면서, 면밀한 시장감시와 공정거래질서규율을 통해 시장을 더욱 투명하고 공정하게 만들고자 혼신의 힘을 다하고 있다. 앞으로 더욱 노력하여 대중이 시장의 자유를 만끽하는 '풀뿌리 시장경제'의 정착을 앞당긴다는 꿈을 갖고 있다. (대한매일, 1999. 5. 20.)

시장경제의 마지노선

언젠가 우리 위원회 민원실로 "이런 것은 공정거래법 위반으로 처벌할 수 없느냐?"라고 따지는 전화가 걸려온 적이 있다. 격앙된 목소리로 전화를 걸어온 노신사에게 '이런 것'이 무엇이냐고 우리 직원이 묻자 그분의 말씀이 걸작이었다. 손녀딸이 맞선을 보고 이어 여러 번 이른바 '애프터(맞선을 계기로 한 후속적인 만남)'까지 했는데, 총각 쪽에서 끝내 딱지를 놓았다는 것이었다.

웃지 못할 이 에피소드를 전해듣고 "손녀딸 가진 할아비로서 오죽 답답했으면 공정거래위원회의 문을 두드렸을까?"라는 안쓰러움과 함께 내심 기쁨을 감출 수 없었다. '공정거래'라는 개념이 경제 차원을 넘어 우리 사회 깊숙이 확산돼가고 있다는 방증으로 받아들여졌기 때문이었다.

성인 남녀 두 사람이 자유의사에 따라 만났다 헤어지는 것은 그 결과에 대해 어느 한쪽이 비록 아쉬움을 느낄지언정, '사건'의 파장이 두 당사자에게만 국한되고, 그 과정이 '공정'하기 때문에 문제가 되지 않는다. 하지만 시장 속에서 활동하면서 의도하든 의도하지 않든, 시장의 질서를 흔드는 공급자는 공정거래위원회의 제재를 받는다. 왜냐하면 시장에는 수많은 선량한 소비자들의 이익이 걸려 있기 때문이다.

공정거래위원회는 '시장'이라는 자본주의의 경기장을 지키는 심판에 비유된다. 정보통신이 급속히 발달하고 국내외 경제환경이 숨가쁘게 변하면서 상거래의 양상도 극도로 복잡해지고 있다. 게다가 출전 선수들의 반칙행태도 갈수록 지능화하고 있다. 이에 따라 개개 거래의 불공정성 여부를 정확히 판단해 제때 호루라기를 불기 위해서는 심판이 공부해야 할 내용도 점차 많아지고 있다.

제1차 세계대전 후 프랑스는 독일과 접한 동쪽 국경지대에 튼튼한 방벽을 길게 쌓았다. 더이상 물러설 수 없다는 프랑스 정부의 결연한 국토 방위 의지를 담은 이 거대한 군사 구조물의 대열은, 당시의 프랑스 전쟁장관 앙드레 마지노의 이름을 따서 '마지노선(線)'으로 불렸다. 1940년 폴란드 침공으로 유럽에서 제2차 세계대전의 막을 연 독일은 같은 해 벨기에를 거쳐 프랑스로 진격함으로써 '마지노선'을 무력화시켰고, 결국 프랑스는 독일에 함락되었다.

경쟁은 시장의 존재 이유이며 경쟁에 바탕을 둔 공정거래는 시장경제의 마지노선이다. 이 선을 방어하고 나아가 광활한 시장경제의 들판으로 진격하기 위해, 오늘도 우리 공정거래위원회는 시장의 적들과 싸우고 있다. (대한매일, 1999. 6. 4.)

경쟁은 번영의 씨앗

완전 타결까지 근 8년을 끌었던 우루과이 라운드(UR, 86년 9월~94년 4월) 막바지에 미국은 느닷없이 한국에다 대고 경기도 과천시에 있는 서울대공원의 관리를 외국 업체에 개방하라고 요구하고 나섰다. 물론 한국의 서울대공원을 꼬집어 말한 것은 아니고, 어느 나라든 이와 유사한 시설의 관리를 내국인에게만 맡길 것이 아니라 국제 입찰에 부치라는 것이었다.

세계무역기구(WTO)의 전신인 관세무역일반협정기구(GATT) 주관으로 세계 116개국이 참여하여 농산물과 서비스 등 당시로서는 생소하였던 교역 부문의 자유화 및 개방폭 확대 등을 주로 논의했던 UR 협상에서, 미국은 변호사업, 회계사업 등 100여 가지 서비스 품목을 시장개방 대상으로 제시하였다. 그러고 나서 여타 국가들에게 이를 받아들일 것을 요청하였다. "서울대공원 관리를 외국 업체에 개방하라"는 식의 미국 제안은 우리로서는 다소 황당한 것이었지만, 디즈니랜드로 대표되는 대형놀이공원(theme park)의 관리에 막강한 경쟁력을 갖춘 미국으로서는 당연히 들고나옴직한 요구였다. 디즈니랜드는 미국 캘리포니아 주 애니하임에 '본점'이, 파리와 도쿄에 '분점'이 하나씩 있다.

시장은 인격체가 아니어서 애당초 인정 사정이 없다. 오직 적자생존의 법칙만이 통하는 냉혹한 시장질서 속에서 기업이

경쟁이 꽃피는 시장경제

살아남는 방법은 경쟁력을 키우는 길 말고는 없다. 크면 큰 대로 작으면 작은 대로 제각기 나름의 경쟁력을 갈고 닦아야 한다. 근년 들어서는 세계화의 급속한 진전으로 경쟁의 무대가 지구 전체로 확대되어 우리 기업들을 더욱 긴장시키고 피곤하게 만들고 있다. 하지만 경제 측면에서 무한경쟁의 동의어로 받아들여지는 세계화는 이미 선택이 아닌 필수로 굳어진 지 오래이다. 피해 갈 수도 없고 그래서도 안 된다.

미국의 10년 장기호황 요인에 대해 경제학자들은 다각도의 분석을 내놓고 있다. 레이건 대통령 시절 단행한 광범한 규제철폐(deregulation)가 90년대 들어서 경제 체질 강화에 큰 보탬이 된 데다, 정보통신 분야에서 미국이 확보하고 있는 첨단 기술력이 유례 없는 호황을 지탱하는 큰 두 기둥이라는 것이 학계의 정설인 모양이다. 하지만 필자가 판단하기로는 경제의 모든 분야는 물론 교육·문화·예술, 심지어 사상에 이르기까지 '경쟁이 가능하고 바람직한' 모든 분야에서 거의 무한대의 경쟁을 허용하고 정부가 앞장서서 이를 촉진해온 것이 미국 번영의 씨앗이었던 것 같다. 전후(戰後)에 줄곧 국내시장을 과보호해온 일본이 장기불황에서 벗어나지 못하고 있는 것은 그 반증이 될 것이다. (대한매일, 1999. 6. 15.)

내 고향 남쪽바다

'세발(細足)낙지'를 '세발(三足)낙지'로 오해하는 도회지 사람들이 더러 있다. 그런가 하면 포장마차에서 안주를 주문하면서 '산(生) 낙지'를 '산(山) 낙지'로 발음하는 어처구니없는 경우도 가끔 볼 수 있다. 둘다 바다에 대한 무지에서 나온 코미디이다.

내 고향 목포에서는 숟가락을 쥘 나이만 되면 꿈틀거리는 세발낙지의 머리를 한 손으로 잡고, 다른 한 손으로 다리(3개가 아니라 8개다)를 '전체적으로' 쭉 훑어 순간적으로 정렬시킨 뒤 통째로 단숨에 삼키는 아이들이 많다. 목포는 천상 항구다.

조선왕조 500년 통치이념은 유학이었다. 유학 숭상에는 이 고장 사람들도 예외가 아니어서 아예 산에다 '유달(儒達)'이라는 이름을 붙였다. 유달산 정기 속에 중학을 졸업하고 서울로 진학하여 공부와 공직수행으로 보낸 나날이 수십 년에 이르렀다. 크게 보면 목포도 한국이므로 국가에 바친 내 나름의 작은 봉사도 고향에 대한 헌신이 되리라 견강부회해보지만, 아무래도 애향(愛鄕)의 관심과 열정이 미흡했다는 반성이 든다. 가끔씩 밤차를 타고 내려가 어줍잖게 경제 강의를 하고 서둘러 서울로 돌아오는 것이 고작이다.

문일석의 시에 손목인이 곡을 붙이고 이난영이 불러 크게 히트한 노래 「목포의 눈물」은 '사공의 뱃노래 가물거리며'로 시작된다. 이 노래가 나온 1930년대 목포 앞바다에는 동력선이

경쟁이 꽃피는 시장경제

거의 없었다. 그 뒤로도 한참 동안 사정은 마찬가지였다. '동양의 나폴리'에 어울리지 않게 목포항은 오랫동안 상대적인 낙후성을 면치 못했다. 근년 들어서 서해안시대가 본격적으로 전개됨에 따라 오늘날에는 다소 발전을 보이고 있지만, 1번 국도의 시발점이자 종착점인 남서해안의 거점도시로서 기능을 갖추자면 할 일이 많은 것 같다.

문향(文鄉)이자 예향(藝鄉) 아닌 고향이 어디 있으랴만 필자의 고향에는 박화성문학기념관, 남농기념관, 해양유물전시관, 향토문화관, 농업박물관 등이 빼곡이 들어서서 자존심을 뽐낸다. 건립을 추진중인 난영기념관까지 완공되면 '트로트 메카'의 위용도 한결 빛날 것이다. 그뿐인가. 시민 성금으로 90년대 초 새 단장한 유달공원에는 한국 최초의 조각공원을 비롯하여 달성공원, 체육공원이 나란히 조성되어 시민들의 높은 문화의식을 반영하고 있다.

오랜만에 유달산에 오르며 유달산 공원조성 기념비에 새겨진 권일송 님의 시를 읽어본다. '굽이치는 다도해를 발 아래 거느리고 영겁의 침묵 속에 속불로 일렁이는 날개 유달산은 남해의 수문장이요 내 고장의 표상이다…… 삼학의 전설이 숨쉬는 예향 목포, 한국의 나폴리……' (대한매일, 1999. 6. 29.)

설렁탕 반 그릇

우리 나라 가정의 고부(姑婦) 갈등 요인 가운데는 '옛날'을 들먹이며 내핍을 강조하는 시어머니와 '오늘'을 내세우며 편리를 추구하는 며느리 사이의 견해차이가 큰 몫을 차지하고 있다고 한다.

여름철을 맞아 IMF의 고통이 아득한 전설인 양 많은 사람들이 해외로 휴가를 떠나는 모습을 보면서, 물질적으로 풍요해지는 만큼 오히려 정신적으로 빈곤해지고 있는 것 같은 우리 사회를 되돌아보게 된다.

지난 60년대 초 어느 해 이른 봄 정오 무렵, 목덜미를 스치는 꽃샘바람에 몸서리를 치며 한 가난한 법학도가 서울 동숭동의 어느 대학 도서관을 향해 걷고 있었다. 검게 물들인 군복 상의에 역시 군복을 염색한 바지를 입고 워카를 신은, 요즘 말로 '밀리터리 룩(military look)' 패션의 이 서울 유학생은, 두툼한 법서(法書)들을 옆구리에 끼고 학교 정문 쪽으로 다가가다 허름한 식당 앞에서 걸음을 멈췄다. 끼니를 거른 탓에 배가 무척 고팠다.

식당 유리창에 쓰인 '설렁탕'이라는 글자를 보고 그는 재빨리 호주머니 속의 돈을 세어보았다. 자취방이 있는 청량리로 돌아갈 버스 삯을 제하고 나니 돈이 모자랐다. 잠시 망설이다 그는 식당 안으로 용감하게 들어가 주인 아주머니에게 "설렁탕 반 그릇만 주십시오"라고 말했다. 당황해하는 식당 주인을

경쟁이 꽃피는 시장경제

애써 외면한 채 식탁에 앉아 음식이 나오기만을 기다리고 있는 그의 귀에 중년남자 손님의 목소리가 들렸다. "아주머니, 저 학생 설렁탕 곱빼기로 주세요. 계산은 내 앞으로 하고요."

지난 89년 동화 한 편 때문에 일본 열도가 울음바다에 잠긴 적이 있다. 일본 국회의원들이 의사당에서 동료가 읽어준 구리 요헤이(栗良平)의 「우동 한 그릇」을 듣고 흐느끼기 시작한 것을 신호로, 이 작품은 일본 전역을 빠르게 '낙루(落淚) 경쟁'으로 몰아넣었다. 한 신문은 독자들에게 "울지 않고 배겨낼 수 있을지 시험하기 위해서라도 한번 읽어보라"고 「우동 한 그릇」을 권했다.

줄거리는 단순하다. 홋카이도(北海道)의 한 우동집에서 전후(戰後)의 어려웠던 시절 섣달 그믐날 밤, 세 모자가 머뭇거리다 우동 두 그릇을 시킨다. 2인분을 주문받은 식당 주인 내외가 오히려 더 안절부절못해 하며 어떻게 하면 이들 모자의 자존심을 건드리지 않으면서 3인분을 줄 수 있을까 고민하다 마침내 우동 두 그릇을 곱빼기로 내놓고, 모자는 우동을 맛있게 먹고 돌아간다는 이야기이다.

훈훈한 인간애는 적당한 가난 속에서만 피어나는지도 모른다. (대한매일, 1999. 7. 13.)

어머니

"나를 키운 것은 8할이 바람이었다"라고 어느 시인은 고백하였지만, 나를 키운 것은 온통 어머니였다. 아득한 옛날 고려의 어느 가객(歌客)이 「사모곡(思母曲)」에서 비유로 읊었듯이, 호미(아버지)도 날이건만 낫(어머니)같이 들 리는 없는 것일까. MBC-TV의 주간 연속극 〈육 남매〉를 보다가 나도 모르게 시야가 흐릿해진 적이 있다.

연속극 속 육 남매의 어머니는 올망졸망한 육 남매를 모두 혼자 거두면서 떡장사, 묵장사, 남의 집 빨래해주기 등으로 생계를 이어간다. 그런데 역시 육 남매를 두었던 우리 어머니는 막내인 내가 초등학교를 졸업할 무렵까지는 남편과 함께 아이들을 키울 수 있었으니 그나마 다행이었다. 하지만 그 여인에게도 상부(喪夫)와 함께 지독한 인고(忍苦)의 세월이 찾아든다.

막내가 중학에 수석으로 입학하자 일단 학비는 면제받게 되었다며 기뻐하던 어머니는 이내 자식 뒷바라지를 위해 시골집을 버리고 시내로 나왔다. 출가한 셋째딸네 집에 잠시 맡겨두었던 솜털 송송한 신입생 막내아들을 당신 품으로 다시 불러들인 어머니는, 목포역 앞 도로변에 판잣집을 짓고 짐꾼들을 상대로 밥장사를 시작했다. 우리의 첫번째 '판잣집시대' 3년은 도무지 잠을 모르던 억척스런 어머니가 사시장철 입었던 몸뻬로 지금도 내 기억의 액자에 담겨 있다.

중학을 마친 아들을 서울로 유학보낸 어머니는 목포 둘째딸

네 집으로 거처를 옮기고 가끔 사위의 눈치도 보면서 서울의 아들을 편지로 원격 훈육(遠隔訓育)하였다. 딸이 꼭두새벽에 집을 나서는지라 식구들 아침밥 준비는 어머니 차지였는데, 어머니는 뒤주에서 바가지로 퍼낸 쌀에서 매일 한줌씩을 덜어 따로 항아리에 모았다가 그것을 팔아 고학하는 막내에게 학비에 보태라며 부쳐주곤 하였다. 그러면서 어머니는 짬짬이 고향에서 도붓장사를 했고 고등학생 아들은 서울에서 겨울밤 군밤장사를 했다.

대학 4학년 때 어머니와 나는 서울에서 두 번째 '판잣집시대'를 열었다. 7년 만에 모자가 함께 살게 된 것이다. 가정교사로 모은 약간의 돈으로 청량리 홍릉 산기슭에 판잣집을 짓고 이번에는 아들이 어머니를 모셔왔다. 이 집에서는 어머니와 내 바로 위의 형, 그리고 나, 이렇게 세 사람이 살았다.

같은 해 가을 나는 친구와 함께 고시공부를 위해 고향의 어느 절에 들어갔다. 역으로 가려고 청량리 집을 나서려는데 어머니가 몸뻬를 뒤적거리더니 꼬깃꼬깃한 지폐 2장을 꺼내 내 손에 쥐어주셨다. 사흘 뒤 절에서 소복 입은 어머니 꿈을 꾸었다. 날이 밝아 다시 책을 붙들고 씨름하고 있는데 어머니의 부음이 날아들었다. 추석 날이었다. (대한매일, 1999. 7. 27.)